# 中國學術思想 研究輯刊

## 八 編

林 慶 彰 主編

## 第 28 冊

### 胡適論戴震思想及其相關問題研究

郭 寶 文 著

### 錢穆「文化學」思想初探

曾 議 漢 著

花木蘭文化出版社

國家圖書館出版品預行編目資料

胡適論戴震思想及其相關問題研究　郭寶文 著／錢穆「文化
學」思想初探　曾議漢 著 — 初版 — 台北縣永和市：花木蘭
文化出版社，2010〔民 99〕
目 2+138 面 + 目 2+114 面；19×26 公分
（中國學術思想研究輯刊 八編；第 28 冊）
ISBN：978-986-254-212-5（精裝）
1.（清）戴震　2.胡適　3.錢穆　4.學術思想　5.研究考訂
127.43　　　　　　　　　　　　　　　　　99002484

ISBN - 978-986-2542-12-5

中國學術思想研究輯刊
八 編 第二八冊　　　　　ISBN：978-986-254-212-5

胡適論戴震思想及其相關問題研究
錢穆「文化學」思想初探

作　　者　郭寶文／曾議漢
主　　編　林慶彰
總 編 輯　杜潔祥
出　　版　花木蘭文化出版社
發 行 所　花木蘭文化出版社
發 行 人　高小娟
聯絡地址　台北縣永和市中正路五九五號七樓之三
　　　　　電話：02-2923-1455 ／傳眞：02-2923-1452
網　　址　http://www.huamulan.tw 信箱 sut81518@ms59.hinet.net
印　　刷　普羅文化出版廣告事業
封面設計　劉開工作室
初　　版　2010 年 3 月
定　　價　八編 35 冊（精裝）新台幣 58,000 元

# 胡適論戴震思想及其相關問題研究

郭寶文　著

## 作者簡介

郭寶文，1966 年出生，台北縣人。臺灣大學中國文學系博士候選人，臺大中文系兼任講師。研究興趣在戴震思想、清代學術思想、宋明理學、先秦儒學。

## 提　要

　　本文首先探討胡適思想的基礎，主要來自詹姆士及杜威所代表的「實用主義」；「反對鬼神、脫離事物去談形上本體」，與「看重方法」兩點，是胡適青年時期已形成的思想，也是促使胡適吸收實用主義的主因。此兩點也導致胡適討論戴震思想的淵源時，認為戴震一來繼承顏元、李塨的反理學思想，反對脫離事物去談形上本體；另外一方面則繼承程朱理學格物致知的方法論。

　　胡適如何詮釋戴震思想方面，筆者指出胡適能掌握戴震天道論的特徵，並把握住戴震與程朱人性論的相異之處，對於戴震「心知」能夠辨別事物的條理、原則，也能作出精采的析論，這是胡適論戴震思想的精闢之處。筆者也指出胡適較強調「心知之智」，對戴震人性論、「心知」概念，以及「以情絜情」、「必敬必正」等思想，較有未顧及之處。

　　最後探討其他四位學者如何評價戴震：劉師培從追求古義、古訓的角度來詮釋戴震，章太炎則認為戴震思想有本於朱子之處，皆有理據較未足的疑慮，是較不及胡適之處。梁啟超主張戴震思想的主幹是「情感哲學」，似較未抓住戴震思想的最核心。錢穆則較未能對戴震異於宋儒思想的關鍵進行把握，故對戴學宗旨也不如胡適把握得深。因此胡適之說雖較有過於偏重所謂智識、科學的一面，但的確有過於劉、章、梁、錢四氏之處。

目次

# 第一章　緒　論

## 第一節　研究取向

　　清末至民國前期，是戴震（1724～1777）思想研究十分興盛的時期。當時學術思想界的大家，如章太炎（1869～1936）、梁啓超（1873～1929）、劉師培（1884～1919）、胡適（1891～1962）、錢穆（1895～1990）等人，紛紛對戴震思想進行分析、評論。無論結論是褒是貶，戴震哲學往往成爲學者藉之發揮自己思想的門階，因此每家詮釋所得出的戴震思想，也往往帶有一己思想的色彩而有所不同。

　　胡適則可謂當時最具代表性的戴學研究者，一方面他爲戴震是否抄襲趙一清《水經注》一案，花了許多氣力爲其辯駁〔註1〕；另一方面《戴東原的哲學》一書，以「重科學」、「反理學」的立場，明確勾勒出戴震包括思想淵源、思想主體以及後學的體系，亦是研究戴震思想極爲重要的一部專書。究竟胡適論戴震思想的基礎爲何？其所建構出的戴震思想體系又爲何？胡適論戴震思想有何突出之處？與當時其他學者相較又有何不同？價值何在？以上所述皆是探討胡適論戴震思想的重要問題，筆者擬一一進行討論：

　　第二章探討胡適思想的基礎「如何形成」、「內容爲何」兩大問題。筆者認爲胡適思想的基礎，主要內容便是來自詹姆士及其師杜威所代表的「實用

---

〔註1〕 胡適對（清）全祖望（1705～1755）、（清）趙一清、戴震三人所著《水經注》之間的關係，曾寫過許多文章討論，目前收錄較爲齊全的是季羨林主編：《胡適全集》（安徽：安徽教育出版社，2003年），第十四～十七卷，收有胡適1943～1960年間所撰討論《水經注》的文字，共近二百萬言。

主義思想」；而自然天道觀、受范縝、司馬光影響形成的無神論思想、以及上海求學時所接觸的近代西方思想（當中最重要的是進化論）、還有閱讀經書注疏，與《馬氏文通》所形成的「歸納法」思想四項，是促使胡適赴美留學時，吸收實用主義思想的主因。而反對鬼神、脫離事物去談形上本體，與看重方法兩項思想特徵，則是在胡適青年時期已形成，也形成他吸收實用主義思想時所擇取的思想方向。

第三章探討胡適所提之戴震思想淵源的問題。胡適討論了戴震思想的兩個淵源：顏、李思想在「具有反理學的傾向」、「以理為文理、條理」、「對氣質之性的看重」、「重利」四點上，與戴震思想有雷同之處；以顧炎武與戴震所代表之漢學家重視客觀證據、強調假設與歸納的精神，則淵源於程朱的「格物窮理」之說。因此戴震在格物致知方面，繼承程朱理學；在哲學思想方面，則是反理學而有著繼承顏、李而來的整體架構。而此「反理學」與「繼承格物致知精神」兩條脈絡，其實亦即胡適自青年時期便已形成、在接受實用主義後更為顯著，反對鬼神、脫離事物去談形上本體，與看重方法的思想。可見胡適詮釋戴震思想，有其自身一貫的脈絡。

第四章探討胡適如何詮釋戴震思想，為本論文最主要的部分。筆者論述了胡適論戴震哲學思想的具體體系，包括天道觀、性善論、理論、人生觀及修養論四點，指出胡適頗佳地掌握到戴震天道論的特徵，並把握住戴震與程朱兩者人性論的相異之處，以及對於戴震所云「心知」能夠辨別事物的條理、原則，也能作出精采的析論。筆者也指出胡適較強調「心知之智」的重要性，而對戴震人性論、「心知」概念，以及「以情絜情」、「必敬必正」等思想，有其較未顧及之處。而這正與上兩章所述胡適思想及論述戴震思想淵源的兩個傾向有關：反對鬼神、脫離事物去談形上本體，使胡適特別強調戴震與宋儒相異的天道觀、性善論，與對「理」的不同看法，並在討論戴震的人生觀、修養論時，較為忽略「必敬必正」的思想；重方法的傾向則使胡適強調戴震以心知之智格物理的思想，而對戴震「以情絜情」的思想較未能有完整的詮釋。

第五章則延續上章對胡適論戴震思想的看法，探討四位思想家：劉師培、章太炎、梁啓超、錢穆，如何評論與評價戴震思想，並與胡適所論加以比較。筆者指出劉師培從追求古義、古訓的角度來詮釋戴震思想，章太炎則認為戴震思想有本於朱子之處，兩者所言皆有理據較未足的疑慮，是劉、章二氏較

不及胡適之處。梁啓超詮釋戴震思想，與胡適的雷同之處最多，然其主張戴震思想的主幹是「情感哲學」，似較未抓住戴震思想的最核心；加上論戴震思想的文字，篇幅未及展開，遂使梁啓超詮釋戴震的成果，也較不及胡適。錢穆在四人之中，對戴震的文字可謂用力最深，但批評梁、胡對戴震思想淵源的看法，本身亦較屬推論之言；而對戴震思想的剖析，又因其引用近理學立場之清儒批評戴震的文字，較未能對戴震異於宋儒思想的關鍵進行把握，故對戴學宗旨反不如胡適把握得深。最後加以總結，希望藉由比較來界定胡適對戴震思想研究的定位與價值所在。

## 第二節　前人研究成果

在學位論文方面，與本文研究範圍相近者有黃勇中所撰之碩士論文《胡適的戴東原研究述論》〔註2〕，黃氏之文共分六章，除緒論與結論外，分述「胡適的成學歷程」、「胡適研究戴東原的動機」、「胡適對戴東原聲名的辯護」及「胡適對戴東原哲學的闡釋」等問題。本文與黃氏之文雖皆嘗試論述胡適如何詮釋戴震思想，然取徑角度實有異：黃文重在對胡適詮釋戴震思想的背景與內容，加以全盤介紹；本文則偏重於評論胡適繼承青年與留學時期的思想傾向，用以詮釋戴震思想的脈絡，並指出胡適詮釋戴震思想的優點與較不全面之處，且與同時學者如何詮釋戴震思想進行比較，期能繼黃氏研究之後，對此問題繼續進行探究。

期刊論文方面，與本文所論最直接相關者爲周昌龍〈戴東原哲學與胡適的智識主義〉〔註3〕一文，周氏從「智識主義」的角度出發，分別討論戴震、胡適思想偏重「知識」的特色，與可能有的偏執。周氏另有《超越西潮——胡適與中國傳統》一書，其中第一章第四節〈《水經注》與「戴學」的建構〉〔註4〕，討論胡適對戴學的建構，基本上延續〈戴東原哲學與胡適的智識主義〉一文的看法。方利山則有〈胡適論東原之「重知」〉一文〔註5〕，極力讚賞胡

---

〔註2〕　黃勇中：《胡適的戴東原研究述論》（高雄：中山大學中國語文學系研究所碩
　　　　士論文，胡楚生指導，2003 年）。

〔註3〕　見《漢學研究》，第十二卷第一期（1994 年 6 月），頁 27～59。

〔註4〕　周昌龍：《超越西潮——胡適與中國傳統》（臺北：學生書局，2001 年），頁
　　　　18～30。

〔註5〕　方利山、杜英賢：《戴學縱橫》（北京：中國文聯出版社，1999 年），頁 65～
　　　　77。

適提出戴震「重知」的思想傾向，與周氏的立場正好相異，本文擬就此問題作一綜合的論述。

除專門論述胡適評介戴震思想的文字外，在探討戴震思想的書籍中，亦有論及胡適詮釋戴震思想的章節：包括周兆茂《戴震哲學新探》一書第九章〈戴震哲學的歷史命運〉，「二、二十世紀初至二十世紀四十年代末」一節，以及許蘇民《戴震與中國文化》，第十章〈戴震思想對清末民初中國文化的影響〉等〔註6〕。周、許二書皆對胡適及章太炎、梁啓超等人對戴震思想的研究概況加以介紹，但由於篇幅所限，周氏僅作綜合的簡略介紹，未深入評析胡適對戴震思想的詮釋；許氏則僅論述胡適解釋戴震思想的長處，未對胡適之詮釋可能有的侷限作出說明。

其他綜合論述民國前期學者論戴震思想的文章中，亦有論及胡適析論戴震思想者，如劉巍〈二三十年代清學史整理中錢穆與梁啓超胡適的學術思想交涉——以戴震研究為例〉〔註7〕，討論錢穆、梁啓超、胡適三人論戴震思想的異同。劉氏論述梁、胡論戴震的共同點，與錢穆反對二人尊戴的思想，並討論三人論戴震有所異同背後的涵義。劉氏指出錢穆與梁、胡二人的差異在對漢學、宋學的態度不同，十分精采；惟其所論亦有偏於梁、胡之同，而未及論述兩者其實亦有相異之處。另張錫輝所著之博士論文《文化危機與詮釋傳統——論梁啓超、胡適對清代學術思想的詮釋與意義》，第七章第二節〈胡適與梁啓超的交往與競爭〉中，亦論及梁啓超、胡適論戴震的相似之處〔註8〕，但僅簡單說明，同樣未詳述梁胡有何相異之處。

由以上前人對胡適詮釋戴震思想所作的研究成果概述，可知胡適詮釋戴震思想此一問題，雖已有多位學者分別從專論或合論的角度加以關注，累積的研究資料已頗豐富，但仍未見一綜合的研究成果。筆者以為若欲評析胡適如何詮釋戴震思想，首先須就胡適詮釋戴震思想的基礎、析論戴震思想的優缺之處作一綜合的分析，再與胡適時代相近的學者加以比較，或能稍釐清胡適在清末至民國前期戴學研究史上的價值所在。

---

〔註6〕 見周兆茂：《戴震哲學新探》（安徽：安徽人民出版社，1997年），頁166～177；許蘇民：《戴震與中國文化》（貴陽：貴州人民出版社，2000年），頁293～327。

〔註7〕 《清華大學學報》（哲學社會科學版），第十四卷第四期（1999年），頁63～72。

〔註8〕 張錫輝：《文化危機與詮釋傳統——論梁啓超、胡適對清代學術思想的詮釋與意義》（臺北：臺師大博士論文，胡楚生指導，2001年6月），頁271～272。

　　另本文依梁啓超之說〔註9〕，對前輩學者皆直書其名，不用別號、尊稱，目的在方便討論。

---

〔註9〕　梁啓超云：「對於平生所極崇拜之先輩，與夫極尊敬之師友，皆直書其名，不用別號，從質家言，冀省讀者腦力而已」，見梁氏著，徐少知、李鳳珠、黃昱凌、鄭慧卿點校：《中國近三百年學術史（附《清代學術概論》）》（臺北：里仁，1995年），《清代學術概論》，〈自序〉，頁4。

# 第二章　胡適思想基礎的形成與內容

　　本章意欲探討胡適思想的基礎「如何形成」、「內容為何」兩大問題。

　　胡適思想基礎的形成，他自己就曾明白提及，是來自以其師杜威（John Dewey, 1859～1952）為代表的美國實用主義思想：

> 我在 1915 年的暑假中，發憤盡讀杜威先生的著作，做有詳細的英文摘要，……從此以後，實驗主義成了我的生活和思想的一個嚮導，成了我自己的哲學基礎。〔註1〕

胡適不僅吸收實用主義思想，還將之運用在各種層面：

> 我這幾年的文字，只是這一種實驗主義的態度在各方面的應用。我的唯一目的是要提倡一種新的思想方法，要提倡一種注重事實，服從證驗的思想方法。〔註2〕

「提倡一種注重事實，服從證驗的思想方法」，可說是胡適一生治學方法與精神的寫照。而這樣的精神既來自實用主義，因此吾人若欲探求胡適如何詮釋中國思想，尤其是戴震思想，就必須先了解胡適所吸收的實用主義思想的內容。

　　而在討論胡適吸收的實用主義思想之前，尚須探究胡適選擇實用主義作為其思想基礎的原因。余英時（1930～）認為：

> 胡適在正式歸宗於杜威的實用主義之前，早已形成了自己的學術觀

---

〔註1〕　胡適：《胡適留學日記》（臺北：遠流出版事業公司，1986 年），第一冊，頁 4。
　　　　胡適習稱實用主義為實驗主義，原因見後文。本文行文則除特殊情形之外，一律採用現今通用的「實用主義」。
〔註2〕　胡適：《胡適文存》（臺北：遠流出版事業公司，1986 年），第二集第三卷〈我的歧路〉，頁 67。

點和思想傾向。這些觀點和傾向大體上來自王充《論衡》的批評態
度，張載、朱熹注重「學則須疑」的精神，特別是清代考據學所強
調的「證據」觀念。〔註3〕

「正式歸宗於杜威的實用主義之前，早已形成了自己的學術觀點和思想傾向」
的說法，顯然是接著美國學者格里德（Jerome B. Grieder）的意見而作的發揮
〔註4〕。若爬梳胡適自述的文字，可以發現胡適在赴美留學之前，的確已有自
己的思想傾向，主要內容是自然天道觀，受范縝、司馬光（1019～1086）影
響形成的無神論思想，以及上海求學時所接觸的近代西方思想（當中最重要
的是進化論），還有閱讀經書注疏，與《馬氏文通》所形成的「歸納法」思
想。這四種思想都或多或少決定了後來胡適走上實用主義的道路，以下分別
述之。

## 第一節　吸收實用主義前的思想基礎

### 一、自然天道觀

　　胡適自述父親對他的影響，認爲有兩方面：遺傳，以及程朱理學的遺風。
「程朱理學的遺風」又分成兩方面：自然主義的宇宙觀，與格物窮理的治學
態度。他引其父胡傳（1841～1885）所做的〈原學〉：「天氣氤氳，萬物化生」，
又引〈學爲人詩〉：「爲人之道，非有他術：窮理致知，反躬實踐，黽勉於學，
守道勿失」，認爲皆來自程朱理學：

　　　我父親不曾受過近世自然科學的洗禮，但他很受了程頤朱熹一系的

---

〔註3〕 余英時：《中國近代思想史上的胡適》（臺北：聯經出版事業公司，1984年），
頁44。這樣的説法也影響了一些學者對於胡適「前實用主義」時期思想的看
法，如程偉禮便云：「根據胡適傳播實用主義的論著來看，他的實用主義思想
在正式歸宗於杜威思想之前很久早已形成了。他的無神論唯物主義思想主要
來源於范縝反佛的『形神論』思想，而他的懷疑論思想則來源於王充《論衡》
所持的批評態度，來源於張載、朱熹注重的『學則須疑』的精神，以及清代
考據學的『證據』觀念」，見程偉禮：〈胡適與杜威哲學的跨文化傳播〉，收於
耿雲志、聞黎明編：《現代學術史上的胡適》（北京：三聯書店，1993年），頁
195。

〔註4〕 格里德認爲：「當胡適接觸到杜威的思想時，他自己的思想已經很牢固的形成
了，而且是不容易地被推翻的」，見格里德著，魯奇譯，王友琴校：《胡適與
中國的文藝復興——中國革命中的自由主義（1917～1937）》（南京：江蘇人
民出版社，1996年），頁130。

理學的影響。理學家因襲了古代的自然主義的宇宙觀，用「氣」和
「理」兩個基本觀念來解釋宇宙，敢說「天即理也」，「鬼神者，二
氣（陰陽）之良能也」。……程朱一系極力提倡「格物窮理」，教人
「即物而窮其理」，這就是近世科學的態度。〔註5〕

胡適如何詮釋「格物窮理」的方法論，下章會再提及；重點在父親從理學家
那裡繼承而來的「天氣氤氳，萬物化生」的自然主義宇宙觀，胡適四、五歲
時便已熟讀。〔註6〕

　　後來到上海就讀中學時，胡適又「讀了中國上古、中古幾位非儒教和新
儒教哲學家的著作，並喜歡墨翟的兼愛說與老子、莊子有自然色彩的哲學」
〔註7〕。由此可知胡適所云「自然主義的宇宙觀」，主要即是指老莊等道家思
想的自然天道觀：

老子、莊子、慎到、淮南子一系的哲學，無論怎樣不同，卻有一點
相同之處：就是不承認天是有意志的，有目的的。……故不會「故」
生人也不會「故」生萬物。一切物的生死變化都是自然的。這是道
家哲學的公同觀念。〔註8〕

胡適贊同老莊思想，認為「天」並非「有意志，有知識，能喜怒的主宰」，不
是天的意志在生成萬物，而是萬物自其本然的生長〔註9〕。如此反對意志天、
人格天的思想，胡適以為足以對抗非理性、迷信與出世思想：

中國每一次陷入非理性、迷信、出世思想，——這在中國很長的歷
史上有過好幾次，——總是靠老子和哲學上的道家的自然主義，或
者靠孔子的人本主義，或者靠兩樣合起來，努力把這個民族從昏睡
中救醒。〔註10〕

這雖是胡適晚年（1959）的議論，但溯其源頭可以發現便是來自其父親。也

---

〔註 5〕　胡適：《四十自述》（臺北：遠流出版事業公司，1986 年），頁 36～37。胡傳
　　　　的詩文作品，今多不傳，僅少數被胡適所引，收於《四十自述》中。

〔註 6〕　《四十自述》，頁 37。

〔註 7〕　胡適著，中國社會科學院近代史研究所中華民國史研究室編：《胡適來往書信
　　　　選》（香港：中華書局香港分局，1983 年），下冊，〈我的信仰〉，頁 558。

〔註 8〕　胡適著，歐陽哲生編：《胡適文集》（北京：北京大學出版社，1998 年），第十
　　　　冊，《胡適集外學術文集》，〈王充的哲學〉，頁 372。此處之「故」，胡適用以
　　　　指「故意」的意思，表示天生萬物並非有意為之。

〔註 9〕　胡適：《中國古代哲學史》（臺北：遠流出版事業公司，1986 年），頁 48。

〔註10〕　見《胡適文集》，第十二冊，《胡適演講集》，〈中國哲學裡的科學精神與方法〉，
　　　　頁 405。

就是這樣的思想，使得胡適後來接受范縝、司馬光之言，成為一名無神論者。日後胡適接受杜威思想，反對詹姆士（William James, 1842～1910）討論上帝的宗教觀，其實也可遠溯及此。〔註11〕

## 二、反對靈魂不朽、因果輪迴的無神論思想

胡適在〈我的信仰〉與《四十自述》中，都曾明確提及自己在十一、二歲便成為一名「無神論者」的經過。透過司馬光《資治通鑑》介紹范縝之言：「形者神之質，神者形之用。神之於形，猶利之於刀。未聞刀沒而利存，豈容形亡而神在哉？」〔註12〕使得原本受家中女眷深信神佛影響，還造聖廟供拜孔夫子的胡適〔註13〕，成為一名無神論者，並影響他一生的思想：

> 司馬光引了這三十五個字的《神滅論》，居然把我腦子裡的無數鬼神都趕跑了。從此以後，我不知不覺的成了一個無鬼無神的人。……
> 他決想不到，八百年後這三十五個字竟感悟了一個十一二歲的小孩子，竟影響了他一生的思想。〔註14〕

胡適將「神」解作「靈魂」，因此「神不滅論」便是「靈魂不朽論」，他反對靈魂不朽論，認為人有形體方能作用，這作用便是靈魂，若無形體，便無作用，也就沒有靈魂了。〔註15〕

除了神滅論，胡適還受范縝影響，不信因果之說。范縝與竟陵王蕭子良

---

〔註11〕關於胡適對中國自然天道觀，以及杜威實用主義的關係，顧紅亮認為：「中國的自然主義思想……在追求內在超越之時表現出來的那種排斥超自然之主宰的要求，與杜威自然主義的拒斥形而上學原則相通。胡適敏銳地捕捉到兩者的切合點」，筆者以為十分正確。見顧紅亮：《實用主義的誤讀——杜威哲學對中國現代哲學的影響》（上海：華東師範大學出版社，2000 年），頁 24～25。

〔註12〕見（宋）司馬光：《資治通鑑》（臺北：臺灣商務印書館，1979 年，四部叢刊本），卷一三六，齊紀二，世祖武皇帝上之下，永明二年，頁 1296。

〔註13〕胡適曾敘述自己的父親和母親對鬼神的不同態度：父親贊同理學家「鬼神者，二氣之良能也」的話，是接近無神論的態度，家中大門也會貼著「僧道無緣」的條子；家中的女眷則都深信神佛，母親也教胡適要誠心敬禮地拜神佛，見《四十自述》，頁 37。羅志田便準確指出：「僧道無緣的理學一脈是靠文字傳承的，重『眼』學而輕『耳』學；讀書不多的女眷們又另有一套深信神佛的傳統，卻主要靠口頭傳播來延續」，見氏著：《再造文明之夢——胡適傳》（四川：四川人民出版社，1995 年），頁 43。

〔註14〕見《四十自述》，頁 41。

〔註15〕胡適：《胡適文選》（臺北：遠流出版事業公司，1986 年），〈不朽——我的宗教〉，頁 71～72。

討論因果，面對竟陵王「君不信因果，何得有富貴貧賤？」的質問，范縝回應云：「人生如樹花同發，隨風而散，或拂簾幌，墜茵席之上；或關籬牆，落糞溷之中。墜茵席者，殿下是也。落糞溷者，下官是也。貴賤雖復殊途，因果竟在何處？」〔註16〕胡適將范縝的話解釋為「偶然論」，並云：

> 他和司馬光的神滅論教我不怕地獄；他的無因果論教我不怕輪迴。
> 〔註17〕

「神滅論」與「無因果論」使得胡適對宗教的觀念顯得淡薄，並強調要用「實用主義」的方法，作為評判的標準，來檢驗靈魂不朽的說法，實際效果如何。〔註18〕

　　如此「不怕地獄」、「不怕輪迴」的「無神論」態度，也促使胡適繼續思考。胡適於 1906 年入上海中國公學，在《競業旬報》上發表文章並擔任編輯。便在此時，胡適有機會「把在家鄉和在學校得著的一點點知識和見解，整理一番，用明白清楚的文字敘述出來」，尤其是對於宗教迷信的批判〔註19〕。例如在《競業旬報》上發表的章回小說《真如島》，胡適便借主角之口表達中國人之所以迷信，是因為「不肯思想之故」，並提倡要依循宋儒「學原於思」的思想來打破迷信〔註20〕。這也代表青年胡適延續青少年時「無神論」的思考，提出對抗宗教迷信的方法。正如胡適對在《競業旬報》上的文字所記敘的：

> 有一些思想後來成為我的重要出發點的，在那十七八歲的時期已有
> 了很明白的傾向了。……我後來的思想走上了赫胥黎和杜威的路上
> 去，也正是因為我從十幾歲時就那樣十分看重思想的方法了。〔註21〕

這顯示了青年胡適由無神論的立場，提出反對宗教迷信；進而尋思到破除迷信必須要思考，並且要有方法。也就因為十多歲便意識到「思想的方法」的

---

〔註16〕 見（唐）姚思廉：《梁書》（臺北：臺灣商務印書館，1983 年，景印文淵閣四庫全書本），卷四十八，頁 393。

〔註17〕 《四十自述》，頁 42。

〔註18〕 〈不朽——我的宗教〉，頁 72～73。

〔註19〕 《四十自述》，頁 68。

〔註20〕 胡適云：「別說沒有鬼神，即使有鬼神，那關帝呂祖何等尊嚴，豈肯聽那一二張符訣的號召？這種道理總算淺極了，稍微想一想，便可懂得。只可憐我們中國人總不肯想，只曉得隨波逐流，隨聲附和。國民愚到這步田地，照我的眼光看來，這都是不肯思想之故」，見《四十自述》，頁 71；「學原於思」引文見宋·黎靖德編：《朱子語類》（北京：中華書局，1994 年），卷九十六〈程子之書二〉，頁 2460。

〔註21〕 《四十自述》，頁 71。

重要性，使得後來胡適特意選擇赫胥黎的「存疑主義」，以及杜威的實用主義思想，並且偏重在對於「方法」的吸收。

## 三、以進化論爲代表的近代西方思想

　　在上海就學期間，胡適透過梁啓超、嚴復（1854～1921）等人的介紹與翻譯，接觸了許多近代西方思想〔註 22〕。這當中影響最大的當屬達爾文（Charles Darwin, 1809～1882）、赫胥黎（Thomas Henry Huxley, 1825～1895）爲代表的進化論思想。胡適對進化論最重視的概念，是「存疑主義」：

> 達爾文與赫胥黎在哲學方法上最重要的貢獻，在於他們的「存疑主義」（Agnosticism）。存疑主義這個名詞，是赫胥黎造出來的，直譯爲「不知主義」。……赫胥黎説，只有那證據充分的知識，方才可以信仰，凡沒有充分證據的，只可存疑，不當信仰。〔註23〕

胡適認爲如此尊重證據，只相信充分證據的態度，是科學精神的展現。〔註24〕

　　更重要的是，胡適將進化論及當中的存疑思想與自然天道觀、無神論思想，以及實用主義思想相連起來，成爲一種整體的精神與方法。

　　進化論與自然天道觀相連方面，胡適曾云：「我對於達爾文與斯賓塞兩氏進化假說的一些知識，很容易的與幾個中國古代思想家的自然學說連了起來」〔註25〕。例如他論《列子・說符》：「天地萬物與我並生，類也。類無貴賤，徒以大小智力而相制，迭相食，非相爲而生之。人取可食者而食之，豈天本爲人生之？且蚊蚋囋膚，虎狼食肉，豈天本爲蚊蚋生人，虎狼生肉者哉？」〔註26〕一段文字，便認爲：

> 此即是老子「天地不仁，以萬物爲芻狗」，和鄧析「天之於人無厚也」的意思。這幾條都不認爲「天」是有意志的，更不認「天」是有「好生之德」的。《列子》書中這一段更合乎近世生物學家所説優勝劣敗，

---

〔註22〕 胡適云：「從當代力量最大的學者梁啓超氏的通俗文字中，我漸得略知霍布士（Hobbes）、笛卡兒（Descartes）、盧騷（Rousseau）、賓坦（Bentham）、康德（Kant）、達爾文（Darwin）等諸泰西思想家。……我又讀過嚴復所譯穆勒（John Stuart Miller）的《自由論》（On Liberty）和赫胥黎（Huxley）的《天演論》（Evolution and Ethic）」，見〈我的信仰〉，頁 558～559。

〔註23〕 《胡適文選》，〈演化論與存疑主義〉，頁 5。

〔註24〕 〈演化論與存疑主義〉，頁 6。

〔註25〕 〈我的信仰〉，頁 559。

〔註26〕 引文見楊伯峻：《列子集釋》（北京：中華書局，1979 年），卷八〈說符篇〉，頁 269。

適者生存的話。〔註27〕

「天地不仁，以萬物爲芻狗」意指「意指天地只是個物理的、自然的存在，並不具有人類般的感情；萬物在天地間僅依循著自然的法則運行著，並不像有神論者所想像的，以爲天地自然法則對某物有所愛顧（或對某物有所嫌棄）」〔註28〕。「天之於人無厚也」也是這樣一種天地萬物平等，依隨自然規律生長的思想。胡適將《列子》天地萬物與人爲同類，無貴賤之分的思想，與《老子》天地不仁、鄧析天不獨厚於人，皆視爲自然主義的天道觀。

　　胡適更將《列子》「以大小智力而相制，迭相食」的文字，與進化論「優勝劣敗，適者生存」的思想相連起來，認爲萬物既是隨著自然法則自己生長，彼此之間便是一個按能力優劣相互競爭的關係。又認爲《莊子·寓言》：「萬物皆種也，以不同形相禪。始卒若環，莫得其倫。是爲天鈞」，當中亦有進化論的思想〔註29〕。雖然胡適晚年已不認爲這樣的說法合理〔註30〕，但是仍可看出胡適將自然天道觀與進化論相連的想法。胡適還認爲這樣的想法，可以打破意志天的觀念：

> 達爾文不但證明「類」是變的，而且指出「類」所以變的道理。這
> 個思想上的大革命在哲學上有幾種重要的影響。最明顯的是打破了
> 有意志的天帝觀念。〔註31〕

由於「優勝劣敗，適者生存」，適應環境的生物才能存活，因此不必一有意志的主宰來計畫規定。而且生物的競爭如此殘酷，若有一有意志的主宰，生物界便應不會有此慘劇〔註32〕。這就是胡適將進化論與自然天道觀相連的思想。

　　胡適將存疑思想與無神論思想相連，則除了可打破意志天之外，還可以檢驗靈魂不朽之說。他引赫胥黎之信以及達爾文之自述，認爲靈魂不朽之說

---

〔註27〕《中國古代哲學史》，頁229。

〔註28〕陳鼓應：《老子今註今譯》二次修訂本（臺北：臺灣商務印書館，1997年），頁66。

〔註29〕莊子之文見清·郭慶藩編，王孝魚點校：《莊子集釋》（北京：中華書局，1961年），頁950；胡適之文見《中國古代哲學史》，頁230～231。

〔註30〕胡適云：「此書（按：指《中國古代哲學史》）第九篇第一章論『莊子時代的生物進化論』，是全書裡最脆弱的一章，……用的材料，下的結論，現在看來，都大有問題。……這真是一個年輕人的謬妄議論，真是侮辱了《物種由來》那部不朽的大著作了！」見《〈中國古代哲學史〉台北版自記》，頁2～3。

〔註31〕《胡適文選》，〈演化論與存疑主義〉，頁4。

〔註32〕同上註。

由於缺乏有力證據，雖不能否認，但也不能輕率承認，理應存疑〔註 33〕。胡適更將進化論存疑的態度與實用主義思想並列，成爲他一生倡導的思想方法論：

> 我的思想受兩個人的影響最大：一個是赫胥黎，一個是杜威先生。赫胥黎教我怎樣懷疑，教我不信任一切沒有充分證據的東西。杜威先生教我怎樣思想，教我處處顧到當前的問題，教我把一切學說理想都看作待證的假設，教我處處顧到思想的結果。這兩個人使我明瞭科學方法的性質與功用。〔註34〕

杜威思想下文會再詳述；重要的是，胡適此處自述深受赫胥黎存疑思想的啓發，由此可知胡適注重懷疑的精神，應先來自赫胥黎對於宗教的存疑態度；至於余氏所言對「張載、朱熹的懷疑精神」的注意，應是在胡適思想方法成形之後，回過頭尋找中國思想中，性質接近的成分，並加以強調。

由以上可知胡適將其青年時所知悉的進化論思想，結合他的自然主道觀、無神論思想，形成一個理智而服膺進化，強調存疑與驗證重要性的整體態度。這樣的態度，亦使他選擇性質相近的實用主義作爲他一生的思想基礎。

## 四、由閱讀注疏、《馬氏文通》而來的歸納法思想

在剛赴美留學，尚未接觸實用主義思想之時，胡適曾自述：

> 今日吾國之急需，不在新奇之學說，高深之哲理，而在所以求學論事觀務經國之術。以吾所見言之，有三術焉，皆起死之神丹也：
> 一曰歸納的理論，
> 二曰歷史的眼光，
> 三曰進化的觀念。〔註35〕

進化的觀念來自進化論；歷史的眼光與胡適從青少年即熟讀《資治通鑑》等史書，以及進化論思想有關；歸納法則有可能來自在上海時所吸收的西方近代思想。但依胡適自述，他自年輕時便有懷疑的傾向，尤其在宗教方面，因此他自十多歲起便在尋覓一個能夠解決疑惑的方法。上文曾提及的「學原於

---

〔註33〕 見〈演化論與存疑主義〉，頁5～7。不過胡適顯然違背了存疑主義的原則，因爲他並不只是「存疑」，而是直接「反對」靈魂不朽之說。
〔註34〕 《胡適文存》，第四集第四～五卷〈介紹我自己的思想〉，頁2。
〔註35〕 《胡適留學日記》，第一冊，1914 年 1 月 25 日條，頁 150～151。

思」，強調學習必須善用思考，比較傾向於一種原則以及精神，較不是一種具體的方法。在赴美留學前，胡適便已廣泛閱讀中國古典著作〔註 36〕，尤其從《詩經》的注疏中，接觸到漢代的古典治學方法。加上胡適閱讀馬建忠（1844～1900）所著《馬氏文通》而來，透過「把文字上相同的句子歸納起來，然後再對字義作出結論」的方法，寫出了〈詩三百篇言字解〉這篇討論《詩經》中「言」字意義的文章。胡適稱這種方法為「考定古文字真義的『歸納法』」，並敘述《馬氏文通》對此篇文章的影響：

> 我顯然是受馬氏歸納法的影響，知道先歸納相似的例句，比較分析，
> 然後再求其有概括性的結論。〔註 37〕

這樣的具體方法，其實就相當接近實用主義方法論中，對疑難問題提出種種假設之後，再細心求證以獲得證明的工夫。另外，胡適將考據學定義為「有證據的探討」，將歸納法視作考據學的重要方法，是「科學方法」、「科學精神」的具體表現〔註 38〕，這也與胡適所化約而得出的實用主義的精神相同。因此胡適的歸納法思想，對他後來接受實用主義思想，亦當有所影響。

綜合以上所述，自然天道觀、無神論、以及進化論、歸納法，都是胡適在接受實用主義思想之前，便已具備的思想傾向。這些傾向可再簡述為以下的特點：

> 反對有意志的天、鬼神等概念，反對迷信。
> 反對靈魂不朽，認為形盡神滅。
> 生物乃進化而來，優勝劣敗，適者生存。
> 注重存疑與證據，以及歸納的方法。

其中胡適又以進化論與存疑主義，去驗證自然天道觀與無神論思想，並融成一整體的思想。實用主義思想同樣注重進化、存疑、證據、歸納等等特點，加上杜威又「是那些實驗主義大師之中，對宗教的看法是比較最理性化的」〔註 39〕，與胡適自然天道觀、無神論思想又相契合，使他後來很自然地便接

---

〔註36〕 胡適在安徽村塾讀書，便已讀習、記誦《孝經》、朱子《小學》、《四書》、《五經》中的《詩經》、《尚書》、《易經》、《禮記》；加上之前所述後來在上海所讀的「中國上古、中古幾位非儒教和新儒教哲學家的著作」。見〈我的信仰〉，頁 554～558。

〔註37〕 以上所引見《胡適文集》，第一冊，《胡適口述自傳》，頁 289～297。

〔註38〕 胡適：《胡適演講集》，第二冊，〈杜威在中國〉，頁 42。

〔註39〕 《胡適口述自傳》，頁 264。

受了杜威的實用主義思想，更將這些思想與實用主義結合，形成他獨特的思想體系。

## 第二節　胡適所吸收之實用主義思想

　　1910 年胡適赴美留學，就讀康乃爾大學農科，但讀了三學期之後，便轉入文理學院，改習文科。讀了兩年之後，於 1915 年進入哥倫比亞大學哲學系研究部，1917 年完成哲學博士學業歸國〔註40〕。他在康乃爾大學就讀時，哲學系主要是一群「新唯心主義」的學者當道，時常批評實用主義及其代表學者杜威的思想。胡適轉入哥倫比亞大學，主要就是為了跟隨杜威學習實用主義思想：

> 在聆聽這些批杜的討論和為著參加康大批杜的討論，而潛心閱讀些杜派之書以後，我對杜威和杜派哲學漸漸的發生了興趣，因而我盡可能多讀實驗主義的書籍。在 1915 年的暑假，我對實驗主義作了一番有系統的閱讀和研究之後，我決定轉學哥大去向杜威學習哲學。〔註41〕

胡適也在杜威的指導之下，以實用主義思想為原則，完成博士論文《先秦名學史》。〔註42〕

　　回國之後，為了迎接杜威訪問中國，胡適先後發表了數篇介紹杜威及實用主義思想的文字〔註43〕，其中介紹最詳細的當屬〈實驗主義〉一文，不僅綜合較前期發表的文字，更晚期的文章也不出〈實驗主義〉所論述的範圍。胡適也曾得意地說：「恐怕現在英文的論『實驗主義』的書，如 Murray 的

〔註40〕《胡適口述自傳》，頁 210、257。
〔註41〕《胡適口述自傳》，頁 263。
〔註42〕胡適云：「我寫『先秦名學史』、『中國哲學史』都是受那一派思想（即杜威之實用主義思想）的指導」，見《胡適留學日記》，第一冊，頁 4。
〔註43〕當中以 1919 年〈談談實驗主義〉、〈杜威論思想〉兩篇演講稿為最早；而同年發表的〈實驗主義〉，即是上兩篇演講稿之增訂版。其後介紹杜威思想的文字，尚有 1922 年之〈五十年來之世界哲學〉、1952 年之〈杜威哲學〉、1960 年之〈杜威在中國〉等。以上見《胡適演講集》，第二冊，〈談談實驗主義〉，頁 45～51；《胡適文選》，〈杜威論思想〉，頁 13～21；《胡適文存》，第一集第二卷〈實驗主義〉，頁 61～112；《胡適文存》，第二集第二卷〈五十年來之世界哲學〉，頁 153～211；《胡適演講集》，第二冊，〈杜威哲學〉，頁 1～29；《胡適演講集》，第二冊，〈杜威在中國〉，頁 31～44。

Pragmatism 之類——沒有一部能比我這一本小冊子的簡要而精采」〔註44〕。以下便以〈實驗主義〉一文爲主，分「論詹姆士」、「論杜威」兩個部分，對胡適所吸收的實用主義思想進行討論。

## 一、胡適論詹姆士

首先是詹姆士通論實用主義的方法：

> 要把注意之點從最先的物事移到最後的物事；從通則移到事實，從範疇（Categories）移到效果。〔註45〕

舉凡通則、範疇等最先的物事，也就是設定先於現實之事，詹姆士一概不贊成。他認爲只有具體的事實、最後的效果才最重要。

這樣的方法論也使詹姆士認爲：「凡眞理都是我們能消化受用的；能考驗的，能用旁證證明，能稽核查實的」。眞理並不是懸在半空，孤自玄妙之物，而是能查驗、證實的。如何查驗、證實？詹姆士以「擺渡」、「作媒」爲例，認爲「如果一個觀念能把我們一部分的經驗引渡到別一部分的經驗」，又能「把本來未有的舊思想與新發見的事實拉攏來做夫妻」，也就是說如果因爲有了新的經驗，使得原有的思想發生問題，產生矛盾，此時一個觀念若能解決當中的疑難之處，舊有的經驗與新經驗可以連結起來，那麼這項觀念便是眞理。因此：

> 眞理「和實在相符合」並不是靜止的符合，乃是作用的符合：……
> 符合不是臨摹實在，乃是應付實在，乃是適應實在。〔註46〕

而這樣的應付與適應，是會變動的，胡適又把他稱作「歷史的眞理論」，認爲眞理只是工具，是人所造出的，爲人所用而具有效果，因此有「眞理」之名。若環境發生變動，使得原有的眞理不適用，那麼便有其他眞理起而代之〔註47〕。如此「變動的眞理觀」，亦即眞理非永恆不變，而是隨著環境與時間有所變革的眞理觀，胡適引申去談，認爲：

> 我們人類所要的知識，並不是那絕對存立的「道」哪，「理」哪，乃是這個時間，這個境地，這個我的這個眞理。那絕對的眞理是懸空

---

〔註44〕 引文見《胡適的日記》（臺北：遠流出版事業公司，1989～1990 年，據中央研究院胡適紀念館藏手稿本影印），1921 年 7 月 4 日條。

〔註45〕 〈實驗主義〉，頁 75。

〔註46〕 以上所引見〈實驗主義〉，頁 78～79。

〔註47〕 〈實驗主義〉，頁 80。

的，是抽象的，是籠統的，是沒有憑據的，是不能證實的。〔註48〕
無論是「道」、「理」，甚至「氣」、「無」、「上帝」、「太極」、「無極」，胡適認
爲都是抽象、懸空的眞理，由於無法證實，因此胡適不承認這樣的眞理。胡
適認爲眞理必須「是實在的，是具體的，是特別的，是有憑據的，是可以證
實的」。眞理就是遇到困難，可以去解決那個問題的「方法」〔註49〕。這樣的
態度胡適亦用於對中國哲學思想的思考，以之批評宋明理學、贊同顏元（1653
～1704）、李塨（1659～1733）的思想，並以爲與戴震論「權變以求理」的思
想，以及戴震的人生觀有可相通之處，下章將詳論之。

　　雖然胡適對於詹姆士的眞理觀多所介紹與吸收，但對其宗教觀，尤其是
對詹姆士「上帝」概念的承認，卻不以爲然。詹姆士認爲：「如果『上帝』那
個假設有滿意的功用，那假設便是眞的」，強調「上帝」這個假設若有安慰人
心的作用，那麼就應該承認這個假設爲眞。但是這樣的態度當然不爲無神論
者胡適所接受，認爲他本身缺少詹姆士這種「信仰的意志」的精神，對詹姆
士的宗教觀念並不贊成；而對杜威多談科學、少談宗教的思想方式更有興趣，
因此受杜威影響比受詹姆士影響來得更大。〔註50〕

## 二、胡適論杜威

　　胡適曾經自述杜威的思想，對他有終生的影響〔註51〕；一直到晚年，也
還以杜威的學生與信徒自居〔註52〕。在實用主義幾位大師中，胡適對杜威的
思想可謂吸收最多，主要是因爲杜威對宗教的看法最爲理性，因此他對於杜
威多談科學、少談宗教，接近「工具主義」（Instrumentalism）的思想較感興
趣。〔註53〕

　　胡適對杜威思想的理解，最主要的部分在討論杜威論思想的方法論，及
對杜威方法論的「化約」〔註54〕。胡適特別注重杜威思想的五步驟：（一）思

---

〔註48〕〈實驗主義〉，頁66。
〔註49〕同上註。
〔註50〕《胡適口述自傳》，頁264。
〔註51〕〈胡適口述自傳〉，頁263。
〔註52〕〈杜威哲學〉，頁1；〈杜威在中國〉，頁39。
〔註53〕〈胡適口述自傳〉，頁264。
〔註54〕筆者贊成余英時的意見：「胡適思想中有一種非常明顯的化約論（reduction-
　　　　ism）的傾向，他把一切學術思想以至整個文化都化約爲方法。……他所重視
　　　　的永遠是一家或一派學術、思想背後的方法、態度、和精神」，見余英時：《中

想的起點是一種疑難的境地；（二）指定疑難之點究竟在何處；（三）提出種
種假定的解決方法；（四）決定那一種假設是適用的解決；（五）證明〔註55〕。
並將杜威思想的五步驟，化約為「細心搜求事實」、「大膽提出假設」、「細心
求證」三步工夫〔註56〕。到胡適晚年便提出「大膽的假設，小心的求證」這
句口號，用來概括實用主義的方法與精神：

> 杜威說：思想總是起於一種疑惑與困難的情境；接著就是研究事實
> 的真相，並提出種種的假定以解決起初的疑難；最後，用種種方法，
> 證明或證實那一種假定能圓滿地解決或應付原先激起我們思想的那
> 個疑難問題或疑難的情境。這就是杜威的思想論。過去四十年我曾
> 經努力使它普遍化。我指出，這種思想論是對於科學方法的適當分
> 析，同時也是對於中國考據法的一個適當分析。考據法是最近三百
> 年當中，中國經學大師使用得很成功的方法。由此可以知道，科學
> 方法的精神就在於大膽的假設，小心的求證。〔註57〕

基本上胡適將實用主義思想視為科學思想在哲學上的應用〔註58〕，而科學的
方法與精神在中國學術上的應用，其代表便是清代的考據學。「科學精神」與
「科學方法」，化約成口號便是「大膽的假設，小心的求證」十個字。這十個
字可說是胡適濃縮、化約實用主義思想的結晶，也是用來詮釋中國思想的方
法，以及判準。〔註59〕

---

國近代思想史上的胡適》，頁49～50。胡適在對實用主義的掌握上，的確常常
有化約為方法論的傾向，如其云：「實驗主義自然也是一種主義，但實驗主義
只是一種方法，只是一個研究問題的方法」，尤其是對杜威思想，胡適更直言：
「杜威先生不曾給我們一些關於特別問題的特別主張，——如共產主義，無
政府主義，自由戀愛之類，他只給了我們一個哲學方法」，可見他對杜威實用
主義的吸收，著重在「方法論」的層次。以上所引見〈我的歧路〉，頁67；〈杜
威先生與中國〉，頁10。
〔註55〕 以上所引見〈實驗主義〉，頁94～98。
〔註56〕 〈問題與主義〉，頁26～27。
〔註57〕 〈杜威在中國〉，頁42。
〔註58〕 〈實驗主義〉，頁67。
〔註59〕 當然，胡適提倡「大膽假設，小心求證」的「科學方法」，並非完全沒有問題，
林正弘便曾準確地指出：「胡適因為未仔細探討科學理論的內部結構，未能釐
清抽象概念或理論與具體經驗或證據之間的複雜關係；為了避免抽象的形而
上學概念，他只好盡可能使用具體的概念。他所提到的假設都相當具體，很
少涉及高度抽象的概念……。胡適所謂『大膽假設』並非指涵蓋面較廣之抽
象假設，而是指未有充分證據或違背傳統之假設。他所謂的科學態度或科學

胡適對杜威思想的理解是否相應，已有許多學者進行討論，大約分爲較正面〔註 60〕與較負面〔註 61〕的看法，由於這是一複雜的問題，筆者限於篇幅

精神，並非指抽象思想、系統嚴密、構想模式、以簡馭繁等等，而是指勇於懷疑、敢提出新見、無徵不信等等」。因此「胡適所強調的科學方法，用來批判傳統的信念、古老的迷信、及缺乏根據的學說，發揮了相當作用」，然而「用來引介當代的社會科學或行爲科學，就顯得捉襟見肘。因爲當代社會科學和行爲科學在建構理論系統、使用抽象概念，以及聯繫抽象理論與實驗或具體事項之間的關係等等，都大量模仿自然科學的方法；而科學方法的這些項目，正是胡適所忽略的」。所以「胡適的科學主義有相當的侷限，他的自然科學方法無法用來處理當代的社會科學，更談不上要應用到一切知識領域」。引文見林正弘：《中國近代思想家之科學觀：（Ⅰ）胡適》（臺北：行政院國家科學委員會，1996 年），頁 36～39。

〔註 60〕 如余英時認爲：「胡適對杜威的實驗主義思想只求把握它的基本精神、態度、和方法，而不墨守其枝節」，此說隱含了雖然胡適對於杜威思想的了解，並非是杜威思想的全貌，但是的確已把握杜威實用主義的基本精神，也就是大體的理解是不誤的。又如元青（1963～）認爲〈實驗主義〉一文「對實用主義的介紹基本反映了杜威學說的面貌」，並從胡適對杜威哲學根本概念的概括、眞理觀的概括、杜威的思想方法、杜威的教育學說等方面，認爲：「胡適的〈實驗主義〉較好地把握了杜威學說的眞諦和原貌」。以上所引見余英時：《中國近代思想史上的胡適》，頁 48；元青：《杜威與中國》（北京：人民出版社，2001 年），頁 223～225。

〔註 61〕 如張汝倫（1953～）云：「胡適對杜威思想的了解和接受，基本上就在他留美的最後三年中，並且，他的了解既不充分，也不透徹。不長的時間、直截的目的和膚淺的理解，使得胡適心目中的杜威哲學及其對他的影響也十分簡單，一言以蔽之，曰『方法』。」張氏也看到了胡適對於杜威思想方法論層面的吸收，但是認爲那是淺薄而不足觀的部分。翟志成（1950～）也認爲杜威與胡適思想有三大差異，分別是杜威實用主義透過胡適傳入中國之時，胡適已依國情作了必要更動；杜威受黑格爾形上學思想影響很大，胡適則對一切形上學毫無興趣，還避之唯恐不及；杜威與胡適皆強調要改造世界，但杜威較強調改造世界的客觀條件，如數學、邏輯結構、科技等，胡適則較著意於改變行動者的品格及其世界觀等等，較忽略客觀條件。最激烈的批評意見無疑來自吳森（1933～），吳氏認爲胡適「對乃師學說懂得有限」，「不了解」甚至「誤解」了杜威的思想：「胡適打著杜威的旗號，而葫蘆裡賣的是胡適自己監製的，和杜威本來的藥方相差很遠」，這幾乎是不承認在胡適思想中，有繼承杜威思想的成分了。以上所引見張汝倫：《思考與批判》（上海：上海三聯書店，1999 年），〈胡適與杜威〉，頁 190；翟志成：〈中國學術典範的建立〉，《當代》第一九七期（2004 年 1 月），頁 107～109。翟氏自云其說多受楊貞德之博士論文的啓發，楊氏之著見 Chen-te Yang, "Hu Shih, Pragmatism, and the Chinese Tradition", PH. D Dissertation, University of Wisconsin-Madison, 1993.；吳森：〈杜威思想與中國文化〉，汪榮組編：《五四研究論文集》（臺北：聯經出版事業公司，1979 年），頁 126。

與學力無法於此處詳論。但「對研究胡適思想淵源的人來說，胡適當年是否真正能夠完全理解杜威的全部學說並不重要」〔註62〕，重要的應是胡適如何去理解實用主義，何以選擇實用主義。胡適主要便是從「方法」的層面，去吸收杜威哲學。

如此重方法的傾向，也影響胡適在對中國哲學進行分析時，往往有偏向方法論的一面。他曾說：

> 我治中國思想與中國歷史的各種著作，都是圍繞著「方法」這一觀念打轉的。「方法」實在主宰了我四十多年來所有的著述。從基本上說，我這一點實在得益於杜威的影響。〔註63〕

將杜威的思想化約成思想的方法論，使胡適從《先秦名學史》討論先秦諸子的「名學方法」開始，到後來對宋明理學「格物致知」的方法論、清代考證學，以及戴震心知格物的注重，皆是由「方法」層面來詮釋中國哲學。胡適極為特殊地將中國思想史視為對各家「名學方法」的探究，從各家具體討論知識與思考的「方法」，來論斷各家思想〔註64〕。這不意味胡適不談除了方法之外的思想史，但是「方法」或「方法史」是他論述中國思想史的核心，此即延續將杜威思想「化約」為方法論的傾向而來。

## 第三節　本章結論：胡適思想的兩大傾向

本章首先分析了胡適接受實用主義之前的思想基礎，包括自然天道觀，受范縝、司馬光影響形成的無神論思想，以及上海求學時所接觸的進化論思想，還有閱讀經書注疏、《馬氏文通》所形成的「歸納法」思想。這四種思想所具備的特質，包括反對有意志的天、鬼神，反對迷信；反對靈魂不朽，認為形盡神滅；生物乃進化而來，優勝劣敗，適者生存；注重存疑、證據、歸納的方法。這四種特質又可分為兩大部分：反對鬼神、上帝、造物主等概念，以及對假設、證據以及方法的注重。

而胡適對實用主義的吸收，主要包括詹姆士對真理的看法：真理並不是懸在半空，孤自玄妙之物，真理非永恆不變，而是隨著環境與時間有所變革；以及杜威對詹姆士「上帝」概念的不滿，與對思想「方法」的注重。這同樣

〔註62〕譚宇權：《胡適思想評論》（臺北：文津出版社，1996年），頁39。
〔註63〕〈胡適口述自傳〉，頁265。
〔註64〕《中國古代哲學史》，〈《中國古代哲學史》台北版自記〉，頁3。

有兩條脈絡：反對有恆常不變、脫離事物而存在的眞理，以及對方法的注重。這兩條脈絡基本上即接續上述胡適青年時期的兩條思想主脈而來，從當中可以看出胡適思想的延續性。

因此吾人可以說：反對鬼神、脫離事物去談形上本體，與看重方法這兩項特色，也就是胡適思想的兩大進路。這樣的進路在胡適青年時期已形成，也形成他吸收實用主義思想時所擇取的思想方向。而正如下章所將述及，前一項特色使他反對宋明理學中主靜的思想，進而贊成以顏、李爲代表的反理學思想家；後一項使胡適看重「格物致知」的方法論及清代考證學。戴震哲學則淵源自這兩種思想，代表能成功結合這兩項特色的思想家，因此成爲胡適心目中中國哲學的代表。

故胡適論戴震思想的詮釋路徑，基本上在胡適青年時期便已形成，並在吸收實用主義思想時更加被突顯。以下便論胡適如何以反對脫離事物去談形上本體、看重方法這兩項特色，論述戴震思想的淵源。

# 第三章　胡適論戴震思想的淵源

　　本章旨在延續前章所論之胡適思想的兩條脈絡，來評介胡適如何論戴震思想的淵源。胡適認爲「清代初年，雖緊接晚明，已截然成了一個新的時代」〔註1〕，主要的趨勢有破壞與建設兩方面：破壞方面一是攻擊「談心說性」之學，二是攻擊「先天象數」之學〔註2〕；在建設方面也有兩個趨勢，分別是「注重實用」和「注重經學」，「用實用來補救空疏，用經學來代替理學」。這兩種趨勢的代表人物顏元、李塨及顧炎武（1613～1682）的思想，胡適認爲也就是戴震思想的淵源：

　　　　從顏李學派裡産生一種新哲學的基礎。從顧炎武以下的經學産生一種

〔註1〕《戴東原的哲學》（臺北：臺灣商務印書館，1996年2月臺一版第六次印刷，胡適自校本），頁1。胡適專論或部分論及戴震思想的著作，除《戴東原的哲學》（1925）外，還有〈戴東原在中國哲學史上的位置〉（1923）、〈幾個反理學的思想家〉（1928）等。胡適將〈戴東原在中國哲學史上的位置〉改寫進《戴東原的哲學》中，又剪裁《戴東原的哲學》的部分內容成爲〈幾個反理學的思想家〉中，論戴震思想的部分。因此這兩篇文章的意見俱見於《戴東原的哲學》一書，故本文以此書作爲評論胡適介紹戴震思想的主要文獻。在戴震思想原典方面，《孟子字義疏證》戴震自許爲「生平論述最大者」，乃剪裁《原善》、《孟子私淑錄》、《緒言》等諸書之文字，並加重對「理」概念的論述，加以組織爲上中下三卷而自成一完整體系，乃其晚年集大成之定論，因此論戴震思想應以此書爲準。故本文所引戴震文字，皆以《孟子字義疏證》爲主，《原善》、《孟子私淑錄》、《緒言》爲輔，配合其他重要書信書序，如〈與方希原書〉、〈與姚孝廉姬傳書〉、〈與是仲明論學書〉、〈古經解鈎沉序〉、〈答鄭丈用牧書〉、〈與某書〉、〈答彭進士允初書〉，以及《東原年譜定補》等來進行分析。戴震之言見張岱年主編：《戴震全書》（合肥：黃山書社，1994～1997年），第六冊，〈與段茂堂〉，第十札，頁543。

〔註2〕《戴東原的哲學》，頁2。

新的作學問的方法。戴東原的哲學便是這兩方面結婚的產兒。〔註3〕
以顏、李與顧炎武為戴震思想的淵源，胡適有其獨特甚至大膽的思考；而推
究其源，便是來自青年胡適即已具備的兩大思想傾向：反理學的顏、李學派
主要便來自反對脫離事物去談形上本體的脈絡；而以顧炎武所代表的清代考
證學方法論，淵源於程朱理學中「格物致知」的方法論，便代表注重方法的
傾向，以下分別述之。

## 第一節　顏元、李塨之學

胡適雖認為戴震思想受到顏元、李塨的影響，但也明白說出他並「不曾
尋出戴學與顏李有淵源關係的證據」〔註4〕。雖缺乏確切的證據，但一向重視
證據的胡適，卻並未將「戴震思想受到顏李影響」這個假設先存而不論，仍
推測戴震與顏、李之間的媒介，是顏、李後學程廷祚（1691～1767）。胡適認
為程廷祚「二十歲後即得見顏李的書；二十四歲即上書給李塨」〔註5〕，接觸
顏、李之學自不成問題。但是程廷祚與戴震的關係，胡適舉了四點來說明，
這些理由卻都顯得不夠有力：

(1) 乾隆七、八年的時候，程廷祚是徽州人而寄籍江寧；戴震二十
多歲寄寓在江寧族親戴瀚的家裡。

(2) 乾隆二十年戴震入京後屢次到揚州，都有和程廷祚見面的機會。

(3) 戴震中舉人在乾隆二十七年，屢次在江寧鄉試，也有與程廷祚
相見的機會。

(4) 程廷祚的族孫程晉芳是戴震的朋友，戴震也許從程晉芳能得見
顏、李或程廷祚的著作。〔註6〕

這四點嚴格說來，只有第四點勉強可說明程廷祚與戴震有所關聯；第一到三
點以程廷祚與戴震兩人同一時間在同一地，來證明兩人有見面的機會，顯得
證據薄弱而不夠直接。但即使是相對證據較強的第四點，以胡適自己的小註
竟就可以推翻：

程晉芳極推崇程廷祚，而不贊成顏、李之學。他作〈正學論〉力詆

---

〔註3〕《戴東原的哲學》，頁4。
〔註4〕《戴東原的哲學》，頁22。
〔註5〕同上註。
〔註6〕《戴東原的哲學》，頁23。

顏、李，並駁戴震，大爲程朱辨冤。〔註7〕

將一名「力詆顏李」、「不贊成顏李之學」，並駁斥戴震、支持程朱思想的學者，當作程廷祚與戴震之間的中介，無疑較不合理。又以程晉芳爲程廷祚與戴震之間的媒介，再以程廷祚爲戴震與顏、李之間的媒介，如此多次轉手的推論，顯得太過曲折。加上始終缺乏文字上的直接證據，胡適終究無法對戴震淵源於顏、李之學的說法，提出明確的證明。

胡適認定戴震思想有淵源於顏、李之處，有一部分原因也與戴望（1837~1873）《顏氏學記》之說有關。戴望云：

> 乾隆中戴吉士震作《孟子緒言》（按：應爲《孟子字義疏證》之誤），
>
> 始本先生（按：即顏元）此說言性。〔註8〕

胡適認爲戴望此言是：「說戴震的學說是根據顏元而暢發其旨」〔註9〕，但戴望其實是認爲戴震的思想，在討論人性方面，有本原於顏元論性之處。但首先戴望此言亦無直接證據，其次就戴望之言，是否便能擴大解釋戴震其他思想也「根據」甚或「淵源」顏元而來，同樣值得斟酌。事實上兩位思想家在思想上有雷同之處，可能僅是暗合，未必有淵源的關係。正如夏長樸所言：

> 兩位學者所處的時代不同，思想卻如出一轍的情形，學術史上本有
>
> 極多例證。如果沒有經過廣泛的蒐集相關資料與縝密的考證過程，
>
> 就逕自認定二者之間必然有淵源傳承的關係，這種處理問題的方式
>
> 過於草率，也容易產生誤導。〔註10〕

由於缺乏直接證據，戴震思想的淵源恐怕必須等更充足的證據出現，方能再加以探討。

不過文字上沒有確切的證據，可以證明戴震與顏、李思想上的關係，並不表示胡適討論顏、李學派與戴震思想的雷同之處，沒有學術意義。戴震思想雖未必淵源於顏、李，但的確與顏、李思想有雷同之處（當然雷同之中也有異，這是可以幫胡適補充的部分）；了解顏、李與戴震思想的雷同與相異之處，可幫助吾人於下一章中更了解戴震思想的全貌。以下便依胡適對兩者雷

---

〔註7〕　同上註。

〔註8〕　（清）戴望：《顏氏學記》（臺北：臺灣商務印書館，1965年），上冊，頁4。

〔註9〕　《戴東原的哲學》，頁22。

〔註10〕　夏長樸：〈試論與戴震學術淵源有關的一個問題〉，收錄於北京大學中國傳統文化研究中心編：《文化的饋贈——漢學研究國際會議論文集》（北京：北京大學出版社，2000年），哲學卷，頁236。

同之處的分析，分「反理學的傾向」、「理爲文理、條理」、「對氣質之性的看重」、「重利」四點來作討論，並對胡適之說加以補充。

## 一、顏、李與戴震同有反理學的傾向

　　胡適從思想內容上提出顏、李，尤其是顏元與戴震思想上的雷同之處，首先是反宋明理學的傾向。顏元與戴震都曾歷經早年接受程朱理學，三十餘歲之後開始懷疑，進而抨擊宋明理學的思想進程：顏元是二十四歲先學陸王，二十五、六歲復學周、程、張、朱之道，「以爲聖人之道在是」；直到三十四歲那年方「始覺宋儒之言性，非孟子本旨；宋儒之爲學，非堯、舜、周、孔舊道」，提出「去一分程、朱，方見一分孔、孟」。〔註11〕

　　戴震早年雖然未直言崇奉程朱，但由文章可見其對於朱子的敬重之情〔註12〕；即使後來認爲「聖人之道在六經。漢儒得其制數，失其義理；宋儒得其義理，失其制數」，但仍認爲程朱之學「取義遠，資理閎」〔註13〕，在義理方面有其可取之處。直至撰寫《原善》之時，態度方有所轉變，雖未明顯攻擊宋儒，但已提出「欲也者，性之事也」，與程朱天理、人欲二分的思想，明顯有所差距〔註14〕。至撰寫《孟子私淑錄》、《緒言》時，便針對宋儒「理氣二分」、「性即理」等思想作出反擊。到《孟子字義疏證》範圍更擴大到抨擊宋儒的「理」論、「理氣二分」、「理欲二分」、「氣質之性爲惡」、「才爲不善」等等〔註15〕，以致有「人死於法，猶有憐之者；死於理，其誰憐之！」、「酷

---

〔註11〕以上所引見清・顏元著，王星賢、張芥塵、郭征點校：《顏元集》（北京：中華書局，1987年），〈未墜集序〉，頁397～398。

〔註12〕戴震於二十四歲時曾寫道：「相傳晦庵朱子至新安者再，皆過其廬，則吾村之翹於歙西，誠不必以豪華盛麗爲也」，認爲自己居住的環境不必豪華盛麗，只因朱子也曾過居此地。同樣在這一年，戴震於另一篇遊記也寫道：「昔之樂道君子（按：指朱子），或在南山以南，或在北山以北，今山之可供文人學士游覽者，悉爲浮屠氏之居，其必不可與之雜處也」，不僅稱朱子爲「樂道君子」，而且認爲朱子與釋者「必不可與之雜處」，可看出戴震此時對於朱子的態度，與對佛教徒全不相同，這與後來戴震屢屢將程朱與釋、道之徒相提並論，恰成一鮮明的對比。以上所引見《戴震全書》，第六冊，〈屏山石室記〉，頁472；〈樂山記〉，頁478～479。

〔註13〕以上所引見《戴震全書》，第六冊，〈與方希原書〉，頁375；〈與姚孝廉姬傳書〉，頁372。

〔註14〕戴震云：「人與物同有欲，欲也者，性之事也；……欲不失之私，則仁」，《戴震全書》，第六冊，《原善》，卷上，頁9。

〔註15〕關於戴震《原善》、《孟子私淑錄》、《緒言》、《孟子字義疏證》四書的思想遞嬗，尤其是《孟子私淑錄》、《緒言》兩書成書孰先孰後，乃一複雜的問題，

吏以法殺人，後儒以理殺人」的激烈語句，認為宋以來的儒者「大道失而行事乖」。〔註16〕

我們並不清楚胡適是否注意到顏元與戴震兩人，在思想上由相信或不反對程朱義理，到批評程朱之學的轉折過程。但胡適的確將戴震對程朱思想的態度轉變，歸諸顏、李的影響。他同樣亦引上述〈與方希原書〉、〈與姚孝廉姬傳書〉的字句，認為戴震「三十二歲入京之時還不曾排斥宋儒的義理」，這是因為他：

> 還不曾接受顏李一派排斥程朱的學說。如果他的思想真與顏、李有淵源的關係，那種關係的發生當在次年（1756）他到揚州之後。
> 〔註17〕

顯見胡適認為戴震之所以會由贊成程朱義理，轉而反對程朱思想，是受到顏元排斥程朱的影響。這樣的看法當然還是一個頗為大膽的假設，因為同樣並無證據可證明此說；而且依胡適的說法，戴震於二十多歲便有與程廷祚見面，進而接觸到顏、李思想的機會，何以到三十多歲才突然接受顏元思想，反對程朱？筆者認為論述顏元、戴震兩人皆有反對程朱的思想傾向即可，不必過分強調當中有淵源的關係。且兩人雖皆有反對宋明理學的傾向，但當中又有程度的差別：顏元批判程朱較批判陸王為重，認為程朱之學耗費精神於書本之上，不如陸王之學遇事尚有用處〔註18〕。戴震雖對程朱批判較多，但仍認

---

筆者於此處僅簡單說明：對《孟子私淑錄》、《緒言》成書先後較完整的討論，可見陳榮捷：〈論戴震緒言與孟子私淑錄之先後〉，《大陸雜誌》五十七卷三期（1978年9月），頁6～9；以及周兆茂：〈戴震《孟子私淑錄》與《緒言》寫作先後辨析〉，《中國哲學史》1993年第二期，頁110～116。

〔註16〕引文見《戴震全書》，第六冊，《孟子字義疏證》（以下簡稱《疏證》），卷上〈理〉條第十，頁161；《戴震全書》，第六冊，〈與某書〉，頁495～496。按：以下凡引《疏證》某條第幾，皆自該條之首的總論開始算起。

〔註17〕以上所引見《戴東原的哲學》，頁26。

〔註18〕顏元云：「朱子沉迷於讀講章句，更甚於漢儒，玩心於空寂禪宗，更甚於陸子。陸子治家有許多法例，可為定式，守荊州，到任便教戰守，居身截指甲習射，梭山直任義社長。朱子則立朝全無建白，只會說『正心、誠意』，以文其無用，治漳州，全無設施，只會『半日靜坐』、『半日讀書』，聞金人來犯宋，慟哭而已。兩派雖俱非孔子之派，江西猶有長處」。又云：「讀講經書，身心有所依據，不至縱放，但亦耗費有用精神，不如陸王精神不損，臨事尚有用也」，從「兩派雖俱非孔子之派，江西猶有長處」、「不如陸王精神不損，臨事尚有用也」之言，可以看出顏元對於心學的批判實較理學為輕。引文見《顏元集》，〈朱子語類評〉，一○二條，頁275；卷三〈存學編〉，頁87。

爲程朱爲賢者，只是學問初入手受老、釋影響，後雖覺其非，但思想已非孔孟聖學之道。因此戴震所激烈批評者，乃程朱思想中同於釋道之學、卻以繼承孔孟之學面目流傳下來的思想。對於陸王，戴震便直接視爲與釋道無異了〔註19〕。顏元、戴震對於程朱、陸王之學的不同評價，是胡適強調顏、戴二人同具反理學傾向的同時，較未及細加辨察之處。

## 二、顏、李與戴震同認爲理爲文理、條理

胡適從思想內容上提出顏、李與戴震思想上的雷同之處，其次是兩者皆主張理只是文理、條理。胡適歸納顏、李學派與理學家思想的不同：

> 顏、李的學派和宋明理學的根本區別有兩點：理學談虛理，而顏學講實用；理學主靜主敬，而顏學主動，主習事，主事功。〔註20〕

之所以兩者思想有「虛／實」、「敬、靜／動」不同的對比，其實最主要的一點，便是因爲顏元之學與宋明理學，兩者對於天理的探討有所不同。顏元認爲：

> 朱子稱「上蔡直指窮理居敬爲入德之門，最得明道教人綱領」，僕以爲此四字正諸先生所以自欺而自誤者也。何也？「窮理居敬」四字，以文觀之甚美，以實考之，則以讀書爲窮理功力，以恍惚道體爲窮理精妙，以講解著述爲窮理事業；儼然靜坐爲居敬容貌，主一無適爲居敬工夫，舒徐安重爲居敬作用。〔註21〕

顏元認爲宋儒所言的居敬，只是靜坐、強調「舒徐安重」，也就是顏元十分反對之「不作費力事」〔註22〕的修養功夫。顏元也認爲宋儒所言之窮理只是讀書，目的在體會那神秘的道體、也就是天理的想法，乃自欺欺人之說〔註23〕。

---

〔註19〕戴震云：「陸王，主老釋者也；程朱，闢老釋者也。……孔孟不可誣，程朱亦不可誣」，又云：「誣聖欺學者，程朱之賢不爲也。蓋其學借階於老莊、釋氏，是故失之」。引文見《戴震全書》，第六冊，〈答彭進士允初書〉，頁359；《疏證》，卷中〈天道〉條第四，頁178。

〔註20〕《戴東原的哲學》，頁9。

〔註21〕《顏元集》，卷二〈存學編〉，頁59。

〔註22〕《顏元集》，卷二〈存學編〉，頁68。

〔註23〕顏元十分反對以讀書爲窮理手段方法的思想，在《顏元集》中多所批評，如他認爲：「四書、諸經、群史、百氏之書所載者，原是窮理之文，處事之道。然但以讀經史、訂群書爲窮理處事以求道之功，則相隔千里；以讀經史、訂群書爲即窮理處事，曰道在是焉，則相隔萬里矣」，引文見《顏元集》，卷三〈存學編〉，頁78。

顏元十分反對宋儒如此的主敬窮理觀，並進而提出自己的居敬窮理觀：

> 凡理必求精熟之至，是謂「窮理」；凡事必求謹慎之周，是謂「居
> 敬」。〔註24〕

顏元認爲格物就是：「物即三物之物，格即手格猛獸之格，手格殺之之格」〔註25〕，也就是強調格物必須親手實際操作，並多加練習使之熟練，才能窮盡其理。「居敬」也並不是去談「主一無適」，而是要求人的行事必須敬謹、周全，同樣偏在事務的實際層面來談。所以顏元強調：

> 「從源頭體認」，宋儒之誤也；故講說多而踐履少，經濟事業則更少。
> 若宗孔子「下學而上達」，則反是矣。〔註26〕

顏元反對個人修養的目的，是爲了體認那虛幻的源頭，而多講說義理，少具體的實踐，正好與孔子強調「下學上達」的方法相違背。也因此顏元有「蓋無用之體，不惟無眞用，並非眞體也。有宋諸先生，吾固未敢量，但以靜極有覺爲孔子學宗，則斷不敢隨聲相和也」〔註27〕的感慨。此與戴震謂下學與上達一貫，而非以一本體去通貫求理的思想有相似處，詳見下章。

如此講求實用，無眞用便不是眞體，不再要求甚至反對人去追求天理或道體的思想，顯然已與程朱的思想有所差距。到了後學李塨和程廷祚，便更進一步形成反對宋儒「天理」之說，而以理爲道之條理的思想。李塨認爲：

> 「理」字聖經罕見，惟《易》「窮理」、《中庸》「文理」、《孟子》
> 「理也」三言，乃指道之條理，餘皆言道。……未有陰陽之外，仁
> 義之先，而別有一物爲道者。有之，是老、莊之說，非周、孔之道
> 也。〔註28〕

李塨認爲古代典籍裡很少出現「理」字，即使《易經》、《中庸》、《孟子》裡所出現的「理」字，也只是指道運行的條理，並無一別於萬物之外，在陰陽、仁義之先的道體（或天理）。程廷祚也有類似的思想：

> 天理二字始見於〈學記〉，猶前聖之言天道也。若〈大傳〉之言
> 理，皆主形見于事物者而言。故「天下之理」、「性命之理」與「窮

---

〔註24〕《顏元集》，卷二〈存學編〉，頁 60。
〔註25〕《顏元集》，卷一〈四書正誤〉，頁 159。
〔註26〕《顏元集》，卷三〈存學編〉，頁 72。
〔註27〕《顏元集》，卷二〈存學編〉，頁 70。
〔註28〕顏元、李塨著：《顏李叢書》（臺北：廣文書局，1965 年），〈中庸傳註問〉，頁
　　　　911。

理」與「理於義」，皆文理、條理之謂，無指道之蘊奧以爲理者。
〔註29〕

李塨、程廷祚都將理視爲道運行的條理，或是事物的文理，而非一玄妙之「理」
的道體。此二人反對將「理」脫離萬物之外而言之的思想，胡適以爲影響到
後來戴震對理的看法，他說：

戴氏說「理」，也不是他個人的創獲。李塨和程廷祚都是說理即是文
理，條理。〔註30〕

的確戴震對於理的討論，如視理爲「分理」、「文理」、「條理」〔註31〕，反對
宋儒天理之說等等，與李、程的思想有相近之處，只是戴震作了更詳細而系
統的說明。胡適甚至認爲戴震論理，比起顏、李學派來的效果更大：

他們都說理是事物的條理分理；但顏、李一派的學者還不曾充分了
解這個新定義的涵義。這個新定義到了戴氏的手裡，方才一面成爲
破壞理學的武器，一面又成爲一種新哲學系統的基礎。〔註32〕

胡適此處對戴震論理的觀察十分準確，戴震《疏證》一書，卷上十五條全都
圍繞「理」字來作討論，的確首先釐清了程朱論理之誤，再以新的理論作爲
基礎，建構起戴震自己的思想體系。

## 三、顏、李與戴震同樣看重氣質之性

胡適還提出顏、李與戴震論「氣質之性」的雷同之處。上述已提及顏、
李反對程朱「天理」的概念，認爲理只是道運行的條理；而所謂的「道」，其
實也就是氣的流行：

以陰陽之氣之流行也，謂之道；以其有條理，謂之理。〔註33〕

所謂道，只是那陰陽之氣的流行運轉；而氣的流行有其條理，那便是理。理
既是氣的條理，便沒有理氣二分的問題，所謂「理善氣惡」也就不成立。因
此顏元以爲：

若謂氣惡，則理亦惡，若謂理善，則氣亦善。蓋氣即理之氣，理即

---

〔註29〕 程廷祚：《論語說》（上海：上海古籍出版社，1995～2002年，《續修四庫全書》
本，據南京圖書館藏清道光十七年東山草堂刻本影印），卷三，頁 11，總頁
485。

〔註30〕 《戴東原的哲學》，頁 51。

〔註31〕 《戴震全書》，第六冊，《疏證》，卷上〈理〉條第一，頁 151。

〔註32〕 《戴東原的哲學》，頁 53。

〔註33〕 《顏李叢書》，〈周易傳註繫辭〉，頁 5，總頁 514。

氣之理，烏得謂理純一善而氣質偏有惡哉！〔註34〕

「氣即理之氣，理即氣之理」強調理、氣不能二分，理並不是別於氣之外的另一「物」，而只是氣運行所呈現出的條理。顏元認爲氣若是善，所呈現出的條理亦是善；若氣爲惡，那所呈現出的條理亦爲惡。當然顏元此處是爲了駁斥「理善氣惡」之說，所以推出「氣惡，則理亦惡，若謂理善，則氣亦善」的結論。事實上若理只是氣運行的條理，那麼理應只有條理運作或呈現是否清楚、是否有條不紊的問題，而無關於善惡。戴震論理便不會討論理爲善或爲惡的問題，戴震論善是由人的「心知」出發去談，並不走理氣善惡的路線，這也是顏元與戴震思想的不同之一。

顏元由氣討論到氣質之性，認爲人性即是由陰陽二氣而來：「非氣質無以爲性，非氣質無以見性」〔註35〕。並認爲人性也就是氣中之理所成：

萬物之性，此理之賦也；萬物之氣質，此氣之凝也。〔註36〕

這裡的氣質並非指陰陽二氣，而應解作形質。顏元認爲氣凝成了萬物的形體、體質，而氣當中的條理則賦予萬物本性。顏元認爲萬物的本性有「高明」、「卑暗」、「清厚」、「濁薄」、「長短」、「偏全」、「通塞」等等，而人之性爲「萬物之粹，所謂『得天地之中以生』者」，也就是元、亨、利、貞四德：

人者，已凝結之二氣四德也。存之爲仁、義、禮、智，謂之性者，
以在內之元、亨、利、貞名之也；發之爲惻隱、羞惡、辭讓、是非，
謂之情者，以及物之元、亨、利、貞言之也；才者，性之爲情者也，
是元、亨、利、貞之力也。〔註37〕

顏元似乎將元、亨、利、貞四德視爲在人中之理，也就是人性的總稱。就其內在而言，人性的內容也就是孟子所說的仁、義、禮、智；就其呈露而言是情，也就是惻隱、羞惡、辭讓、是非；而所謂才，顏元認爲是性如何去作爲、去表現情而待人接物的能力。〔註38〕

由於性是仁、義、禮、智，因此顏元堅持人性本善；並由於情跟才是性的呈露與發揮，因此情跟才也是善的。顏元認爲性、情、才皆善的思想，以

---

〔註34〕《顏元集》，卷一〈存性編〉，頁 1。
〔註35〕《顏元集》，卷一〈存性編〉，頁 15。
〔註36〕《顏元集》，卷二〈存性編〉，頁 21。
〔註37〕以上所引見《顏元集》，卷二〈存性編〉，頁 21。
〔註38〕顏元認爲：「發者情也，能發而見於事者才也，……情非他，即性之見也；才非他，即性之能也」，見《顏元集》，卷二〈存性編〉，頁 27。

孟子發揮的最爲透徹，所以他認爲：「孟子於百說紛紛之中，明性善及才情之善，有功萬世」〔註39〕。情、才沒有不善，但是依個人氣稟不同，而各有差異：

> 天有那氣生一個人出來，便有許多物隨他來。天之所命固是均一，
>
> 而氣稟便有不齊，只看其稟得來如何耳。〔註40〕

「天之所命固是均一」是指人性本善乃每一個體皆相同的事實，但由於「氣稟不齊」，使得每一個人的能力有所不同。由於顏元將「惡」的產生歸於「始於引蔽，成於習染」〔註41〕，而每一個人由於能力不同，故本性被遮蔽、被薰習而爲惡的程度亦不同。但雖如此，並不能就以被遮蔽、被薰習而爲惡的表現，而斷定情、才是不善的：「不惟有生之初不可謂氣質有惡，即習染凶極之餘亦不可謂氣質有惡也」〔註42〕，因爲氣質之性本爲善，即使流於惡了，也並不能就說原本之氣質爲惡，這就是顏元論氣質之性與程朱的不同所在。

關於戴震對性的討論，詳見下章，以下僅就顏元、戴震論性略作比較。若將顏元、戴震論性加以比較，有相同之處，亦有不同之處：由氣來論性而反對理善而氣有善有不善，在這一點上顏、戴二人的意見相同。不過戴震並不似顏元主張理氣兼善，而是從人有心知的角度來論性善。胡適以「氣質之性」一詞來指稱顏元及戴震由氣論性的思想，但因「氣質之性」一詞乃程朱所提出，有其特定內涵，與顏、戴二人所言並不完全相同。顏元尚有「非氣質無以見性」等語，戴震則只講氣化，不提「氣質之性」一詞。因此胡適以「氣質之性」來概括顏、戴二人的性論，在名詞使用上有可商榷之處，同樣於下章論性會再詳述。

認爲氣中條理賦予人物而爲性，也爲顏元、戴震所共同主張。另外性、情、才皆善，也爲顏、戴共同承認。只是就顏元來說，情是性之呈露、發顯，才是表現情的能力。戴震則認爲情與欲、知同爲血氣心知之性的內容，以才來指呈露、發顯出來的性。因此兩人對情、才的內涵有著不同的定義。

在性之善惡方面，顏元、戴震兩人都認爲性流於惡並不意味性的本質中有惡。只是顏元認爲惡不歸於情、才，而歸於環境的遮蔽與習染，李塨便直言顏元與宋儒論性的差異：

---

〔註39〕《顏元集》，卷一〈存性編〉，頁13。

〔註40〕《顏元集》，卷一〈存性編〉，頁17。

〔註41〕《顏元集》，卷二〈存性編〉，頁29。

〔註42〕同上註。

> 孟子曰性善，即魯論之「性相近」也，言本善也。晏子曰「汩俗移
> 質，習染移性」，即魯論之「習相遠」也，言惡所由起也。後儒不解，
> 忽曰氣質有惡，而性亂矣，聖賢之言背矣。先生辭而辯之，功豈在
> 禹下哉？〔註43〕

李塨將孟子性善等同於孔子所言之「性相近」，而將惡之產生歸於習染，等同
於孔子所言之「習相遠」，並且反對宋儒將氣質歸於惡。而戴震則是強調人由
於不學，不去發揮心知，增加心知認識、辨析的能力，使得心知有所蔽礙，
情欲也流於偏私，於是「才」有不美，行為有惡。因此雖皆云性、情、才並
無不善，但兩人以氣論性的內涵有些許不同，這也是胡適並未提及之處。

## 四、顏、李與戴震皆看重「利」

　　胡適論顏、李與戴震思想上的雷同之處，最後是兩者皆重視「利」的思
想。胡適云：

> 顏元、李塨的學派提倡「正德，利用，厚生」也是傾向於樂利主義
> 的。戴氏注重「生養之道」，主張「無私而非無欲」，與顏、李學派
> 似有淵源的關係。〔註44〕

「正德，利用，厚生」即是顏元常說的三事，是「格物」中「物」的內容。
表面上看來，胡適將戴震反對無欲、重視人民的慾望與生養之道的主張，與
顏元注重三事、將義與利結合起來的思想相提並論，顯得有些不相干。但胡
適其實有其理由：

> 戴氏的主張頗近於邊沁（Bentham）與彌爾（J. S. Mill）一派的樂利
> 主義（Utilitatianism）。樂利主義的目的是要謀「最大多數的最大幸
> 福」。〔註45〕

胡適是從為人民「謀最大多數的最大幸福」這個角度，作為戴震重視欲望與
生養之道，以及顏、李重視三事兩者之間共通的標準。如果將這個標準，解
釋為注重人民的生活，那麼其實顏元與戴震的思想的確有接近之處。如顏元
主張：「以義為利，聖賢平正道理也」，並認為：

> 義中之利，君子所貴也。後儒乃云「正其誼，不謀其利」，過矣！宋
> 人喜道之，以文其空疏無用之學。予嘗矯其偏，改云「正其誼以謀

---

〔註43〕《顏元集》，卷二〈存性編〉，頁35。
〔註44〕《戴東原的哲學》，頁72。
〔註45〕《戴東原的哲學》，頁70。

其利，明其道而計其功」。〔註46〕

顏元是從「實用」的角度，強調義和利並不是兩個無法相容的範疇，更強調學者必須視義爲利，以及認清所謂的利，正是義的總和。顏元反對「正其誼，不謀其利」，是爲了抨擊宋儒重義而不重利，儘談空虛無用的紙上學問，卻不能「利濟生民」〔註47〕。顏元所談的利，不是個人私利，而是對社稷生民有裨益的「大利」或「公利」。因此他認爲「置義田，嚴城守，送難婦，終操守，是即敦睦九族，平章百姓，明明德於天下」等事，乃「體仁義而不以利爲利」的事業〔註48〕。這便與戴震所云：「凡出於欲，無非以生以養之事」，反對理欲之辯；進而提出「聖人治天下，體民之情，遂民之欲，而王道備」〔註49〕的關懷，有其近似之處。

　　以上論述了胡適論顏、李思想，作爲戴震思想的淵源，在「具有反理學的傾向」、「以理爲文理、條理」、「對氣質之性的看重」、「重利」四點上有雷同之處，並補充在前三點上胡適所未提及之兩人思想的差異。雖然認爲顏、李（包括程廷祚）與戴震思想有許多雷同之處，但胡適以爲顏、李之學仍有宗教思想的殘餘成分：

　　　　顏元李塨反對主靜之說最力；然而他們做那刻苦的居敬工夫，每日
　　　　紀錄自己的過失，自己省察，以「小心翼翼，昭事上帝」爲主要的
　　　　信條，──這種態度，純然是一種宗教的態度，與那靜坐省察的工
　　　　夫有何根本的區別？〔註50〕

胡適所批評的是顏元自三十歲起，每天與朋友「共爲日記，凡言行善否，意念之欺歉，逐時自勘注之」，亦即寫「日譜」以檢討己身行爲缺失的工夫〔註51〕。胡適不僅反對「昭事上帝」如此富有宗教意味的想法，更重要的是反對靜坐省察的「居敬」修養工夫。正如下節將論及的，胡適反對理學中偏於道德修養的「主敬」之學，而顏元雖反對程朱「居敬」的工夫，但仍有自己一套「昭

---

〔註46〕 以上所引見《顏元集》，卷一〈四書正誤〉，頁163
〔註47〕 《顏元集》，卷下〈顏習齋先生言行錄〉，頁672。
〔註48〕 《顏元集》，卷六〈習齋記餘〉，頁507。
〔註49〕 《戴震全書》，第六冊，《疏證》，卷上〈理〉條第十，頁160～161。
〔註50〕 《戴東原的哲學》，頁157。
〔註51〕 引文見《顏元集》，〈顏習齋先生年譜〉，〈顏習齋先生傳〉，頁705。關於日譜的討論，可參見王汎森：〈日譜與明末清初思想家──以顏、李學派爲主的討論〉，《中央研究院歷史語言研究所集刊》六十九卷第二期（1998年6月），頁245～294。

事上帝」的居敬工夫。可以想見顏元思想在胡適眼中，雖是反理學的思想家，但卻不夠徹底。

因此雖然顏、李思想在「反宋明理學」、「理爲事物之條理」、「重氣質之性」以及「重利」思想上，與戴震思想確有相近之處，但在胡適眼中顏、李思想仍有未盡之處。因此戴震思想除了顏、李學派之外，勢必還有其他淵源；這淵源也就是以顧炎武爲代表，源於程朱「格物致知」思想的考證學治經方法。

## 第二節　繼承「格物致知」思想的考證學方法

除了仍有殘餘之重修養的傾向外，顏元還極端厭惡「讀書」以窮理的工夫，在其文集中屢見「夫讀書，非學也。今之讀書者，止以明虛理、記空言爲尚，精神因之而虧耗，歲月因之以消磨，至持身涉世則盲然」、「朱子『半日靜坐』，是半日達麼也，『半日讀書』，是半日漢儒也。試問十二箇時辰那一刻是堯、舜、周、孔乎？」〔註 52〕但到了李塨，胡適認爲有轉向經學、考證學的傾向，並留下許多注解經書的著作〔註 53〕。顏、李學派思想的改變，使胡適認爲：

> 顏、李的學說究竟留下了不少的積極份子，可以用來作爲一種新哲學的基礎。不過這些哲學的分子還須先受當時的新經學的洗禮，重新掛起新經學的旗號，然後可以進行作建設新哲學的大事業。〔註 54〕

胡適很獨特地認爲當代中國新哲學的建設，必定要配合經學的方法，方能成立。而清代的考證學，胡適又認爲淵源於程朱的「格物致知」之學（見第二節），因此與其說是顧炎武，不如說胡適是以「格物致知」之學，作爲戴震思想的第二個淵源。因此這裡有必要探討胡適將宋儒「格物窮理」之說加以全新解釋，並視爲清代考證學與戴震思想之淵源的脈絡。

〔註 52〕《顏元集》，〈存學編·序〉，頁 37；〈朱子語類評·訓門人類〉，頁 278。
〔註 53〕胡適云：「顏元不要人讀書，而李塨便說他在這一點上『與先生所見微有不同』。顏元說，『道不在章句，學不在誦讀』；而李塨發憤要遍註諸經（他有《論語》，《中庸》，《周易》，《詩經》等書的傳注）。再傳而後，南方的顏、李信徒程廷祚便也成了一個經學大師。新理學終於被新經學吸收過去了」，《戴東原的哲學》，頁 19。
〔註 54〕《戴東原的哲學》，頁 20～21。

## 一、「格物窮理」方法論的提出

胡適一貫以「早期古典──中古宗教──近世復興」的模式,來對中國思想作分期〔註55〕,基本上本身就有價值評判在其中:先秦諸子代表中國思想高度成熟的階段,但是到了中古時期便由於佛教傳入而有所墮落,到宋明才有開始復興的趨勢〔註56〕。宋代理學家欲復興中國思想,胡適認為第一步最要緊的便是「方法論」的提出:

> 當印度系的哲學盛行之後,中國系的哲學復興之初,第一個重要問
> 題就是方法論,就是一種邏輯。〔註57〕

胡適論述唐代禪宗思想對中古佛教思想的革命,便是表現在重頓悟、強調擺落經典的方法上〔註58〕;宋儒欲復興思想,也是走提出新方法的路。胡適認為邵雍、周敦頤的思想接近道教,並沒有提出什麼方法;直到宋儒特別提出《大學》八條目,才算真正尋著了「中國近世哲學的方法論」〔註59〕,亦即「格物在致知」五個字。「格物致知」相對於「主敬」,是一條新開的路,他以程頤為例:

> 程頤……提出了一個重要的方案,規定了近世哲學的兩條大路:
>
> 涵養須用敬
>
> 進學則在致知
>
> 「敬」是中古宗教遺留下來的一點宗教態度。凡靜坐,省察,無欲,
> 等等都屬於「主敬」的一條路。「致知」是一條新開的路,即是「格

---

〔註55〕 在《中國古代哲學史》中,胡適首先明確提出中國思想應該分作三期:古代哲學、中世哲學、近世哲學,斷代分別是先秦、漢至北宋、北宋到清代,見《中國古代哲學史》,頁7～9。將中國思想分作三期,一直到胡適晚年都基本雷同,參見筆者整理之附錄一〈胡適對中國思想的分期表〉。

〔註56〕 《胡適文集》,第十二冊,《胡適演講集》,〈中國哲學裡的科學精神與方法〉,頁419。

〔註57〕 《胡適文存》,第一集第二卷〈清代學者的治學方法〉,頁156。

〔註58〕 見《胡適文集》,第十二冊,《胡適演講集》,〈中國禪學的發展〉,頁328～332。

〔註59〕 胡適認為:「宋儒最初有幾個人曾採用道士派關起門來虛造宇宙論的方法,如周濂溪、邵康節一班人。但是他們只造出幾種道士氣的宇宙觀,並不曾留下什麼方法論。直到後來宋儒把《禮記》裡面一篇一千七百五十個字的《大學》提出來,方才算是尋得了中國近世哲學的方法論。自此之後,直到明代和清代,這篇一千七百五十個字的小書仍舊是各家哲學爭論的焦點」,見〈清代學者的治學方法〉,頁157。

物」，即是「窮理」：「即凡天下之物，莫不因其已知之理而益窮之，以求致乎其極」。所以程子教人「今日格一物，明日又格一物；今日窮一理，明日又窮一理」。〔註60〕

胡適將宋明理學的整個思想，化約成小程所言「涵養須用敬，進學則在致知」幾個字，也就是「主敬」、「格物致知」兩條路。其中「主敬」一條，是繼承佛教談內在修養而來的路子，是一條舊的路子，胡適以為「無論是程朱，是陸王，總沒有人敢出來否認的」〔註61〕。靜坐、省察、無欲等修養方法，胡適皆以為近似佛教思想而不贊成；而「格物窮理」這條路，則是由程頤提出，朱子發揚光大的新方法，要求就著一物之理窮到極致，並且要每日不停地進行。

「主敬」既是接續「養神」、「明心」而來，屬向內的工夫，那麼「格物致知」便是一向外的工夫，目的在研究客觀世界每一物所蘊含之理，胡適便將之等同於科學家實驗以窮理的精神〔註62〕。因為胡適將理學家所談之「格物窮理」，完全替代成科學家實驗的方法與精神，於是胡適便認為朱子立下了一套關於研究探索的精神、方法、步驟的原則：

> 朱子有校勘、訓詁工作的豐富經驗，所以能從「疑」的觀念推演出一種更實用更有建設性的方法論……：第一步是提出一個假設的解決方法，然後尋求更多的實例或證據來作比較，來檢驗這個假設，——這原是一個「未可便以為是」的假設，朱子有時叫做「權立疑義」。總而言之，懷疑和解除懷疑的方法只是假設和求證。〔註63〕

胡適特別看重朱熹在校勘、訓詁典籍時所表現出的懷疑精神，以及假設、求證的方法，這也就是科學精神與科學方法的展現。胡適看重理學中談「格物致知以窮理」的思想，又特別看重這種思想在典籍上的運用。也因為如此，胡適認為程朱具有科學精神的「格物窮理」之說，「乃是宋學的一大貢獻，乃

---

〔註60〕　〈幾個反理學的思想家〉，頁86～87。

〔註61〕　《戴東原的哲學》，頁6。

〔註62〕　胡適認為：「朱子承二位程子的嫡傳。它的學說有兩個方面，就是程子說的『涵養須用敬，進學則在致知』。主敬的方面是沿襲著道家養神及佛家明心的路子下來的，是完全向內的工夫。致知的方面是要『即凡天下之物，莫不因其已知之理而益窮之，以求致乎其極』，這是科學家窮理的精神，這真是程朱一派的特別貢獻」，見姜義華主編：《胡適學術文集・中國哲學史》（北京：中華書局，1991年），下冊，〈戴東原在中國哲學史上的位置〉，頁1104。

〔註63〕　〈中國哲學裡的科學精神與方法〉，頁408～409。

是漢學的眞淵源」〔註64〕,是清代考證學的淵源。這便使得以顧炎武與戴震所代表之漢學家重視客觀證據、強調假設與歸納的精神〔註65〕,是「淵源」於程朱的格物窮理之說。

## 二、考證學的起源

清代的考證學,胡適有時稱作「漢學」,又稱爲「樸學」,內容則皆指以經學來反對理學的方法論運動,他說:

> 清初的學者想用經學來代替那玄談的理學。
>
> 「漢學」這個名詞很可以表示這一派學者的公同趨向。這個公同趨
> 向就是不滿意於宋代以來的學者,用主觀的見解來做考古學問的方
> 法。〔註66〕

胡適所說考證學是由於反對理學之空疏、主觀而來的方法論運動,這與梁啓超的「理學反動說」有相似之處〔註67〕。但「反理學」的考證學,胡適卻認爲乃是接續宋代理學中的格物致知思想,縮小範圍之後而來的學問:

> 在十一世紀,本來有一個很高大的理想,要把人的知識推到極廣,
> 要研究宇宙萬物的理或定律。那個大理想沒有法子不縮到書本的研
> 究——耐心而大膽地研究構成中國經學傳統「典冊」的有數幾本大
> 書。一種以懷疑和解決懷疑做基礎的新精神和新方法漸漸發展起來
> 了。……這個方法就是考據或考證的方法。〔註68〕

按照胡適的說法,原本格物致知這種相對於主敬的新方法,範圍理應遍及天下萬物,去研究其中的理則與規律。但是落實下來,卻不得不限定在「讀書」、「上論古人」、「待人接物」這幾點上。後來更將其他都拋去,僅留讀書一項,「所以士大夫就拿格物方法來研究古書了」〔註69〕。所以胡適認爲:

> 這個運動開頭的時候有一個:「即物而窮其理」,「以求致乎其極」的
> 大口號,然而結果只是改進了一種歷史的考證方法,因此開了一個

---

〔註64〕 見《胡適的日記》,1922年3月14日條。
〔註65〕 見胡適:《胡適文存》,第一集第二卷〈清代學者的治學方法〉,頁166。
〔註66〕 以上引文見《戴東原的哲學》,頁18;〈清代學者的治學方法〉,頁164。
〔註67〕 梁啓超對清代學術的看法,本文擬於下文討論。其言:「清學之出發點,在於
對宋、明理學一大反動」,見《清代學術概論》,頁12。
〔註68〕 〈中國哲學裡的科學精神與方法〉,頁417。
〔註69〕 以上所引見《胡適文集》,第十二冊,《胡適演講集》,〈考證學方法之來歷〉,
頁113。

經學復興的新時代。〔註70〕

原本志在格遍天下萬物以窮致其理的運動，竟意外成爲開啓新的讀書方法論的契機。胡適是如此看重「格物窮理」到「考證」這條路線的線索，認爲雖有「陸王的反科學的有力運動」，但是終不能阻止格物窮理之學具有「嚴刻的理智態度，走科學的路」〔註71〕。所以他認爲：

中國的玄學沒有什麼貢獻，從格物致知演變到考據考證，形成了近三百年的治學方法。〔註72〕

只認可「格物致知——考證」一路的方法論，而認爲「主敬」一方面的思想，沒有學術上的貢獻。

胡適既以宋儒「格物致知」思想，作爲包含戴震在內之考證學者的淵源，也就使戴震既淵源於反程朱的顏、李之學，又淵源於出自程朱的考證學治學方法。因此有時胡適也認定戴震之學有同於程朱之處：

戴學最近於程伊川與朱子，同屬於致知窮理的學派。

戴震是從朱學裡出來的。〔註73〕

胡適認定戴震有同於程朱之處的原因，顯然就與他將理學分爲中古宗教的主敬，與非中古宗教、科學的格物窮理兩條路有關。故胡適是將戴震歸入科學的程朱，而非宗教的程朱一脈，亦即胡適認爲反理學的戴震所反對的程朱，是無法擺脫中古宗教思想成分的程朱：

程朱在近世各學派之中，最能傾向於理智主義的一條路；不幸中古宗教的影響終使程朱不能徹底地向這條路上走，終不能免去許多半宗教，半玄學的見解。〔註74〕

因此胡適所言之「反理學」，實際上是「反理學中的中古宗教思想成分」，也就是反「主敬」，與包括後來致良知在內的內在修養工夫論這一條路。關於程朱「格物窮理」這一條路，胡適相當贊成，只是認爲在宋代時，只有科學精神卻沒有其他條件配合，因此格物的範圍，僅以經書注疏爲主，太過狹窄。〔註75〕

---

〔註70〕〈中國哲學裡的科學精神與方法〉，頁 406～407。
〔註71〕〈讀梁漱溟先生的《東西文化及其哲學》〉，頁 57。
〔註72〕1960 年 1 月 23 日與日本學者和崎博夫談話內容，見《胡適之先生年譜長編初稿》，頁 3163。
〔註73〕以上所引見《戴東原的哲學》，頁 191。
〔註74〕《戴東原的哲學》，頁 191～192。
〔註75〕胡適認爲：「『格物致知』的路子是科學的路子，但太早了，太缺乏科學的背

　　而明末清初的「反理學」思想，反的就是前一條路的思想，並不反後一條路。例如胡適所舉出的「反理學」的特色，在「打倒」方面，是「打倒太極圖等等迷信的理學」、「打倒談心說性等等玄談」、「打倒一切武斷的，不近人情的人生觀」〔註76〕，皆是針對中古時期所遺留下來的思想，所作的攻擊。

　　胡適並不全盤地反對理學，他個人便十分尊敬朱子的治學精神〔註77〕。他對於宋明理學家提出的「理」字，也肯定其對於提倡獨立自主精神的貢獻：

　　　　宋明儒者抬出一個「理」字，可以用來爭自由，破迷信，攻擊暴君姦相，養成一種特立獨行的風氣。〔註78〕

胡適所認同的是理學家能不屈從權威，獨立自主思考的精神。甚至對於最為反對的「敬」這個概念，胡適認為如果作為一種格物致知的準備工作，也相當重要：

　　　　古人所謂「執事敬」，即是不苟且。「致知須用敬」，也是此意。〔註79〕

不苟且，也就是胡適晚年所提倡四字治學方法，「勤、謹、和、緩」中的「謹」字的意義。〔註80〕

　　由以上所述可知，胡適反對的是單純「主敬」而不進學的涵養工夫，然而並不反對「敬」這樣的概念，尤其更不反對作為致知的準備工夫的「敬」。因此胡適對宋明理學的批評與贊成之處，是根據其特殊的「反理學」定義而來。如此以「方法論」化約宋明理學思想，以及把「主敬」與「格物」截然內外二分的傾向，當然是極為特殊的看法。格物是否真的如胡適所言，全是

景了，所以始終行不通」，因為有科學的精神，卻沒有原料與儀器，又沒有科學應用的需要，遂使得「格物致知」的科學精神無處可發揮，只得落到傳統經書的注疏之上。引文見〈顏習齋哲學及其與程朱陸王之異同〉，頁335；〈清代學者的治學方法〉，頁158。

〔註76〕〈幾個反理學的思想家〉，頁88。

〔註77〕如他說：「我有一個同鄉聖人，名字叫朱熹，他是一個絕頂聰明而幹笨工夫的人，他提出『寧詳勿略，寧下勿高，寧淺勿深，寧拙勿巧』的十六個字，這是了不得的」，見1958年12月24日於光復大陸設計委員會的午餐講話，見《胡適之先生年譜長編初稿》，頁2785～2786。

〔註78〕《胡適的日記》，1923年12月18日條。

〔註79〕《胡適的日記》，1934年3月8日條。

〔註80〕胡適說：「謹即是一絲一毫不苟且，不潦草，舉一例，立一證，下一結論，都不苟且，即是謹，即是『敬慎』」。見《胡適之先生年譜長編初稿》，頁2583。

向外求知的路，而敬又全是向內的修養功夫？程朱格物的目的是為了達至聖人的境界，即使有向外探索萬物的精神，目的也並不是為了更了解自然，而是終究要反諸己，提升一己的精神境界〔註81〕。因此「格物窮理」似乎也帶著胡適所反對的內在傾向，與主敬並非截然二分，而是相輔相成的修養、成德之方。作為致知準備工夫的「不苟且」的態度，胡適十分重視，而「不苟且」便是「敬」，可見胡適也不能全然反對「敬」這個概念。這就使胡適反主敬、重致知的思想，有了可能的缺口，只是胡適本身並不自覺，因此下章談胡適論戴震思想，可以看到其仍延續反主敬、重致知的立場，較忽略戴震思想中亦有如「必敬必正」等論道德修養的思想層次，因而有其侷限之處。

## 三、從「格物致知」思想到可排除並取代理學的考證學方法論

胡適認為由於考證學注重證據，相對於理學的主觀、空疏，遂使考證學成為胡適眼中最客觀、公正，科學性質最濃的一門學問〔註82〕，進而可以取代理學，成為最主要的學問：

> 這種「精確而不受成見影響的探索」的精神和方法，……使一個主觀的、理想主義、有教訓意味的哲學的時代（從十一到十六世紀）不能不讓位給一個新時代了，……這種精神和方法，造成了一個全靠嚴格而冷靜的研究，做基礎的學術復興的新時代（1600～1900）。
> 〔註83〕

「精確而不受成見影響」，「嚴格而冷靜」，在在顯示胡適認為由「格物致知」思想而來之考證學，乃是針對主觀、宗教性質強烈之「主敬」一派的理學所做的反駁。

---

〔註81〕如周昌龍便云：「對宋儒而言，經驗科學即使是可能的，也是無關重要的，因為它在德行之知的涵養彰顯上並沒有作用。『今日格一物，明日格一物』所格的，並非顯示事物性質或關係的規律與定理，……是通過『分殊』而求得『理一』的最高之理。……能否求得那『一旦豁然貫通』的終極真理，關鍵不在於獲得多少知識，而在於能否『復性』，這卻是科學或聞見之知所無能為力的。此所以，程朱雖然鼓吹『進學在致知』，但更重視的卻是『涵養須用敬』」。經驗或聞見之知是否對德行之知的涵養，完全沒有作用，還值得商榷；但周氏所言無論獲得多少知識，關鍵是在能否復歸那至高之理的天地之性，的確方是程朱所念茲在茲者。周氏之文見〈戴東原哲學與胡適的智識主義〉，頁32。

〔註82〕胡適認為：「中國舊有的學術，只有清代的『樸學』確有『科學』的精神」，見〈清代學者的治學方法〉，頁163。

〔註83〕〈中國哲學裡的科學精神與方法〉，頁418～419。

更有甚者，胡適認為，考證學注重證據的「方法論」不僅「對立」、更是「獨立」於宋明哲學之外，而可以自立的學術，他說：

> 十七、十八世紀有第一等頭腦的人拋開了宋明的哲學思考，認為那都是武斷的，無用的，而把他們的精力用在靠純粹客觀方法尋找真理上。〔註84〕

胡適將考證學與理學對立的思維，不僅將程朱理學的哲學思考，判定為「武斷」和「無用」，更將考證學的方法視為一可排除哲學思考、純粹客觀的方法論。故胡適認定考證學的特色「是不主靜而主動的，它的哲學是排除思想而求考據」〔註85〕，甚至就是為了打倒理學而產生的運動。這當中首先又以顧炎武為代表，胡適在〈幾個反理學的思想家〉中認為顧氏：

> 他的宗旨只有兩條，一是實學，一是實行。他所謂「博學於文」，並不是專指文學，乃是包括一切文物，——「自一身以至於天下國家，皆學之事也」。故他最研究國家典制，郡國利病，歷史形勢，山川險要，民生狀況。他希望拿這些實學來代替那言心言性的空虛之學。〔註86〕

這裡胡適所用的「實學」一詞，雖指的是研究一切具體文物的學問，經學只佔實學範圍中的一部分；但在此篇文章中，胡適大談特談顧炎武之處，還是其「提倡一種科學的研究法，教人從文字聲音下手」〔註87〕的部分。亦即胡適所著重者，是主張以「經學考證」來取代理學的顧炎武。

胡適似乎相信，考證學有其獨立於理學之哲學思考的價值〔註88〕，這本無誤。但首先正如上文所言，考證學既由理學格物致知思想而來，格物致知與主敬都是程朱所主張的修養方法，兩種是並存、共行的方法，而非如胡適所云可分而言之。其次，胡適認為考證學是「排除思想而求考據」的「哲學」，亦有可商榷之處。「排除思想」的純粹客觀方法，實難以稱上是一門哲學，胡適顯然有以方法論取代哲學、以演繹與歸納法取代道德的傾向。方法論應就只是方法論，與哲學乃不同層次之學問；可以只談方法論而不涉及哲學，卻

---

〔註84〕《胡適文集》，第十二冊，《胡適演講集》，〈中國近一千年是停滯不進步嗎？〉，頁100～101。
〔註85〕〈中國歷史的一個看法〉，頁107～108。
〔註86〕〈幾個反理學的思想家〉，頁90。
〔註87〕〈幾個反理學的思想家〉，頁90～91。
〔註88〕胡適云：「清初的學者想用經學來代替那玄談的理學，而他們的新經學又確然有許多特殊的長處，很可以獨立成一種學術」，《戴東原的哲學》，頁18。

沒有無方法論的哲學，更沒有只有方法論的哲學。另一方面，同樣是方法論，宋明理學有許多修養方法論，考證學有許多校讀典籍的方法論，前者屬道德層次，後者屬知識層次。胡適未細分其中的差異，以知識層次的方法論，去評斷並抨擊道德層次的方法論，難免有些「知識至上」的偏狹。這與胡適批評宋儒「格物致知」與「主敬」的思想相關，同時也使胡適在評斷戴震思想的價值時，過度重視戴震強調知識重要性的一面，而較忽略戴震思想的其他部分，此點下章亦將詳細討論。

## 第三節　本章結論：胡適論戴震思想淵源的兩大傾向

　　以上本節論述了胡適論戴震思想的兩個淵源：反理學的顏、李之學，以及接續理學而來之「格物致知」方法論的傳統。雖然胡適顯然胡適在討論戴震如何繼承顏元、顧炎武等的思想，具有其自身的選擇性。可以這麼說：胡適認爲戴震繼承考證學的科學精神與方法，並且在哲學體系上，與顏、李思想有淵源上的關係。因此戴震在「格物致知」方面，繼承程朱理學；在哲學思想方面，則是反理學而有著繼承顏、李而來的整體架構。故戴震既非如一般考證學者僅注重考據訓詁而忽視哲學思考，亦不似顏元因爲反對「格物致知」而有輕視知識的傾向。在胡適眼中，戴震可說既能兼具顏元與顧炎武的優點，而又同時避免兩者的缺陷，進而建立起一套能容納格物致知方法與精神的哲學體系。

　　戴震既被胡適塑造成「繼承格物致知精神的反理學學者」，因此胡適對戴震思想的剖析，也就順著「反理學」與「繼承格物致知精神」兩條脈絡交錯來進行。「反理學」與「繼承格物致知精神」兩條脈絡，其實亦即胡適自青年時期便已形成、在接受實用主義後更爲顯著，反對鬼神、脫離事物去談形上本體，與看重方法的思想。因爲反對鬼神、脫離事物去談形上本體，所以贊成顏、李反理學、以「理」爲「文理」、「條理」，以及看重「氣質之性」等思想；因爲注重方法，所以特別強調宋儒「格物致知」的窮理方法論，與繼之而來的考證學方法論。胡適認爲這兩條脈絡被戴震完美地繼承與結合，因此戴震思想遂成爲胡適心目中「科學的致知窮理的中國哲學」〔註89〕的代表，並從「道」、「性」、「理」、「欲」、「人生觀」等方面，來評論戴震思想。以下便探討胡適對戴震思想的敘述，並就其特色及未盡之處加以評論。

----

〔註89〕《戴東原的哲學》，頁 197。

# 第四章　胡適論戴震思想及其詮釋之優缺點

　　在《戴東原的哲學》一書中，胡適並未照戴震《孟子字義疏證》一書的順序，亦即卷上〈理〉，卷中〈天道〉、〈性〉，卷下〈才〉、〈道〉、〈仁義禮智〉、〈誠〉、〈權〉等，來介紹戴震的思想。戴震以「理」作爲他疏證字義的第一字，並佔了全書三卷中的一整卷，是由於戴震對「理」這個概念，有不同於程朱的解釋；而此一與程朱思想立異的起點，正是其思想的根基與起點。他的天道觀、心性論乃至於修養方法論，之所以與前代思想家有所歧異，與具備獨特的價值，便起始於其「理」論的獨特建構。

　　胡適的目的則在介紹戴震整體的思想，因此是順著宇宙論、心性論、人生觀如此「由天至人」的架構展開，中間穿插戴震的「理」觀。因此本章的論述亦順循胡適的次序，由「天道觀」、「性善論」、「理論」、「人生觀及修養論」四層脈絡介紹並評價之。

## 第一節　胡適論戴震一氣貫串形上、下的天道觀及其優缺點

　　胡適介紹戴震思想的一開始，便提出他與其他考證學者的最大不同點，是「不甘心僅僅做個考據家」：

> 戴震在清儒中最特異的地方，就在他認清了考據名物訓詁不是最後
> 的目的，只是一種「明道」的方法。〔註1〕

─────────────

〔註 1〕《戴東原的哲學》，頁 26。

胡適如此說的根據是戴震所言一段非常著名的言論：

> 經之至者，道也；所以明道者，其詞也；所以成詞者，字也。由字
> 以通其詞，由詞以通其道，必有漸。〔註2〕

胡適認為戴震在一般考證學者「由字通其詞」的層次之上，更強調必須「由詞通其道」，也就是「由文字以通乎語言，由語言以通乎古聖賢之心志」〔註3〕：在明瞭字詞的意義之後，學者還必須藉由字、詞，通達載於經書之中的聖人之道。換言之，戴震強調不僅要考證，還必須藉由考證來通義理。所以戴震也批評同時的學者只汲汲於文字考證，而不能更進一步去思考蘊含於文字之中的道的意義。〔註4〕

　　前文已提及胡適認為顏、李之學，與顧炎武所代表的清代考證學，都只能執義理或考證一端，而不能並重；此處胡適顯然認為戴震「由詞通道」的思維，就是能同時結合考證與義理的證據。其實「由字以通其詞，由詞以通其道」，僅代表戴震心中求索聖人之道的「理想」方法，其具體步驟與實際效果，吾人應必須再依據戴震思想的體系來作探討，才能判定戴震之說是否的確可行。胡適對於戴震「由考據可通義理」的假設，選擇不加檢驗而逕相信之，已與他「小心求證」的精神有所扞格。

　　除了認為考證、訓詁只是明道的工具，胡適還提出戴震以為求道，還必須「空所依傍」。空所依傍指的是不僅不繼續盲從宋明儒者，連考證學者慣常加以信賴之漢儒的意見，也不能不加思索即接受。戴震認為：

> 治經先考字義，次通文理。志存聞道，必空所依傍。漢儒訓詁有師
> 承，亦有時附會；晉人附會鑿空亦多；宋人則恃胸臆為斷，故其襲
> 取者多謬，而不謬者在其所棄。我輩讀書，原非與後儒競立說，宜
> 平心體會經文。〔註5〕

雖說戴震對歷代儒者的評價，由高至低依序是漢、晉、宋，但無論是漢晉或是宋代的儒者，對於經文字義的解釋，程度雖有不同，戴震認為都難免有所舛誤。真正想要了解聖人之道，必須要先拋卻歷來學者的注疏解釋，回歸經文本身，以一己之心去理解經文。這可說為「考證以通義理」的原則，找出

---

〔註2〕《戴震全書》，第六冊，〈與是仲明論學書〉，頁370。
〔註3〕《戴震全書》，第六冊，〈古經解鉤沉序〉，頁378。
〔註4〕戴震云：「今之博雅文章善考覈者，皆未志乎聞道，徒株守先儒而信之篤」，《戴震全書》，第六冊，〈答鄭丈用牧書〉，頁374。
〔註5〕《戴震全書》，第六冊，〈與某書〉，頁495。

實踐的主體：是每個人的心志去判斷考證的成果，是否合於聖人之道。這也就是戴震所言「權」的工夫。當然，正如後文將會提及的，戴震也同時確立了「以情絜情而不爽失」〔註6〕的原則，來避免個人權度流於舛誤、偏私的弊病。

　　以上由個人心志出發，由考據通義理的敘述，便涉及一個問題：究竟戴震所謂的道，內容為何？關於這個問題，戴震分天道、人道兩個層次來敘述：卷中〈天道〉四條，討論天道；卷下〈道〉四條，則由天道談到人倫日用之道。這裡要談的是戴震的天道觀；人道的部分，則見於第三節第四小節對戴震人生觀與修養論的討論。

　　胡適歸納戴震的天道觀為以下三點：自然主義、唯物一元的氣化論、動的宇宙觀，而皆與宋儒之天道觀有所不同，並認為戴震的天道觀，已受西學影響〔註7〕。由於「動的宇宙觀」這一部分，胡適主要就《原善》之文加以分析，然而《疏證》並無討論天道或宇宙動靜的文字，顯然此處已非戴震晚年著墨的重點。因此以下僅就自然主義，與唯物、一元的氣化論，分別述之。

## 一、胡適論戴震的自然主義

　　正如筆者於第二章所提及，胡適使用「自然主義」一詞，主要是指自然主義天道觀的概念，也就是認為「天」並非有意志、有知識、能喜怒的主宰，不是天的意志在生成萬物，而是萬物自其本然生長的思想。胡適認為老子、莊子、列子、荀子、王充是幾位具有自然主義天道觀的學者，老、莊、列在第二章已有所討論，不妨看胡適如何探討身為儒家學者，卻有著自然天道觀的王充。胡適引王充：「夫天道自然也，無為。如譴告人，是有為，非自然也」〔註8〕之言，認為王充「提倡道家的自然的宇宙觀，來代替儒教的天人感應論」，並且要「建立一種唯物的、自然的宇宙論」。胡適認為：

> 儒者說：「天地故生人」，「故」即是有意。王充用一個「偶」字來代「故」字，他說：「天地合氣，人偶自生也。……人生於天地之間也，猶魚之於淵，蚊虱之於人也。因氣而生，種類相產。萬物生天地之

〔註6〕《疏證》，卷上〈理〉條第三，頁153。
〔註7〕胡適認為當時所輸入的是第谷（Tycho）的「地球中心說」，不是「地動說」，因此戴震《續天文略》會認為：「天為大圓，以地為大圓之中心」，由此可知胡適已認為戴震思想有受西學影響之處。胡適之文見《戴東原的哲學》，頁35；戴震之文見《戴震全書》，第四冊，〈續天文略〉，頁65。
〔註8〕引文見黃暉：《論衡校釋》（北京：中華書局，1990年），頁636。

間，皆一實也」。(〈物勢篇〉) 這是用「偶然論」來代替宗教的「目
的論」。從老子以來，自然主義的宇宙觀到王充才得著最明白的敘
述。〔註9〕

胡適認為將生成萬物的根源，歸給一有意識、能主宰的天，是一種目的論的
說法，這種說法繼續演變下去，便成為崇信「造物主」或「上帝」的宗教思
想。對一向反對宗教，斥之為迷信的胡適而言，毋寧更認同王充人因氣相合
而偶生的說法。這樣的說法排除了宗教創世紀式的思維，認為是氣在自然而
然、自其本然的情況下，沒有目的或意圖地偶然相合，使萬物生成。這就是
胡適所定義的自然主義。

## 二、胡適論戴震的唯物、一元之氣化論

既然萬物的生成是自然而然、沒有目的，也就是說並沒有一個萬物之上
的主宰，是創生萬物的根源本體。因此胡適也從「排除創生的根源是另一實
體或主宰」這個角度，來看待戴震的天道觀。戴震論天道，是從陰陽五行之
氣運行的角度來看：

道，猶行也；氣化流行，生生不息，是故謂之道。《易》曰：「一陰
一陽之謂道」；〈洪範〉：「五行：一曰水，二曰火，三曰木，四曰金，
五曰土」，行亦道之通稱。……陰陽五行，道之實體也。〔註10〕

戴震舉了經書傳注中的例子〔註11〕，來證成陰陽二氣的不停運行與生成萬物
就是道，也就是「一陰一陽，流行不已，夫是之謂道而已」〔註12〕。故戴震
著重的是萬物因氣化而生生不息的現象與規律，道不是別於氣之外的其他實
體，因為根本沒有別於氣之外的其他實體，沒有能脫離萬物、在萬物之上復
又創造出萬物的實體，就是氣凝而成萬物之形、成萬物之性。

這也就導出了胡適認為戴震的天道觀具有唯物成分的原因。本文不擬從
嚴格的哲學定義來探討胡適所使用的「唯物」一詞，但即使僅從胡適自己的
語言來分析，也可以明白胡適所說的「唯物」，是指戴震以氣這種「物質」，

---

〔註9〕 以上所引見《中國中古思想小史》，頁33～34。胡適所引王充之言見《論衡校
　　　 釋》，頁144。
〔註10〕《疏證》，卷中〈天道〉條第一，頁175。
〔註11〕戴震云：「《詩‧載馳》：『女子善懷，亦各有行』。毛《傳》云：『行，道也』。
　　　 〈竹竿〉：『女子有行，遠父母兄弟』。鄭箋云：『行，道也』」，見《疏證》，卷
　　　 中〈天道〉條第一，頁175。
〔註12〕《疏證》，卷中〈天道〉條第二，頁176。

作爲萬物生成根源的思想。胡適認爲戴震：

> 他老實承認那形而上和形而下的都是氣。這種一元的唯物論，在中
> 國思想史上，要算很大膽的了。〔註13〕

戴震的大膽，與其說在認形而上、下皆氣，倒不如說是在於他以訓詁的方式，
改造「形上」、「形下」這兩個詞：

> 《易》：「形而上者謂之道，形而下者謂之器」，本非爲道器言之，以
> 道器區分其形上形下耳。「形」謂已成形質，形而上猶曰形以前，形
> 而下猶曰形以後。如言「千載而上，千載而下」。《詩》：「下武維周」，
> 鄭箋曰：「下，猶後也」。〔註14〕

戴震巧妙利用訓詁的手法，將「形上／形下」解釋成「凝聚成形以前／凝聚成
形以後」，遂使「道／器」由原本所隱含之上下、甚至高低或貴賤的關係中，
轉而僅是成形與否的差異。因此陰陽、五行之氣，由於未成形質，也都屬形
而上的範圍〔註15〕。既然形而上、下都是一氣，差別只在凝聚成形與否，自
然就不必別置另一「形上」實體，來作爲萬物的根源；因爲氣凝聚成形爲器，
器也就是萬物。氣凝聚成形爲可見之物，未凝聚成形之前雖不可見，但也亦
非虛無縹緲，可由其流行不已，體會到當中有道的存在。這大概便是胡適認
定戴震具有唯物論思想的原因。〔註16〕

　　也就是形而上、下皆爲一氣的思想，使胡適視戴震爲一「一元」論者。
一元論是針對程朱理學的理氣二元論而發，反對以理爲形上、氣爲形下，理、
氣分爲二元的說法。理氣的生成，並非一理生一氣；就戴震而言，氣生成萬

---

〔註13〕《戴東原的哲學》，頁32。
〔註14〕《疏證》，卷中〈天道〉條第二，頁176。
〔註15〕戴震云：「陰陽之未成形質，是謂形而上者也，非形而下明矣」，又云：「不徒
　　　陰陽是非形而下，如五行水火木金土，有質可見，固形而下也，器也；其五
　　　行之氣，人物咸稟受於此，則形而上者也」，見《疏證》，卷中〈天道〉條第
　　　二，頁176。
〔註16〕胡適使用唯物這個詞，並不像在他之後的某些大陸學者那樣，使唯物與「唯
　　　心」相對，進而頌揚唯物主義而貶斥唯心主義，因此也就沒有簡化、僵化戴
　　　震思想成爲一意識形態的問題。如侯外廬便認爲：「（戴震）的哲學思想和顏
　　　元的哲學思想，在唯物主義的觀點上有互通之處」，並認爲胡適對戴震思想的
　　　詮釋「是想拿唯心的實用主義來曲解戴震在學術史上的本來面目」，引文見《中
　　　國早期啓蒙思想史──十七世紀至十九世紀四十年代》（北京：人民出版社，
　　　1956 年），頁 430、459、460。《戴震全書》的編者也認爲戴震思想是「唯物
　　　主義氣本論思想」，見《戴震全書》，第六冊，頁145。

物,理就自然在氣之中。而無論戴震或胡適,都認爲程朱將理氣視爲二元,是受佛老思想影響所致。〔註17〕

綜合以上所述,戴震認爲必須由訓詁而通義理,以明聖人之道,因此胡適便先釐清戴震所謂「天道」的定義與內涵。胡適將之析爲自然主義,以及唯物的一元氣化論,以及戴震晚年較未提及之動的宇宙觀。若不論「動的宇宙觀」,胡適可謂頗好地掌握到戴震天道論的特徵。惟「唯物」一詞,在西洋哲學有其嚴格之定義範圍,戴震思想是否符合此一定義,頗可質疑。當然胡適所使用之「唯物」,顯然亦非嚴格定義之下的用法;但筆者認爲與其說「唯物」,不如講「一氣」,更適合用來形容戴震的天道觀。這同時也可免去理解胡適之說時,有附會於當代學者以「唯物」誤讀戴震的弊病。

## 第二節　胡適論戴震「人有心知故善」的「性才一貫」論及其優缺點

對於戴震的性論,胡適首先認爲:

> 他的性論是從他的天道觀來的。〔註18〕

此言看來平淡無奇,卻很恰當指出戴震由天到人、由一氣到人物之性的連貫思維。因此以下便依此思路,探討胡適如何分析戴震的「血氣、心知之性」,以及「性、才一貫的性善論」,並就其中精確與疏漏之處,加以評價,並探討戴震由「必然」自完其「自然」的思想體系。

### 一、論戴震分陰陽五行之氣而來的血氣、心知之性

胡適首先論戴震由陰陽五行之氣,論血氣、心知之性的脈絡:

> 性的實體是血氣心知,而血氣心知又只是陰陽五行分出來的。這又是一種唯物的一元論,又與宋儒的理氣二元的性論相衝突了。……

---

〔註17〕戴震云:「在老、莊、釋氏就一身分言之,有形體,有神識,而以神識爲本。推而上之,以神爲有天地之本。……(中小注,略)……遂求諸無形無迹者爲實有,而視有形有迹爲幻。在宋儒以形氣神識同爲己之私,而理得於天。推而上之,於理氣截之分明,以理當其無形無迹之實有,而視有形有迹爲粗。亦就彼之言而轉之」,見《疏證》,卷中〈天道〉條第四,頁178。胡適亦同意之,認爲戴震此說:「指出宋儒之所以不能拋棄二元論,只因爲他們借徑於佛老之學,受其蔽而不自覺」,見《戴東原的哲學》,頁34。

〔註18〕《戴東原的哲學》,頁35。

戴氏說血氣心知是性，這正是宋儒所謂氣質之性。他卻直認不諱。
〔註19〕

胡適的話是發揮戴震所引《大戴禮記》：「分於道謂之命，形於一謂之性」〔註20〕而來。所謂「分於道」，戴震認為就是「分於陰陽五行以為血氣、心知」，也就是說人、物之性是分陰陽五行之氣而來，然後「各隨所分而形於一」所得到的「血氣」與「心知」〔註21〕。因為是分來的性，所以各有不同，但「性雖不同，大致以類為之區別」〔註22〕，亦即人與人之間的性雖有差異，但因同屬一類，故差異不大，亦即《論語》所說的「性相近」；但人與動植物之性因不屬同類，便會有較大的不同。這是戴震人性論的前提。

胡適將戴震所言的性，說成「氣質之性」，就這個名詞本身來說並無疑義；但因在宋明理學尤其是程朱理學中，「氣質之性」是一有嚴格定義的詞，因此首先便必須釐清「氣質之性」的涵義。

氣質之性首先由張載提出：「形而後有氣質之性，善反之則天地之性存焉。故氣質之性，君子有弗性者焉」，由於張載認為「人之剛柔、緩急，有才與不才，氣之偏也」〔註23〕，所以他所使用的「氣質之性」一詞的涵義，便有相對於「天地之性」的不純善完滿之處。朱熹沿用張載的思維，配合理氣論來說性，便認為：

> 人之性皆善。然而有生下來善底，有生下來便惡底，此是氣稟不同。
>
> 稟氣之清者，為聖為賢；……稟氣之濁者，為愚為不肖。〔註24〕

雖說「性即理」，故純善無惡，但這是就「天地之性」而言，就氣稟而言，則性必有善有惡。因此由張載、朱熹的思想來看，氣質之性乃是相對天地之性而言，有善亦有惡的存在。

然而在戴震的性論中，首先就沒有天地之性、氣質之性兩層的區別，也就是胡適所說的一元論。同樣以氣論性，戴震由於沒有架構另一個本體作為氣的根源，因此他不必就理言氣來論性，而只是認為一氣分於所有個體的就是性。其次，如此分一氣而來所凝成之性，也不會在成形之後轉而為惡。因

---

〔註19〕《戴東原的哲學》，頁 36。
〔註20〕《大戴禮記》（臺北：臺灣商務印書館，1965 年，四部叢刊本），〈本命〉第八十，頁 67。
〔註21〕《疏證》，卷中〈性〉條第一，頁 179～180。
〔註22〕同上註。
〔註23〕見《張載集》（臺北：漢京出版社，1983 年），〈誠明〉，頁 23。
〔註24〕《朱子語類》，卷第四〈性理一〉，頁 69、73。

此「人性何以爲惡」，便與氣無關，而是來自人本身缺乏要去進行修養的自覺與決心（此點下文將再詳述）。

由於戴震的性論與張載、朱熹所云的氣質之性有本質上的不同，所以要說戴震的性論是「氣質之性」，必須附加許多說明，否則容易形成對戴震性論的誤解。戴震本身便不贊成宋儒所提出的「氣質之性」一詞，認爲違背了孟子性善論的宗旨：

> 程子、朱子言人無有不惡，其視理儼然有物，以善歸理，雖顯遵孟子性善之云，究之孟子就人言之者，程、朱乃離人而空論夫理，故謂孟子「論性不論氣不備」。若不視理如有物，而其見於氣質不善，卒難通於孟子之直斷曰善。宋儒立說，似同於孟子而實異，似異於荀子而實同也。〔註25〕

戴震反對程朱論性的最主要論點，其實也就是上述與程朱立異的兩點：反對離人而空論理之善；言氣質有不善。正如胡適所言，戴震「公然承認血氣心知之性即是性，更不須懸想一個理來『湊泊附著以爲性』」〔註26〕，因此他反對程朱將純善歸給理，卻視更貼近人物的氣質之性爲有善有惡。戴震認爲程朱將善歸給理的人性論，和孟子由四端直接說性善的性善論並不相同，因爲「理善／氣有善有惡」的架構，將使人之純善之性一旦墮入形氣，便有淪於惡的可能，需再經歷一「變化氣質」的過程，方能將墮於惡的善性，再挽救回來。這比起孟子直接就說性本是善，多了一「離理義而淪於惡」的歷程，戴震以爲是太過曲折，甚至已非孟子之學，而近於荀子、揚雄的人性論。〔註27〕

## 二、論戴震性、才一貫的性善論 〔註28〕

接續人性論，胡適隨即探討戴震對才的看法；以下先介紹戴震對才的論

---

〔註25〕 《疏證》，卷中〈性〉條第八，頁190。

〔註26〕 《戴東原的哲學》，頁39。

〔註27〕 戴震認爲：「荀、揚所謂性者，古今同謂之性，即後儒稱爲『氣質之性』者也，但不當遺理義而以爲惡耳」，將程朱的人性論，等同於荀子人性「生而有耳目之欲」，終將流於惡的性惡論，以及揚雄「人之性也，善惡混」的思想，認爲都犯了認爲性中有惡的錯誤。戴震之言見《疏證》，卷中〈性〉條第八，頁188；荀子之文見王先謙：《荀子集解》（北京：中華書局，1988年），〈性惡〉第二十三，頁434；揚雄之文見汪榮寶：《法言義疏》（北京：中華書局，1987年），〈修身〉第三，頁85。

〔註28〕 「性才一貫」之詞，引自劉又銘之說，見劉又銘：《理在氣中》（臺北：五南圖書出版公司，2000年），頁155。

述，再論述胡適對戴震理解的優缺點。

## （一）性、才一貫

同樣地基於批駁程朱的立場，戴震提出「性才一貫」的論點。戴震首先提出才的定義：

> 氣化生人生物，據其限於所分而言謂之命，據其爲人物之本始而言謂之性，據其體質而言謂之才。由成性各殊，故才質亦殊。才質者，性之所呈也。……才之美惡，於性無所增，亦無所損。〔註29〕

戴震認爲人物分於氣化所得曰性，這是指本質而言；本質所外發、呈露出來的部分，便是才。因爲同樣是本質，只是有內蘊與外顯之差異，故與性因稟氣而有許多不同一樣，才也有許多不同的型態。「才」的各種不同型態，只是美、惡（下文會提及，就人而言，便是智、愚的不同）等的不同，美惡或智愚，並不能改變性、才之本質爲善的事實。

這樣的分別之所以重要，因爲與程朱的說法便大有不同。二程認爲：「性無不善，其所以不善者，才也」〔註30〕，是明白規定才有善、有不善。但戴震認爲：

> 後儒以不善歸氣稟；孟子所謂性，所謂才，皆言乎氣稟而已矣。其稟受之全，則性也；其體質之全，則才也。〔註31〕

性、才皆稟氣而來，只是性是從稟受之全的角度來看，才則是從體質之全的角度來看。對此，戴震使用桃、杏來比喻性、才之間的關係：在稟受之初，桃、杏之形色臭味無不俱在果核之中，但不得現見；一旦萌芽，根幹枝葉長成，則桃樹和杏樹各不相同〔註32〕。性就好比是蘊含於果核之中，無不俱全的桃杏本質，而才便是萌發之後長成的桃杏枝葉；因此才「是『性的呈露』，它其實就是『性』的直接延續，它正是『性』的可以看得到的一面」〔註33〕。因此戴震明確反對才有不善之說，才、性本一貫，性既無惡，才亦無惡，只有美、醜、智、愚等的區別。

## （二）惡由不學而來

性、才皆善，那麼惡自何而來？戴震認爲：

---

〔註29〕《疏證》，卷下〈才〉條第一，頁195。
〔註30〕見《二程集》（臺北：里仁出版社，1982年），卷七〈河南程氏外書〉，頁393。
〔註31〕《疏證》，卷下〈才〉條第一，頁196。
〔註32〕同上註。
〔註33〕劉又銘：《理在氣中》，頁155。

> 欲之失爲私，私則貪邪隨之矣；情之失爲偏，偏則乖戾隨之矣；知之
> 失爲蔽，蔽則差謬隨之矣。不私，則其欲皆仁也，皆禮義也；不偏，
> 則其情必和易而平恕也；不蔽，則其知乃所謂聰明聖智也。〔註34〕

血氣心知之性的缺失是欲流於私而貪念生、情流於偏頗而乖戾、知流於蔽而
不智；流於私、偏、蔽的性，也就是流於惡。性雖初始無不善，但若流於惡，
所表現出來的行爲也就是惡。這也就是：

> 人無有不善，以長惡遂非，故性雖善，不乏小人。
> 生而下愚，其人難與言理義，由自絕於學，是以不移。……苟悔而
> 從善，則非下愚也；加之以學，則日進於智也。……故曰不移，不
> 曰不可移。雖古今不乏下愚，而其精爽幾與物等者，亦究異於物，
> 無不可移也。〔註35〕

戴震認爲就人初始稟受一氣之時而言，性無不善；但人生成之後，若不加以
教育，或是本身不學、不長進，那麼人之性便無法加以擴充，將會流於偏私、
蔽障，便流於惡。戴震將上智與下愚，轉化解釋成善、惡，並認爲「不移」
是「不願移」或「不知移」，而非「不能移」。只要一旦悔悟，下定決心要學
習〔註36〕，那麼便可以一日接一日不停地修養，朝情、欲皆能中正平和的目
標邁進，使心知漸漸擴充，終致聖智。

　　由此可知在戴震思想中，性、才並無不善，惡則是由於己身不思修爲，
性流於偏私、蔽障方導致不善；但此不善是可以藉由己身的悔悟，加之以教
育、學習，而重又復善的。可以明顯看出戴震的性善論，有融合孟子天生性
善，與荀子性惡重教化的痕跡。

### （三）胡適詮釋戴震性善論可商榷之處

　　胡適由戴震性、才一貫的論點來說明其性善論，並指陳戴震思想有闕漏
之處。但胡適之指陳實有可商榷之處，以下分兩大部分、四小點來說明。

---

〔註34〕《疏證》，卷中〈才〉條第二，頁197。
〔註35〕以上引文見《疏證》，卷中〈性〉條第二，頁184；《疏證》，卷中〈性〉條第
　　　　三，頁185。
〔註36〕當然，戴震這裡所云的「學」，並非指單純智識性地吸取客觀知識。下文會提
　　　　到，戴震所言的心知，並非如胡適所言爲一僅具判斷、擇取外在客觀知識的
　　　　官能；心知還具有愛悅理義的能力，同時也是「以情絜情」的基礎。這都使
　　　　得戴震所說的「學」，是貫徹血氣、心知兩方面，兼具道德修養、知識判斷的
　　　　綜合工夫。

### 1. 批評戴震性、才一貫的性善論

對戴震「性才一貫」之說的批評，是胡適詮釋戴震性善論可商榷之處的第一點。胡適引戴震：「孟子道性善，成是性斯為是才，性善則才亦美」，以及「人物之生，皆不病也，其後百病交侵，若生而善病者」，「曰天與以多病之體，不可也」，「因於失養，不可以是言人之才也」，然後認為：

> （宋儒）分性與才為二本是錯的；戴氏說有是性便有是才，是不錯的。但「性善則才亦美」一句話也只有相對的真實，而不可解作「凡性皆善，故才皆美」。宋儒說善由於性而惡由於氣質，自然是不對的。但戴震認血氣心知為性，而又要說凡性皆善，那也是不能成立的。人物固有生而病的，才質也有生而不能辨聲辨色的，也有生而不能知識思想的。所以我們只可以說，戴氏的氣質的一元論確是一種重要的貢獻，但他終不能拋棄那因襲的性善論，所以不免有漏洞了。〔註37〕

這裡主要有兩點值得討論：首先，胡適認為戴震將「性善則才亦美」解作「凡性皆善，故才皆美」；其次，胡適批評戴震所言「人物之生，皆不病」有語病，認為亦有人一出生便生病，或是無法感知、思想者。對此，我們不妨引戴震完整的文字來加以解析：

> 孟子道性善，成是性斯為是才，性善則才亦美，然非無偏私之為善為美也。人之初生，不食則死；人之幼稚，不學則愚。……譬之人物之生，皆不病也，其後百病交侵，若生而善病者。或感於外而病，或受損於內身之陰陽五氣勝負而病；指其病而皆發乎其體，而曰天與以多病之體，不可也。如周子所稱猛隘、強梁、懦弱、無斷、邪佞、是摘其才之病也；才雖美，失其養則然。孟子豈未言其故哉？因於失養，不可以是言人之才也。夫言才猶不可，況以是言性乎！〔註38〕

戴震認為孟子所說的性善，是從「成是性斯為是才，性善則才亦美」的角度來說，亦即上文所言之性、才一貫的性善論。戴震是由個體最初稟受陰陽五行之氣的時間點，來判定「性善」，因為戴震所云之「無偏私的善性」，是指個體初始分得一氣之時的狀態，那時的人物之性宛如桃杏之體質俱蘊含於果

---

〔註37〕《戴東原的哲學》，頁45～46。
〔註38〕以上所引之原文見《疏證》，卷下〈才〉條第三，頁199。

核中一般，皆蘊含於人物之中而尚未發顯。戴震認為這樣的善性並不保證一定能發顯出來，成為能為人所感知的「才」，有可能由於疾病，或是險惡的環境，甚至沒有給予物質的照料，或是教育的養成等等，都有可能使善性無法外發成為美才。亦即雖有「稟受之全」的本質，卻無法藉由教育、修養而長成、達成「體質之全」。但不能因為「失其養」無法達成「體質之全」，便質疑「性善」這一點。這也就是「才可以始美而終於不美，由才失其才也，不可謂性始善而終於不善」，「體質戕壞，咎非體質之罪，又安可咎其本性」〔註39〕的道理。

所以「性善則才亦美」，是在人藉由教育、修養，去擴充、提升自己能力的前提下，才會達成的結論。正如孟子講人有四端而性本善，但若不擴充則亦流於惡一般，戴震認為善的本性必須經過個體的奮鬥與努力，才能達致體質的美善；而體質由於個體不努力而導致戕壞，也並非本性有所不善。因此不能說因為「性皆善」，所以才就皆美，中間還必須看個體能否自覺並力行修養。認為性善則才皆盡美，是胡適詮釋戴震性善論第一點可商榷之處。

至於人一出生便生病，或是無法感知、思想者，因為其體質已戕壞，又無法藉由擴充自己的心知來進行修養，因此「性善」的事實無法表現出來。按戴震的說法，這是才的表現不美，但並非性、才的本質為不善。胡適將一出生便生病，或是無法感知、思想者歸於性，有些誤解戴震性、才的概念，這是胡適詮釋戴震性善論的第二點可商榷之處。

### 2. 批評戴震以人知覺遠勝禽獸為性善

胡適批評戴震以人的知覺遠勝禽獸為性善的說法，是胡適詮釋戴震性善論可商榷之處的第二大點。胡適認為：

> 其實，據才質為言，至多也只可以說人「可以」為善。……（戴震）說的是性善，而舉的證據只是人的智慧遠勝於禽獸。故戴氏說人性善只是對於禽獸而言；只是說「人之知覺大遠乎物」。這本是極平常的科學知識，不幸被那些因襲的玄學名詞遮蓋了，掛著「性善論」的招牌，反不容易懂得了。所以我們應該丟開「性善」的套語，再來看戴氏的性論。〔註40〕

這裡還是有兩點可討論之處：首先，按戴震的說法，人、物稟氣的初始便是

---

〔註39〕同上註。
〔註40〕《戴東原的哲學》，頁 46～47。

性，內容是血氣與心知；人物因皆有心知，因此無論就人或物而言，性的本質一開始便是善，而不是如胡適所言的「可以」向善。但這裡便有疑問：若人、物之性本善，那為何戴震又要特別強調「性者，飛潛動植之通名；性善者，論人之性也」〔註41〕？這就牽涉到戴震的「自然」觀。

對於性的內容，戴震有時更將血氣、心知細分為欲、情、知三大類：欲指欲望，情指情感，知指知覺，戴震稱此三者為「血氣心知之自然」〔註42〕。欲望、情感、知覺，三者都是分得一氣而來，人、物所共同具有，所以稱作自然，我們姑且稱作「自然之性」。此一自然之性，從氣也就是道的角度來看，本無善、惡之分；因此落實到萬物，也應無善惡之別，直接稱作性即可。但就人的角度而言，唯有人類社會方有善、惡的分判與對立，因此「性善」的確是特別專屬於人所使用的詞，但這是因為自然界也就是萬物並無善、惡的分判，也就不必特意提善。

因而此處胡適之說有可商榷之處：主張「性無善無惡」或「性可善可惡」，才能導致胡適所言「性可以向善」的說法；但「性無善無惡」或「性可善可惡」說，與戴震所言顯然已有差距。胡適延續他對戴震自然天道觀的看法，把戴震之性解釋為一無善無惡、可善可惡的中性之性，進而批評戴震甩不脫「性善」的套語，是胡適詮釋戴震性善論第三點可商榷之處。

胡適又認為戴震所云：「人之知覺大遠乎物」，只是極一般的科學概念，不能用作證明人性善的證據；並認為這是玄學思想的殘餘，是戴震思想中不好的因襲成分。如此想法可商榷之處，在於將戴震獨特的性善說簡單化了。戴震首先定義「知覺」為：「知覺云者，如寐而寤曰覺，心之所通曰知，百體皆能覺，而心之知覺為大」，然後說：

> 知覺運動者，人物之生；知覺運動之所以異者，人物之殊其性。……
>
> 人之心知，於人倫日用，隨在而知惻隱，知羞惡，知恭敬、辭讓，
>
> 知是非，端緒可舉，此之謂性善。〔註43〕

戴震認為知覺是人、物所共有的一種覺察、感知的能力，這是相同之處；而人的知覺與物相異之處，在人於人倫日用之生活中，有隨時可以覺察、感知惻隱、羞惡、恭敬、辭讓、是非等道德端緒的能力。這種除了自然之性外，

---

〔註41〕《疏證》，卷中〈性〉條第八，頁 190。

〔註42〕戴震云：「人生而後有欲，有情，有知；三者，血氣心知之自然也」，見《疏證》，卷下〈才〉條第二，頁 197。

〔註43〕《疏證》，卷中〈性〉條第二，頁 183。

還能覺知道德的能力，戴震認爲便是人性爲善的證明。這種對道德的覺知能力，顯然蘊含了未來主體可以進行道德修養的可能，而不僅僅是一種認知心，更絕對不只是認識知識的能力。

將戴震的知解釋爲一單純進行認識的知覺，忽略心知尚有覺知道德的能力，因此才能說性善，是胡適詮釋戴震性善論可商榷之處的第四點。在下文論及戴震的修養論之時，我們會再看到此一可商榷之處。

## 三、論戴震必然完其自然的性善論

究竟戴震如何解釋所謂「感知辨察道德的能力」，就能說成是性善？戴震認爲人之心知既較物爲獨大，能覺知道德，這便使得人之「知」的地位十分重要，如果人「能擴充其知至於神明」，則「仁義禮智無不全也」〔註44〕。戴震認爲稟受氣而來之性雖然本善，但若不經一番擴充心知的工夫，那自然本性之善或亡佚，或轉陷溺於惡，終不得善。一旦人擴充「感知辨察道德的能力」到達極致，那麼所思、所表現之行爲無不合於道德，亦即無不是善，自然之性及所呈現之才無不善，亦即性善了。這便是戴震極富特色的「必然乃自然之極則，適以完其自然」〔註45〕之說：人擴充感知、辨察道德的能力，到達自然之性的極致，便必然能達成性善，正與自然之性的純善相符。

若吾人再進一步追問：此「感知辨察道德的能力」，從何而來？對此，戴震就直接歸之於天生稟氣而來，並無進一步的解釋。戴震相信人的本性中就有能感知、辨察道德的能力，這是他性善論的首要假設與前提。

以上本節說明了戴震分陰陽五行之氣而來的血氣、心知之性，以及「性才一貫」的性善論，與不學而導致的惡之由來，並分析胡適詮釋戴震性善論的四點可商榷之處，及戴震由「必然」自完成其「自然」的思想體系。

戴震對於性乃至於人性善、惡的說明，一如在他之前的思想家，是爲了引出他心目中理想的修養工夫論。對人性的不同解釋，便有著相應不同的修養工夫：孟子主性善，所以重擴充；荀子主性惡，所以重教養與學習（值得

---

〔註44〕同上註。

〔註45〕《疏證》，卷中〈性〉條第七，頁188。《原善》：「歸於必然適全其自然，此之謂自然之極致」意思相同，見《原善》，卷上，頁11。胡適對戴震「自然／必然」之說的解釋是：「血氣心知之性是自然的；但人的心知（巧與智）卻又能指導那自然的性，使他走到『無失』的路上去，那就是必然」，一樣有將性解爲無善無惡，與解釋心知過於偏向智性的傾向。胡適之文見《戴東原的哲學》，頁38。

注意的是，戴震對於擴充與教養學習兩者的兼重，隱含有融合孟、荀的思想傾向）。因此吾人對於其人性論，必須做一較貼切的體察，否則在說明其修養工夫論時，將失之毫釐，差之千里。胡適由於對戴震「性才一貫」、「以人的知覺遠勝禽獸爲性善」這兩點，理解上有較未盡全面之處，以致在探討戴震修養工夫論時，還是有可商榷之處。以下便先就胡適對戴震「理」論的探討，加以分析，以進入戴震的人生觀與修養工夫論。

## 第三節　胡適論戴震之「理」說及其優缺點

　　胡適藉由探討戴震的「理」論，進入探討戴震的修養工夫論。對於戴震的理論，胡適可說極爲推崇，稱之爲「戴氏在哲學史上的最大貢獻」〔註46〕。上文已提及胡適認爲戴震的理論來自李塨與程廷祚，另外胡適也認爲可能受到惠棟的啓發〔註47〕。但無論是李塨、程廷祚還是惠棟，顯然都未能如戴震以其理說「一面成爲破壞理學的武器，一面又成爲一種新哲學系統的基礎」。以下便依戴震與胡適對程朱「理」說的批判、胡適對戴震「理」說的兩個定義之批評及其未盡之處，分別加以討論。

### 一、戴震與胡適對程朱「理」說的批判

　　胡適認爲理學有好、壞兩個方面：好的方面是「學者提倡理性，以爲人人可以體會天理，理附著於人性之中；雖貧富貴賤不同，而同爲有理性的人，即是平等。這種學說深入人心之後，不知不覺地使個人的價值抬高，使個人覺得只要有理可說，富貴利祿都不足羨慕，威武刑戮都不足畏懼」。但理學也有壞的方面，胡適舉「餓死事極小，失節事極大」，與「天下無不是的父母」等「不近人情的禮教」爲例，認爲「理與勢戰時，理可以得人的同情；而理與勢攜手時，勢力借理之名，行私刑之實，理就成了勢力的護身符，那些負屈含冤的幼者弱者便無處伸（申）訴了」。〔註48〕

　　這明顯是順著戴震對理的批判文字而來，戴震認爲：

　　　　六經、孔孟之言以及傳記群籍，理字不多見。今雖至愚之人，悖戾
　　　　恣睢，其處斷一事，責詰一人，莫不輒言理者，自宋以來始相習成

---

〔註46〕《戴東原的哲學》，頁 51。
〔註47〕《戴東原的哲學》，頁 51～52。
〔註48〕以上所引見《戴東原的哲學》，頁 53～55。

俗，則以理爲「如有物焉，得於天而具於心」，因以心之意見當之也。於是負其氣，挾其勢位，加以口給者，理伸；力弱氣懾，口不能道辭者，理屈。……凡事至而心應之，其斷於心，輒曰理如是，古賢聖未嘗以爲理也。〔註49〕

戴震所批判的，是理學家們認爲理是一種得於天而具備於人心之物〔註50〕，卻忽略若未經過全體共同的肯認，僅憑一己之想法便逕視之爲人心所同具之理，以致形成不合情理、以獨斷、專橫的私人「意見」爲「公理」的狀態。戴震認爲自宋代以來，發生許多以私人意見爲公理，進而強迫弱勢者屈從其意見之情形，這也就是戴震著名的「酷吏以法殺人，後儒以理殺人」之說。

## 二、胡適對戴震「理」說定義的詮釋與批判

對程朱所言的理，戴震既不承認爲理，遂對「理」字重新下了兩個定義：一是「理者，察之而幾微必區以別之名也」，一是「理也者，情之不爽失也」：〔註51〕

### （一）定義一：理者，察之而幾微必區以別之名

首先論定義一。戴震強調「理」只是我們去觀察、體認，進而將觀察、體認的所得，有條理地加以細微區別、分類而已。就萬物而言，「在物之質，曰肌理，曰腠理，曰文理」，隨物的名稱不同，而有不同的理之名；但就其性質而言，理就是萬物的條理。戴震認爲：「得其分則有條而不紊，謂之條理」〔註52〕，條理是經過分析區別之後，有秩序而不紊亂的屬性，而不是佔有時間、空間或超越時間、空間之上的另一物或本體〔註53〕。由於萬物皆氣化而來，因此理就僅是氣及氣化生成萬物所運作的條理；故理在氣之中，而非在氣之上。因此「東原之所謂『理』，與宋明理學家涵養、體貼所得之『理』，

---

〔註49〕《疏證》，卷上〈理〉條第五，頁154～155。

〔註50〕戴震引《朱子語類》之說：「凡物有心而其中必虛，人心亦然；止這些虛處，便包藏許多道理，推廣得來，蓋天蓋地，莫不由此。……性便是許多道理得之天而具於心者」，以證己「如有物焉，得於天而具於心」之說。以上所引見《朱子語類》，卷第九十八〈張子之書一〉，頁2514。

〔註51〕《疏證》，卷上〈理〉條第一，頁151；〈理〉條第二，頁152。

〔註52〕以上所引見《疏證》，卷上〈理〉條第一，頁151。

〔註53〕戴震云：「理乃專屬不易之則，不賅道之實體」，見《戴震全書》，第六冊，《緒言》，卷上，頁88。

絕不相同」。〔註54〕

胡適也認為戴震以理只在氣之中、只是物的條理之思想，與程朱「內觀」的理觀大不相同：

> 程朱的格物說所以不能徹底，也正因為他們對理字不曾有徹底的了
> 解。他們常說「即物而窮其理」，然而他們同時又主張靜坐省察那喜
> 怒哀樂未發之前的氣象。於是久而久之，那即物窮理的也就變成內
> 觀返視了。〔註55〕

胡適延續他對程朱理學的不徹底性所作的批判，指出程朱「即物窮理」，與「靜坐省察喜怒哀樂未發之前氣象」兩項工夫，一向外一向內、一格物一格己的矛盾。他的立場明顯是要突顯前者而貶抑後者，這樣的傾向也同樣見於胡適對戴震「心知」的詮釋。

### （二）胡適詮釋戴震「心知」之說及其未盡之處

理既是萬物的條理，那麼去觀察與體認萬物之條理的主體，自然正是那人、物兼具，但人尤其發達的心知了。胡適對於「理者，察之而幾微必區以別之名也」這條定義的解釋，也是結合理為事物之條理、心知為認識事物條理的主體這兩點來談。胡適認為：

> 戴震認清了理在事物，只是事物的條理關係；至於心的方面，他只
> 承認一個可以知識思想的官能。……他認定心不是理，不過是一種
> 思想判斷的官能。這個官能是「凡血氣之屬」都有的，只有鉅細的
> 區別，並不專屬於人類。心不是理，也不是理具於心。理在於事物，
> 而心可以得理。心觀察事物，尋出事物的通則，疑謬便是失理，不
> 謬謂之得理。心判斷事物，並不是「心出一意以可否之」：只是尋求
> 事物的通則，「以其則正其物」。〔註56〕

上文約可分為兩個要點：第一，理只是事物的條理，而心只是去認識、判斷物之條理的官能，心並不是理，理也不在心中。凡「血氣之屬」的人、物皆有此官能，只是能力有大小的差異。第二，心藉由對事物條理的理解與判斷，目的在尋出事物的通則，若所尋出之通則可適用於全體，那便是不謬的真理；若有物不適用此通則，那便有疑謬而失其真，必須另尋其他通則，直到可適

---

〔註54〕見鄭吉雄：《清儒名著述評》（臺北：大安出版社，2001年），頁177。
〔註55〕《戴東原的哲學》，頁58～59。
〔註56〕《戴東原的哲學》，頁59～60。

用於全體爲止。胡適認爲必須如此多方證驗後，心方可以得理，而不是逕以己心去下可否的判斷。

就胡適的詮釋而言，有其精準之處，但亦有較未盡之處，不妨引戴震原文來一一比對。首先是心知所蘊含的能力，戴震云：

> 血氣心知，有自具之能：口能辨味，耳能辨聲，目能辨色，心能辨
> 夫理義。味與聲色，在物不在我，接於我血氣，能辨之而悅之；其
> 悅者，必其尤美者也；理義在事情之條分縷析，接於我心知，能辨
> 之而悅之；其悅者，必其至是者也。〔註57〕

戴震認爲血氣與心知各有其本能，口鼻耳目能辨別聲色香味，心知則能辨別事物的條理。聲色香味在物而不在口鼻耳目，是口鼻耳目去接物以辨別聲色香味，並對聲色香味當中的美好部分感到喜悅。而心知能夠辨別事物的條理、原則，並且對於事能合乎其條理、原則，感到喜悅而暢然自得，就像耳目、口鼻天生就愛好聲色、香味，而感到喜悅一般〔註58〕。因此戴震說：

> 凡人行一事，有當於理義，其心氣必暢然自得；悖於理義，心氣必
> 沮喪自失。以此見心之於理義，一同乎血氣之於嗜欲，皆性使然
> 耳。〔註59〕

無論血氣或心知，戴震都認爲不僅有能辨別、判斷的官能，還有能得其美者、是者而感到喜悅的能力，這是人的自然本性。當心知判斷事物合於事物自身的條理，就會喜悅；反之判斷不合事物自身的條理，那麼便會覺得沮喪。因此戴震之心知，絕不是一限於客觀知識層面，僅能認識、判斷物之條理的官能；亦即非僅一「認知心」，而是一認識後還能經由喜悅、沮喪等感受，肯認是否合於理義的心。胡適較未認識到戴震的心知，尚有「愛悅」理義的能力，喜從單方面強調心知「認識」與「判斷」的理智能力，這應非戴震「心知」觀念的全貌。

戴震認爲心知天生能愛悅、察知事物條理的本性，就是《孟子》所云「心之官則思」的「思」，是心知天生的能力，因此戴震說：「思者，心之能也」。

---

〔註57〕《疏證》，卷上〈理〉條第八，頁158。

〔註58〕這裡明顯是轉化孟子「口之於味也，有同耆焉；耳之於聲也，有同聽焉；目之於色也，有同美焉；至於心獨無所同然乎」的思想而來。《孟子》引文見清‧阮元：《孟子注疏》（臺北：藝文印書館，1955年初版），卷第十一上〈告子章句上〉，頁196。

〔註59〕《疏證》，卷上〈理〉條第八，頁158。

至於心知所認識、判斷得不得理，戴震以火光照物來比喻：

> 凡血氣之屬，皆有精爽。其心之精爽，鉅細不同，如火光之照物：
> 光小者，其照也近，所照者不謬也，所不照斯疑謬承之，不謬之謂
> 得理；其光大者，其照也遠，得理多而失理少。且不特遠近也，光
> 之及又有明闇，故於物有察有不察，察者盡其實，不察斯疑謬承之，
> 疑謬之謂失理。失理者，限於質之昧，所謂愚也。惟學可以增益其
> 不足而進於智，益之不已，至乎其極，如日月有明，容光必照，則
> 聖人矣。〔註60〕

戴震認爲心知就好比火光，又可分兩部份說：首先在火光（心知）照得到的
範圍內，事物的條理便清晰可辨，便是心可得事物之理；反之，照不到之處，
事物的條理無法被分辨，也就無法得事物之理，亦即「失理」。同樣火光照得
到之處，又有較明與較暗的不同：較明之處察知地較爲清楚，是「得理」；較
暗者則察知地較模糊，是失理。「得理」與「失理」的範圍，端看個人的智愚
程度，較智者得理多，較愚者則失理多。智、愚與每一個體天生稟氣的不齊
有關，但並非不可更易；戴震認爲透過學習，增加一己的智慧，體物愈精微
而愈少謬誤，終可達致聖人體物無有謬誤之境。

以火光照物比喻心知得理義，便會引出如物不在火光之中，理義亦不在
心知之中，亦即心知不具理義的問題。對此胡適肯定戴震的「心知」並不具
理義，而就戴震的文字來看：

> 就事物言，非事物之外別有理義也，「有物必有則」，以其則正其物，
> 如是而已矣；就人心言，非別有理以予之而具於心也，心之神明，
> 於事物咸足以知其不易之則，譬有光皆能照，而中理者，乃其光盛，
> 其照不謬也。〔註61〕

就事物來說，戴震認爲理義就在事物之中，理義就是事物之則，有物才必有
則，沒有在事物之外的另一個「理」的本體。就人之心知來說，也沒有另一
個「理」的本體在人心之內，心知的本能只是不停去理解、辨析事物的理則，
直到通達無謬爲止。因此胡適說戴震「心不是理，也不是理具於心」，大體上
是正確的。〔註62〕

---

〔註60〕 以上所引見《疏證》，卷上〈理〉條第六，頁155～156。
〔註61〕 《疏證》，卷上〈理〉條第八，頁158。
〔註62〕 勞思光認爲：「『心知』則是智性，……意志之定向並非由智性或『知』決
　　　　定，……若言『成德』，則其入手關頭在於理性意志之自覺；此自覺非純靠智

　　至於胡適認為：「心觀察事物，尋出事物的通則，疑謬便是失理，不謬謂之得理。心判斷事物，並不是『心出一意以可否之』；只是尋求事物的通則，『以其則正其物』」，也很好地說明戴震反對以個人意見作為事物理義之所在，必須多加證驗後，心方可以得理之通則的思想〔註63〕。也就是說胡適對於戴震所言「理者，察之而幾微必區以別之名也」的定義，以及心知去認識物的過程，大部分的理解皆很精確，只是對心知所具備認識、判斷與愛悅理義的本能，較忽略「愛悅理義」這個部分。這是胡適詮釋戴震「心知」之說的未盡之處。

　　然而心知對事物加以判斷並加以感受、肯認的依據為何？戴震認為依據並非來自一己之意見，否則便與他所抨擊的後儒沒有兩樣。但要如何保證心知不是依一己的意見來判斷？此處就必須談及胡適所較忽略甚至進行抨擊，但對了解戴震論「理」思想，卻很重要的第二點定義：「理也者，情之不爽失」。

## （三）定義二：理也者，情之不爽失

就論「理」的第二點定義，戴震認為：

> 理也者，情之不爽失也。……天理云者，言乎自然之分理也；自然之分理，以我之情絜人之情，而無不得其平是也。〔註64〕

除以心知去體會萬物條分縷析之理外，戴震認為另一得萬物自然之分理的方法，是以己之情去衡量、推度他人之情，達到無不平和、纖毫不失的地步。戴震認為因心知能夠思，因此擴充思的能力便能得理。而血氣之情與欲，戴震引《樂記》：「人生而靜，天之性也；感於物而動，性之欲也。物至知知，然後好惡形焉。好惡無節於內，知誘於外，不能反躬，天理滅矣」〔註65〕，

---

性所立，更非自然狀態所有」，似不完全了解戴震之心知並非僅是完全智性的行動，還有愛悅理義的能力：正是此一集認識、辨析、愛悅等能力於一體的心知，先經由「必敬必正」的程序，然後去權變求理，進而能「篤行」所獲得之理，方才完成全部修養進德的程序。筆者將於下一節詳述之以此來批評戴震。以上所引見勞思光：《中國哲學史》（臺北：三民書局，1981年2月增訂初版），頁866～867。

〔註63〕戴震云：「理義非他，可否之而當，是謂理義。然又非心出一意以可否之也，若心出一意以可否之，何異強制之乎！」見《疏證》，卷上〈理〉條第八，頁158。
〔註64〕《疏證》，卷上〈理〉條第二，頁152。
〔註65〕《禮記注疏》（臺北：藝文印書館，1989年），〈樂記〉卷三十七，頁666。

認爲：

> 方其靜也，未感於物，其血氣心知，湛然無有失，故曰「天之性」；
> 及其感而動，則欲出於性。一人之欲，天下人之所同欲也，故曰「性
> 之欲」。好惡既形，遂己之好惡，忘人之好惡，往往賊人以逞欲。反
> 躬者，以人之逞其欲，思身受之之情也。情得其平，是爲好惡之節，
> 是爲依乎天理。〔註66〕

戴震認爲人生而靜的天之性，是指血氣、心知剛稟氣而尚未感物之時的性；
而當血氣之性因感物而發動、呈露，則有好惡等感情與欲望，若不加以節制，
個人便因要遂一己之欲，作出戕害他人之事。血氣中情、欲的放肆、恣蕩，
與心知的不智相同，都不得自然之理；而要使情、欲得理、合理，便要「以
情絜情」。「以情絜情」的根據，在「一人之欲，天下人之所同欲」：由於天下
間人的好惡雷同，因此只要人能先將心比心，設想他人會因自己的放縱而感
到的不悅，若換成自己來承受，也必定會有所不悅。因此在放縱自己的情欲
之前，就能先衡量對他人有何影響，也就能節制自己的情欲，「期於無憾無失」
〔註67〕。心知之智可以明白物之理有條不紊，以情絜情則能明白人之理恰如
其分。

　　但「一人之欲，天下人之所同欲」，是否也有執一人意見爲公理的弊病？
戴震的解決方式是強調若要證明己所辨析、絜節之所得已達致天理，必須要
達到眾人皆肯認的地步：

> 心之所同然始謂之理，謂之義；則未至於同然，存乎其人之意見，
> 非理也，非義也。凡一人以爲然，天下萬世皆曰「是不可易也」，此
> 之謂同然。〔註68〕

「心之所同然」是經過眾人思考之後，折衷而得的結論，在得到眾人皆同意
的結論之前，任何的想法都只是一己之意見，並非共通的理義。要得心之所
同然，每個人都必須具備思考、判斷的能力，方能權度他人所言、所行是否
合於理義。對此戴震指出「明理」與「精義」兩點：明理者，明其區分；精
義者，精其裁斷〔註69〕。這又回到對心知的注重，只要能精確地發揮對事理
加以區分、判斷的能力，便能得到眾人皆認同的理則。

---

〔註66〕《疏證》，卷上〈理〉條第二，頁152。
〔註67〕《緒言》，卷上，頁87。
〔註68〕《疏證》，卷上〈理〉條第四，頁153。
〔註69〕同上註。

　　所以心知可以思考，己情可以絜人情的基礎，就在人類具有相近的性情，因此有雷同的感知能力，可以下判斷，能夠將心比心。個人發揮這樣的能力所得到之人事的條理脈絡，又必須經過眾人思考、判斷進而同意之後，才能宣稱爲不易的眞理，否則就必須繼續加以區分和裁斷，直到沒有疑問爲止。戴震對如何獲得眞理的討論，必須放在這整體的脈絡來看，方才完整。

### （四）胡適對戴震「以情絜情」說的批評及其未盡之處

　　胡適對戴震以「情之不爽失」來釋理，發揮以情絜情之說，有所不滿：

> 他假定「一人之欲，天下人之同欲也」，故可以「以我之情絜人之情而無不得其平」。但那個假定的前提是不很靠得住的。「一人之欲」，而自信爲「天下人之同欲」，那仍是認自己的意見爲天理，正是戴氏所要推翻的見解。所以「以情絜情」的話，雖然好聽，卻有語病；「心之所同然」的話比較更穩當些。要求心之所同然，便不可執著個人所欲，硬認爲天下人之所同欲；必須就事上求其「不易之則」。這就超過「以情絜情」的套話了。〔註70〕

胡適將戴震的「一人之欲，天下人之所同欲」與「心之所同然」之說分開看待，進而否定前者而贊成後者。殊不知「心之所同然」正以「一人之欲，天下人之所同欲」爲基礎，而「一人之欲，天下人之所同欲」則必須達到「心之所同然」的結論，方不致流於以一己意見之私爲天下之公理的弊病。「以情絜情」不僅並非套話，更是戴震討論得「人」之理的關鍵工夫。胡適由於較爲強調事物客觀之理，「就事上求其不易之則」的重要性，因此較忽略探求人情之理亦是格物窮理重要的一環，正符合戴震所言：「舍情求理，其所謂理，無非意見也」〔註71〕的傾向。

　　因此，胡適所言：「戴氏說理，無論是人情物理，都只是要人用心之明，去審查辨別，尋求事物的條理」〔註72〕，似較爲簡易。戴震說：

> 理者，盡夫情欲之微而區以別焉，使順而達，各如其分寸毫釐之謂也。〔註73〕

配合「以情絜情」之說來看，戴震是認爲不僅事物之理必須辨析到纖毫不失，

〔註70〕《戴東原的哲學》，頁62～63。
〔註71〕《疏證》，卷上〈理〉條第五，頁155。
〔註72〕《戴東原的哲學》，頁63。
〔註73〕《戴震全書》，第六冊，〈答彭進士允初書〉，頁358～359。

對人情也同樣必須加以精微地分辨，使情欲得以通達發展，又恰如其分而不失其節度。胡適認為戴震「以情絜情」之說，不足以包括「用心的靈明去審察事情，使他無幾微爽失」的方法〔註74〕，這是跳過戴震「以情絜情」的思想，直接以心知探求物理的方法來概括戴震的真理觀，論理上似嫌不夠細緻。以情絜情正是以己之情，去推度、辨析他人之情，使人情亦可以無幾微爽失，這與心知探求物理的方法同等重要。因此從情、欲合理的角度來看，也可以說：「理就是人之情欲中規中矩的表達。理不只是抽離了合理的實用價值之後，所剩下的純粹理性或識力的一心智機能而已」。〔註75〕

　　當然，戴震探求人情、物理的方法，都偏向「心知」的運作。即便說以情絜情，落於實踐仍重區分及裁斷，「小之能盡美醜之極致，大之能盡是非之極致」〔註76〕，也還是心知的運作，但這不意味在心知區分、裁斷之前的「絜」並不重要。胡適之所以特意強調戴震偏向心知辨析、判斷事物之理的思想〔註77〕，其實是因為符合胡適以戴震代表考證學注重科學精神、科學方法的一貫思維：

　　　　他說「剖析」，說「分」，說「析」，都是我們今日所謂「分析」。他說的「合」，便是我們所謂「綜合」。不分析，不能得那些幾微的區別；不綜合，不能貫通那些碎細的事實而組成條理與意義。

　　　　戴氏這樣說理，最可以代表那個時代的科學精神。宋儒雖說「即物而窮其理」，但他們終不曾說出怎樣下手的方法。直到陳第顧炎武之後，方才有一種實證的求知的方法。戴氏是真能運用這種方法的人，故他能指出分析與綜合二方面，給我們下手的方法。〔註78〕

胡適將戴震的「分」、「合」解釋為「分析」與「綜合」，確實鞭辟入裡；戴震「分析」、「綜合」以探求事理的方法，也的確與考證學方法有所相通。但胡

---

〔註74〕《戴東原的哲學》，頁 63。
〔註75〕成中英：〈儒家思想的發展與戴震的善之哲學〉，《幼獅學誌》第十八卷第一期（1984 年 5 月），頁 41。
〔註76〕《疏證》，卷下〈才〉條第二，頁 197。
〔註77〕如「事物之理，必就事物剖析至微，而後理得」、「體會孟子『條理』二字，務要得其條理，由合而分，由分而合，則無不可為」，與「古人曰理解者，即尋其腠理而析之」等。以上所引見《疏證》，卷下〈權〉條第二，頁 212；後兩條見《戴震全書》，第六冊，《東原年譜定補》，〈附言談輯要〉，頁 714；《東原年譜定補》，五十五歲條，頁 700。
〔註78〕《戴東原的哲學》，頁 64。

適強調心知分析與綜合的能力，似乎忽略心知亦有愛悅理義的傾向，與協助
情欲得以發展並合於節度的能力。胡適花了頗多篇幅介紹戴震「理者存乎欲
者也」等抬高欲望重要性的思想〔註79〕，但其實戴震思想也有「欲不可無也，
寡之而已矣」的成分。甚至戴震認為不止血氣，即便心知也可能有失：

> 天下古今之人，其大患，私與蔽二端而已。私生於欲之失，蔽生於
> 知之失。〔註80〕

心知受於稟氣所限，或是未能藉由修養而擴充，都會有愚昧而遮蔽不明事理
之處。情感、欲望若未能藉由己心推他人之心，而加以節制而復其平實，亦
有流於偏私、肆縱的可能。要矯除情欲之失，便是上文所談絜情的思想，戴
震批駁「無欲則無蔽」之說的同時，不忘提出要如何處理情欲氾濫的問題。
反觀胡適高抬戴震「無私，而非無欲」〔註81〕的思想，卻較為忽略戴震處理
「欲之失為私」的部分。胡適並且強調心知之分析與綜合的作用，卻較未提
及心知也可能被遮蔽，需靠修養來加以廓清。這與忽略心知有愛悅理義的能
力相同，都是胡適處理戴震「心知」這一概念較未盡之處。

　　以上本節敘述了胡適與戴震對程朱理說的批判，與戴震對「理」的兩個
定義，並論述胡適對於此兩定義解析的精妙及未盡之處。

　　由於胡適較未討論戴震思想注重絜矩情欲的部分，因而導致有時對戴震
思想的介紹，有較未完全切合戴震思想的看法：

> 我們讀戴氏的書，應該牢記他的「以情絜情」之說與他的基本主張
> 不很相容；若誤認「以情絜情」為他的根本主張，他的流弊必至於
> 看輕那「求其輕重，析及毫芒，無有差謬」的求理方法，而別求「旁
> 通以情」的世故方法。〔註82〕

事實上在戴震的思想中，「以情絜情」的方法，與「求其輕重，析及毫芒，無
有差謬」〔註83〕的求理方法，就是相容而構成完整體系的思想，即所謂：

> 人倫日用，聖人以通天下之情，遂天下之欲，權之而分理不爽，是

---

〔註79〕引文見《疏證》，卷上〈理〉條第十，頁 159；胡適介紹戴震重「欲」思想的
　　　　文字見《戴東原的哲學》，頁 68～77。

〔註80〕以上所引見《疏證》，卷上〈理〉條第十，頁 159～160。

〔註81〕《疏證》，卷下〈權〉條第一，頁 211。

〔註82〕《戴東原的哲學》，頁 128。

〔註83〕見（清）焦循：《雕菰集》（上海：上海古籍出版社，1995～2002 年，續修四
　　　　庫全書本，據中國科學院圖書館藏清道光四年阮福嶺南節署刻本影印），卷十
　　　　〈理說〉，頁 205。

謂理。〔註84〕

絜通人事日常的情欲，使其合於節理，與權衡、辨析事理到毫無爽失，同是得理的兩種方法。這兩種方法緊密相連，形成戴震修養論兼重人情、事理的體系。以下論胡適分析戴震的修養工夫論，同樣也有重求事理，而較輕絜人情的傾向。

## 第四節　胡適論戴震的人生觀及修養論及其優缺點

在《戴東原的哲學》中，胡適並未安排明確的章節來探討戴震的修養工夫論，這顯然是由於胡適對道德修養論較爲排斥使然。但這種現象並不意味他未注意到戴震的修養工夫論；事實上他對戴震「人生觀」的討論，正是本文所謂「修養工夫論」的層次。以下分「權變以求理的動態人生觀」、「敬、正、智並重的得理工夫」、「學問思辨，然後篤行的實踐工夫」、「下學而上達，一以貫之的修養工夫體系」、「胡適理解戴震修養論的優缺之處」五點，來分析並評價胡適對戴震人生觀與修養論的討論。

### 一、權變以求理的動態人生觀

胡適認爲：

> 戴氏的人生觀，總括一句，只是要人用科學家求知求理的態度與方法來應付人生問題。他的的宇宙觀是氣化流行，生生不已；他的人生觀也是動的，變遷的。〔註85〕

當然這也還是延續他對戴震以心知探求物理之方法的看重而來：由於氣化流行而生成萬物，生生不息，因此人事不停在發展，變動不居；故人要以富於彈性的方式，以科學態度與方法來掌握人事的理則。對於變動不居的理則，戴震提出以「權變」的方式來掌握：

> 權，所以別輕重也。凡此重彼輕，千古不易者，常也，常則顯然共見其千古不易之重輕；而重者於是乎輕，輕者於是乎重，變也，變則非智之盡能辨察事物而準，不足以知之。〔註86〕

當眾人都有共識而皆肯認，歷經長久時間而不更易者，便是「常理」，也就是

---

〔註84〕《疏證》，卷下〈權〉條第一，頁211。
〔註85〕《戴東原的哲學》，頁77。
〔註86〕《疏證》，卷下〈權〉條第一，頁210。

真理。一旦常理有所更易，使原有的共識有所變動，此時就必須借重心知對事物重新加以分辨、察析，直至獲得新的共識為止。容易產生變動的，以人事之理居多，故對於易變動的人事理則，必須發揮心知的一切力量來判斷與掌握，直到沒有絲毫遺漏與差謬為止〔註87〕。因此養成敏銳而具判斷力的心知之智，便成為戴震修養論最重要的一點。

## 二、「敬」、「正」、「智」並重的得理工夫

不過在養成敏銳而具判斷力的心知之智之前，還必須先有一「必敬必正」的工夫：〔註88〕

> 蓋方未應事，則敬肆分；事至而動，則邪正分。敬者恒自檢柙，肆則反是；正者不牽於私，邪則反是。必敬必正，而意見或偏，猶未能語於得理；雖智足以得理，而不敬則多疏失，不正則盡虛偽。三者（按：敬、正、智），一虞於疏，一嚴於偽，一患於偏，各有所取也。〔註89〕

戴震認為當人未遇到事情時，態度有敬謹與放肆的分別；當遇到事情處理之際，行事則有公正與流於偏私的分別。即使做到了態度敬謹、行事公正，但若心知之智沒有充分發揮，那麼所得之理，將流於一己偏頗的意見。相同地，若心知之智發揮地夠充分，但態度放肆、行事不公，那麼將多所疏失與虛偽，同樣是未能得理。因此戴震強調態度的恭敬、行事的公正，以及發揮心知三者必須兼重。敬、正顯然都並非一純智性的活動，而較涉入個人的修養層次；由此觀之，戴震的修養論雖以心知為中心，但同樣不僅只有心知在操作，而是同時兼具修養道德，與增進心知靈明兩種目的的修養論。

至於在增進心知靈明方面，戴震認為：

> 聞見不可不廣，而務在能明於心。一事豁然，使無餘蘊，更一事而亦如是，久之，心知之明，近於聖智，雖未學之事，豈足以窮其智哉！〔註90〕

要使心知明曉事物之理，首先要先增廣見聞；但增廣見聞之外，還必須每次

---

〔註87〕 這樣的觀念便與實用主義「變動的真理觀」有契合之處，見第二章第二節第（二）小節。
〔註88〕 此依劉又銘之說，見劉又銘：《理在氣中》，頁158～163。
〔註89〕 《疏證》，卷上〈理〉條第十二，頁163。
〔註90〕 《疏證》，卷下〈權〉條第二，頁213。

就一件事物，仔細加以條分縷析，直到掌握事物之理，沒有不明白之處。每遇到一事物便不停繼續這樣對事物之理的區別、分判的步驟，使心知的能力不停獲得磨練、擴充，逐漸接近聖人之智。這樣即使遇到並未接觸過的事物，也因爲己之心知的能力精進，而能舉一反三地掌握到事物之理。

## 三、學問思辨，然後篤行的實踐工夫

　　關於知行先後的問題，胡適所引戴震之言：「凡異說皆主於無欲，不求無蔽；重行，不先重知」、「聖人之言，無非使人求其至當以見之行；求其至當，即先務於知也」〔註91〕，然後認爲戴震主張「重行須先重知」〔註92〕。然而戴震強調的是「先重知」、「先務於知」，重點在一「先」字。戴震認爲在實踐之前，必須先發揮心知去認識、辨析事物之理到絲毫無誤，以得其至當之理，然後將所得的至當之理，實踐出來。這也就是：

　　　　聖賢之學，由博學、審問、慎思、明辨而後篤行。〔註93〕

學者歷經「學」、「問」、「思」、「辨」等運用心知去學習、思考與辨析事物之理的過程，得到事物至當之理（當然，是否至當，還是必須視所得之理，能否通過「心之所同然」這一層的檢驗）之後，便可以努力去實踐眞理。因此戴震所云之「先重知」、「先務於知」，相當於「學」、「問」、「思」、「辨」的過程，之後還有一「篤行」的工夫，這是胡適較未提及之處。

　　但得到事物至當之理之後，方去實踐的思想，是否會有徒重知而不去行的弊病？戴震認爲：

　　　　循此道（按：即學、問、思、辨而後篤行之道）以日增其智，日增
　　　　其仁，日增其勇也，將使智仁勇齊乎聖人。〔註94〕

他強調學、問、思、辨與篤行是每天持續進行，便能增進學者智、仁、勇內涵的工夫。因此學者一旦達致某一事物之理，便可開始戮力實踐；同時心知還是繼續對其他事物，進行學、問、思、辨的工夫，以求得其至當之理。就單一事物言，是先知後行；對心知所要認識、辨析的眾多事物之理而言，知行乃能齊頭並進，因而能日增其德。

---

〔註91〕　以上所引見《疏證》，卷下〈權〉條第一，頁 211；《疏證》，卷下〈權〉條第
　　　　　三，頁 215。
〔註92〕　《戴東原的哲學》，頁 79。
〔註93〕　《疏證》，卷下〈權〉條第一，頁 211。
〔註94〕　《疏證》，卷下〈道〉條第四，頁 204。

若再配合前面所述「必敬必正」的工夫來看，戴震認為先達到態度的恭敬、行事的公正，然後再發揮心知分辨、析合的能力，再將得到的至當不蔽之理，於日常生活中實踐，便是戴震「一以貫之」的修養論體系：戴震以為這樣透過不斷琢磨而得到事物之理的方法，配合必敬必正的修身工夫，便是孔子所說的「吾道一以貫之」：

> 「一以貫之」，非言「以一貫之」也。……「吾道一以貫之」，言上達之道即下學之道也。……六經、孔孟之書，語行之約，務在修身而已，語知之約，致其心之明而已；未有空指一而使人知之求之者。致其心之明，自能權度事物，無幾微差失，又焉用知一求一哉？〔註95〕

「一以貫之」並不是叫人去求那可貫之的形上之「一」，以一體或一本來通貫，而是上達、下學之道一貫：「必敬必正」的修身是行，致心知是知，藉由下學修身、致心知到無所不明而能權度事物到沒有絲毫差謬的方法，然後再去篤行所權得之理則。此一「行而知又復行」的思想，便是戴震修養論的完整體系。

## 四、胡適理解戴震修養論之優缺點

胡適贊成章學誠（1738～1801）之說，認為戴震出於朱子之學〔註96〕；但戴學勝於朱子之處，便在戴震能「從窮理致知的路上，超過程朱，用窮理致知的結果來反攻窮理致知的程朱」。因此胡適提出：

> 程朱說窮理，戴氏指出他們的根本錯誤有兩點：一是說理得於天而具於心，一是說理一而分殊。他主張理在於事情，不在於心中；人的心知只是一種能知的工具，可以訓練成「能審查事情而準」的知（智）慧。他又主張理是多元的，只是事物的條理，並沒有什麼「渾然一體而散為萬事」的天理。窮理正是程朱說的「今日格一物，明日又格一物」，「今日窮一理，明日又窮一理」；但這種工夫並不是「明善以復其初」；並不是妄想那「一旦豁然貫通」的大澈大悟。〔註97〕

他對戴震主張理在事中，以及理只是多元的事物之理的說明，很正確地掌握

---

〔註95〕《疏證》，卷下〈權〉條第二，頁213～214。

〔註96〕胡適引章學誠〈朱陸篇〉：「今人有薄朱氏之學者，及朱氏之數傳而後起者也」，認為「章氏說戴學出於朱學，這話很可成立」，見《戴東原的哲學》，頁93。章學誠之文見《文史通義》（臺北：華世書局，1980年），〈朱陸〉，頁56。

〔註97〕《戴東原的哲學》，頁81～82。

了戴震「理」論的精髓。戴震與程朱的求理方法有相近之處，皆強調對人情、事理的掌握；但兩者的結論，則因對「理」的設定不同而有截然的差異。朱子除強調學習是為了回歸至善的「天地之性」〔註98〕外，又認為因理（也就是太極）散在萬物〔註99〕，因此可通過對分殊在萬物之理的掌握，達到「豁然貫通」的境界。〔註100〕

戴震則是強調理在事中，理只是多元的事物之理，只要人之心知藉由不停作用而達至聖智，則事物之理將莫不明朗，這也就是「心精於道，全乎聖智，自無弗貫通」〔註101〕。在達至聖智之前，自然必須持續努力；即使達至聖智之後，見理無不明朗，心知的作用仍舊持續，只是此時的判斷能力已能絜情析物，達到毫無謬誤，亦即前述之「心知之明，近於聖智，雖未學之事，豈足以窮其智哉」。因此程朱是要「復歸」於「天地之性」之善，與掌握分殊之理以達到「豁然貫通」的境界；戴震則是要使心知的能力不斷精進，讓「德行始乎蒙昧，終乎聖智」，達到接物毫無愆謬的境界。這即是戴震所言之：「語其至，非原其本」〔註102〕，胡適很明確地掌握住兩者相異的關鍵。

但胡適認為心知僅是能知的工具、「能審查事情而準」的智慧，而較為忽

---

〔註98〕 朱子認為：「今之為學，須是求復其初，求全天之所以與我者，始得」，認為為學的目的是回復到天所賦予人的最初狀態；又因為「未有天地之先，畢竟也只是理」，因此就人而言，天所賦予人的最初狀態，便是「專指理言」的天地之性。此由理而來之天地之性「固無不善」，但「纔賦於氣質，便有清濁、偏正、剛柔、緩急之不同」，因此學者格物致知的最後目的，顯然便是回復那尚未墮入氣質而仍是善的天地之性。以上引文見《朱子語類》，卷一一八〈訓門人六〉，頁2844；卷一〈理氣上〉，頁1；卷四〈性理一〉，頁67；〈性理一〉，頁70。

〔註99〕 朱子云：「自其本而之末，則一理之實，而萬物分之以為體，故萬物各有一太極。……本只是一太極，而萬物各有稟受，又自各全具一太極爾。如月在天，只一而已；及散在江湖，則隨處而見，不可謂月已分也」，見《朱子語類》，卷九十四〈周子之書·通書〉，頁2409。

〔註100〕 朱子云：「天下之物莫不有理，惟於理有未窮，故其知有不盡也。是以《大學》始教，必使學者即凡天下之物，莫不因其已知之理而益窮之，以求至乎其極。至於用力之久，而一旦豁然貫通焉，則物之表裏精粗無不到，而吾心之全體大用無不明矣。此謂物格，此謂知之至也」，強調格物致知最後要達到的是「一旦豁然貫通」、「物之表裏精粗無不到，而吾心之全體大用無不明」的境界。引文見《四書章句集注》（臺北：台灣商務印書館，1968年），〈大學章句〉，頁5～6。

〔註101〕 《疏證》，卷下〈權〉條第二，頁213。

〔註102〕 《戴震全書》，第六冊，《孟子私淑錄》，卷上，頁44。

---

略其尚有愛悅理義的能力，是胡適的一貫立場；另外對於戴震「必敬必正→致心知→篤行」的修養工夫，胡適較注重中間致心知的部分，並稱之為「這是戴氏的科學態度的產兒」〔註103〕，前後兩橛卻較無提及，這都是胡適論戴震修養工夫論的未盡之處。胡適認為：

> 從知識學問入手，每事必求其「豁然使無餘蘊」，逐漸養成一個「能審察事情而準」的智慧，然後一切行為自能「不惑於所行」。這是戴震的「一以貫之」。〔註104〕

胡適此處顯然有些過於強調知的「全能」，認為只要心知作用，便可體物無礙，而能解決行動時的疑惑，這較未符合戴震先知後行但亦知行並重的思想。戴震所言之「一以貫之」，並非僅指養成一個「能審察事情而準」的智慧，而是指下學與上達必須一貫。當中包括認識、辨析之前的「必敬必正」，與認識、辨析同樣重要的「以情絜情」，和認識、辨析之後去實踐的篤行工夫。「必敬必正」、「致心知」、「篤行」三者並重，才能使心知認識、辨析人情物理的所得，不致流於偏私、虛偽的個人意見，也才能完成戴震知行兼具的完整修養論體系。

本節論述了戴震重權變以求理的修養工夫論，並分析在權變之前，需先有一必敬必正的工夫，以達到「敬」、「重」、「智」三者並重，同時兼具修養道德、增進心知靈明，並在學問思辨之後，還能篤行的修養工夫論。同時筆者也對胡適面對此一綜合的修養工夫論，所論述的優點與缺點略作剖析，以與前文相呼應。

## 第五節　本章結論：胡適論戴震的兩大傾向

本節依序介紹了戴震自然一元的氣化天道觀、人有心知故善的性善論、戴震對理的兩個定義、和戴震「敬」、「正」、「智」並重，重權變以求理，知行兼備的修養工夫論。並剖析胡適頗佳地掌握到戴震天道論的特徵，僅「唯物」一詞較易引起誤解。胡適也敏銳地由戴震的天道觀，論及戴震的人性論，並把握住了戴震與程朱兩者人性論的相異之處，而給予相應的評價。胡適對於戴震所云「心知」能夠辨別事物的條理、原則，也能作出精采的析論，並能掌握戴震主張理在事中，以及理只是多元的事物之理的思想。胡適對戴震

---

〔註103〕《戴東原的哲學》，頁129～130。
〔註104〕《戴東原的哲學》，頁80。

分析、綜合以探求事理的方法，確實有鞭辟入裡的說明；也敏銳指出戴震與程朱的求理方法，因對「理」有不同設定而有迴異的結論。

　　但除了以上的優點之外，胡適解析戴震思想，尤其是在人性論與修養論上，存在某些還可商榷之處。如在論戴震人性論方面，胡適將戴震所言的性，說成「氣質之性」，但由於戴震的性論與張載、朱熹所云的氣質之性有本質上的不同，一概而論容易造成誤解。又如胡適認為性是無善無惡或可善可惡的中性之性，更進一步批評戴震以人的知覺遠勝禽獸為性善的說法，認為戴震所云：「人之知覺大遠乎物」，只是陳述一客觀事實，不能用作證明人性為善的證據。因此，胡適反對戴震的「性善」之說，認為是戴震思想中玄學思想的殘餘，是不好的因襲成分，以致與其體系相互矛盾。此則較未符合戴震性才一貫、能知故善的性善論。

　　胡適認為心知較屬一能思想與判斷的官能，因此有些忽略戴震明確提及心知還能愛悅理義，是一認識後還能藉由感受，肯認所辨析之事理是否合於理義的心知。胡適並對戴震以「情之不爽失」來釋理，發揮以情絜情之說，有所不滿。這是由於胡適強調心知能分析、綜合以探求物理的能力，卻較忽略探求人情之理，亦是格物窮理重要的一環。胡適分析戴震的修養工夫論，同樣也有重求事理，而較輕絜人情的傾向：戴震強調態度的恭敬、行事的公正，與發揮心知和重篤行三者必須兼重；胡適則較注重發揮心知認知、辨析的能力，較未注意到「必敬必正」與篤行在戴震修養論上的重要性。

　　胡適析論戴震思想最大的特色，是特別強調「心知之智」的重要性，較為忽略戴震思想的其他層面。而這正與上兩章所述胡適思想及論述戴震思想淵源的兩個傾向有關：反對鬼神、脫離事物去談形上本體，使胡適特別強調戴震與宋儒相異的天道觀、性善論，與對「理」的不同看法，並在討論戴震的人生觀、修養論時，較為忽略「必敬必正」的思想；重方法的傾向則使胡適強調戴震以心知之智格物理的思想，而對戴震「以情絜情」的思想較未能有完整的詮釋。因此以此二種思想傾向去詮釋戴震，便與胡適詮釋宋明理學有同樣的問題：過於注重格物窮理思想，並將之解釋為純智性而科學的方法論，卻忽略其他思想的價值。胡適討論宋儒與漢學家的不同，曾云：

　　　　躬行道德屬於信仰世界，商榷經義屬於理智範圍。〔註105〕
在胡適眼中，對道德進行修養，近似於宗教信仰，是隸屬於個人主觀的內心

〔註105〕〈顏李學派的程廷祚〉，頁400。

活動；與運用智性討論外在客觀的經文義理，是不同的方法進路。依胡適慣常地分類與化約，前者也就是「主敬涵養」，後者便是「格物窮理」，胡適自然是反對只注重前者，而較看重後者。

胡適又將漢學家「商榷經義」的方法，等同於科學的「格物窮理」方法，並具備科學的精神〔註106〕。於是胡適認為只要運用科學的方法，發揮科學的精神，便可以解決人生問題〔註107〕，也就可以解決道德問題。這種「認為由科學命題可引導出含有價值判斷的人生觀命題，因而只憑科學知識就可解決人生觀的問題」的看法，不僅是「非常徹底的科學主義」〔註108〕，更有將科學視作宗教之外的另一種信仰，進而遵行不渝的傾向。〔註109〕

因此，胡適將對理智的注重，轉為對近似於「科學教」的信仰，終身不疑。反映在對戴震思想的解讀上，就演變成因為較強調心知的智性傾向，使胡適「將戴學從重智主義推向科學的智識主義」〔註110〕。胡適大談戴震擴充心知辨析事物的能力，卻較未提及戴震人有心知故善的思想，亦較少談擴充心知之前的「必敬必正」，與擴充心知同時進行的「以情絜情」的工夫，與最後的篤行工夫。戴震講先知後行，胡適卻因較為重知而將其詮釋為知便能行。故「類信仰」地注重智性，排除修養道德的討論，便是使胡適較未能全面評析戴震思想的最大原因。D. W. Y. (Danny Wynn Ye) Kwok（中文名為郭穎頤，1932～）便準確指出：

> 胡適認為科學的基本精神就是尋求真理。這種信仰，被作為在人生所有方面達到真理的唯一方法……，形成了一種設定，給科學以超越自身能力的力量。〔註111〕

---

〔註106〕見〈清代學者的治學方法〉，頁163。

〔註107〕胡適在《《科學與人生觀》序》中，列出十條他所謂的「科學的人生觀」或「自然主義的人生觀」，認為人類可以藉由吸收天文學、物理學、化學、地質學、生物學、心理學的科學知識，認識到時空之無窮、宇宙萬物皆自然而然地運行、生存競爭的浪費與殘酷、人只是動物之一等，進而明白上帝、鬼神、靈魂的有無等人生切要問題的回答。見《胡適文選》，《《科學與人生觀》序》，頁64～69。

〔註108〕以上所引見林正弘：〈胡適的科學主義〉，收於周策縱等著：《胡適與近代中國》（臺北：時報出版，1991年），頁207。

〔註109〕見林毓生：《政治秩序與多元社會》（臺北：聯經出版事業公司，1989年），頁294。

〔註110〕〈戴東原哲學與胡適的智識主義〉，頁40。

〔註111〕引文見郭穎頤著，雷頤譯：《中國現代思想中的唯科學主義（1900～1950）》

胡適由於較爲注重科學、注重智性的傾向，因此會在戴震思想中尋求能「科學地去格物窮理」、去獲得眞理的主體。他所找到的便是「心知」，並給予心知完全智性的解釋，認定惟有心知方能達致事物之理，未論及心知可能有的蔽失。胡適給予戴震的心知過大的能力和過少的內涵，這是胡適論戴震思想的最大特色，與侷限所在。這樣的見解並非孤例，學者金觀濤和劉青峰亦指出：「戴震一方面把人的自然感情當作道德的基礎，但不認爲它是合理性最終判據，因爲合理性判據是知識性常識」〔註112〕，以「知識性常識」作爲戴震判析事物的準則，便與胡適重心知的智識成分有雷同之處。

　　不過也正是對戴震「心知」的特別重視，使胡適能夠對戴震重智的思想給予正面的評價，這是胡適能在清末迄今對戴震思想的研究中，佔有極獨特而重要地位的原因。許蘇民甚至認爲：

　　　　論戴震研究，至今還很少有人能超過胡適。〔註113〕

這無疑是對胡適極高的評價。因此在下一章中，筆者將就幾位重要學者對戴震的研究，與對胡適詮釋戴震思想理路的批評，加以比較與評論，期能釐清胡適在戴震思想研究史上的地位及其重要性。

---

（江蘇：江蘇人民出版社，1989年），頁79～80。陳科華也認爲胡適：「過分誇大了科學的效用，視科學爲萬能，他對科學理解僅限於智性方面，而未看到科學與其他諸意識形式之間的關係，未看到科學在近代西方工業文明的實際運作中所產生的消極影響；他也未看到自然科學與社會科學的區別，而簡單機械地把自然科學的方法用之於對人類社會的研究」，見陳科華：〈實證：中國現代化道路上的探索──重評胡適「實驗主義」的歷史地位〉，《社會科學家》第十六卷六期（2001年11月），頁19。

〔註112〕引文見金觀濤、劉青峰著：《中國現代思想的起源──超穩定結構與中國政治文化的演變（第一卷）》（香港：中文大學出版社，2000年），頁194。金、劉二氏曾指出戴震思想與胡適思想有著兩點同構性：一是戴震主張氣的一元論，「氣」在哲學上有物質質料含義，與胡適強調唯物的宇宙觀有雷同之處；另一點是戴震將氣化流行中的具體個別事物當作眞實，任何普遍的的理都不能離開具體事物而獨立存在，也與胡適將眞理看作假說，唯有個體、事件才是眞實的思想有相似之處。也許因爲如此，因此在看待戴震思想時，也不自覺採用了胡適的觀點。引文見〈試論中國式的自由主義──胡適實驗主義與戴震哲學的比較〉，收於劉青峰、岑國良編：《自由主義與中國近代傳統「中國近現代思想的演變」研討會論文集》（香港：中文大學出版社，2002年），頁182。

〔註113〕《戴震與中國文化》，頁321。

# 第五章　劉師培、章太炎、梁啓超、錢穆論戴震思想及與胡適之比較

　　本章意欲探討與胡適時代較相近的四位學者：劉師培、章太炎、梁啓超、錢穆，如何評論與評價戴震思想，並與胡適所論加以比較，希望藉由比較來界定胡適對戴震思想研究的定位與價值所在。

　　由於此四位學者皆為大家，本身著述的文字，與後來學者研究的文章皆十分龐大，實非本文所能全部涵蓋。因此以下論述，著重於四位學者專論戴震思想的文字，並酌引相關的當代研究資料，探討此四位學者論述戴震思想的優缺之處。至於劉、章、梁、錢的排序，乃以各家討論戴震思想的文字，發表時間先後來排定，個別例外的情形則於各節中另作說明。

## 第一節　劉師培論戴震思想及與胡適所論之比較

　　雖然章太炎早在 1900 年已有〈學隱〉一文提及戴震，但僅寥寥數語，也並未深論戴震思想。故較早對戴震思想進行系統研究的學者，必須首推劉師培〔註1〕。故本章首先評介劉師培如何討論戴震思想。

　　劉師培論戴震思想的文字，主要見於〈東原學案序〉這篇文章，及《理學字義通釋》一書。他於〈東原學案序〉最後說：

　　　　予束髮受書，即服膺東原之訓，故掇拾精語，翦彼蕪詞，以俟知言，

---

〔註 1〕　見李帆：〈章太炎、劉師培、梁啓超與近代的戴學復興〉，《安徽史學》2003
　　　　年第四期，頁 54～55。

君子擇之。〔註2〕

可知劉師培從小即接觸戴震思想，同時認為戴震思想中有「精語」，但亦有「蕪詞」。可以說對戴震思想有所吸收，同時也有所批評，便是劉師培論戴震的兩大取向。以下便依劉師培吸收、批評戴震思想的文字，來討論其對戴震思想的詮釋優缺所在，同時論述劉氏所論與胡適之詮釋有何不同。

## 一、劉師培對戴震由詞通道之方法論的吸收及與胡適所論的比較

劉師培對戴震思想有所吸收，亦即劉師培贊成戴震思想之處，最重要者為對戴震「由詞通道」方法論的吸收一點。劉師培對戴震「由字以通其詞，由詞以通其道，必有漸」、「由文字以通乎語言，由語言以通乎古聖賢之心志」之言十分贊成：

欲通義理之學者，必先通訓詁之學矣。……夫字必有義，字義既明，
則一切性理之名詞，皆可別其同異，以證前儒立說之是非。〔註3〕

劉師培相信戴震由訓詁通義理的方法論，認為透過訓詁學可以解決「性理」的問題。劉氏之《理學字義通釋》一書，即模仿戴震《孟子字義疏證》，列出「理」、「欲」、「命」、「心」、「才」、「道」等條目，探討每一個字的「本義」，藉以求該字的「確詁」，與其所涵括的思想。

對文字本義的追求，劉師培認為必須求取「古訓」、「古義」：

《周詩》有言：「古訓是式」。蓋心知古義，則一切緣詞生訓之說，
自能辨析其非，此則古人正名之微意也。〔註4〕

只要能追溯到文字較早的本義，也就能破解後儒因不明訓詁、緣詞生訓所生的誤解，也就能得到該字正確的義理。劉師培喜引經書（包含漢注）、《戰國策》、《國語》、賈誼《新書》、《說文》、《白虎通義》等先秦、兩漢的古籍，便是因為這些典籍的時代較早，並且多言訓詁，對追求文字本義最有幫助。劉師培強調：

東原先生倡導實學，以漢學之性理，易宋學之空言，推掃廓清，厥
功甚茂。〔註5〕

---

〔註2〕 見劉師培：《劉申叔先生遺書》（臺北：京華書局，1970年10月再版），《左盦外集》，〈東原學案序〉，總頁2009。以下凡引劉師培之文，皆引自《劉申叔先生遺書》，故加注僅標明出自《劉申叔先生遺書》中何本著作與總頁數。

〔註3〕 《理學字義通釋・序》，總頁551。

〔註4〕 同上註。

〔註5〕 《左盦外集》，〈近儒學案序〉，總頁2000。

足見其所看重戴震，並認爲可以與宋學相抗衡的思想，是戴震合於「漢學」之「性理」，亦即符合漢代之前典籍、訓詁而表現出的義理思想。也由於劉師培對先秦、兩漢訓詁的看重，使他因戴震對理的定義合於漢儒訓詁，而贊成戴震對理的看法。〔註6〕

　　若與胡適相較，胡適也認可戴震「由詞通道」的思維，並認爲「由詞通道」能同時結合考證與義理兩端。胡適也認爲考證學家：

> 論字必本於《説文》，治經必本於古訓，論音必知古今音的不同，這就是歷史的眼光。懂得經學有時代的關係，然後可以把宋儒的話還給宋儒，把唐儒的話還給唐儒，把漢儒的話還給漢儒。〔註7〕

似乎也支持考證學家看重古訓的想法，與劉師培之說相去不遠。但正如上章所指出，胡適除贊成戴震「由詞通道」的思維外，還指出戴震思想特異於其他考證學家之處，就在戴震認爲求道還必須「空所依傍」，亦即不僅不盲從宋明儒者，連考證學者慣常加以信賴之漢儒的意見，也不能不加思索即接受。戴震認爲要「空所依傍」、「平心體會經文」，希望學者能擺落前人注疏，直接體會經文。劉師培卻主張學者應要能「遠師許鄭之緒言」、明「漢儒義理之宗訓詁者」，甚至認爲包含戴震之內的「近儒」，「不能一一發明」漢儒義理〔註8〕。因此劉師培詮釋戴震思想，是從「戴震是否能完全切合漢儒對義理的訓詁」這一點出發，以是否切合漢儒之古訓作爲評判的標準，來加以贊成或反對。但戴震的思想顯然並不全以漢儒爲依歸，而有其自身的脈絡。因此雖然劉、胡皆同意戴震「由詞通道」的思維，也都同意戴震對理的定義，但胡適能指

---

〔註6〕劉師培引賈誼《新書・道德說》：「理，離狀」、鄭玄《禮記・樂記》注：「理，分也」、班固《白虎通義》：「理義者，有分理」、許慎《説文・自序》：「知分理之可以相別異也」之說，認爲：「漢儒言理，皆訓理爲分。……亦訓爲別，此漢儒相傳之故訓也」，透過對較古訓詁的探究，劉師培得出「理」這個字的本義應是「相離、分別」，並認爲這是兩漢學者相傳而皆認可的定義。他認爲戴震「解理爲分，確宗漢詁」，「可謂精微之學矣」，因爲其正符合漢儒所認可的理字本義。以上引文字見《新書》（臺北：世界書局，1989年），卷八〈道德說〉，頁56；《禮記注疏》，卷三十七〈樂記〉，頁665；《白虎通義》（臺北：臺灣商務印書館，1983年，景印文淵閣四庫全書本），卷下，頁53；段玉裁：《説文解字注》（上海：上海古籍出版社，1995～2002年，續修四庫全書本，據北京圖書館藏清嘉慶二十年經韻樓刻本影印），卷十五上，頁442。劉氏之言見《理學字義通釋》，總頁553～554；《左盦外集》，〈東元學案序〉，總頁2006。

〔註7〕《戴東原的哲學》，頁13。

〔註8〕《理學字義通釋・序》，總頁551。

出戴震「空所依傍」的思想特點，這就比劉師培追求「古注」、「古義」的思想更進一步。

劉師培固以戴震所言合於漢儒而贊成其說，但也就是以是否合於「古義」、「古訓」這樣的標準，劉師培對戴震思想作出了批評。此點與胡適相比，便較上述同意戴震思想之處有更大的差異。

## 二、劉師培對戴震思想的批評及與胡適所論的比較

劉師培本身思想與戴震立異處並不少，但其中直接或間接表達不同意戴震思想之處，並與胡適有相立異之處，約有兩點：對戴震理說之批評、以性無善無惡反對戴震之性善論。

### （一）對戴震理說之批評

#### 1. 心知所具之能亦是理

劉師培雖因戴震對理的定義合於漢儒而同意之，但對戴震認為心知不具理一點則加以反對。上章已提及戴震認為就事物來說，理義就在事物之中，理義就是事物之則，有物才必有則，沒有在事物之外的另一個「理」的本體。就人之心知來說，也沒有另一個「理」的本體在人心之內，心知的本能只是不停去理解、辨析事物的理則，直到通達無謬為止。然而劉師培並不贊成「理不具於心」的論點，他強調：

> 比較分析之理，又即在心之理也。……吾心之所辨別者，外物之理也；吾心之所以能辨別外物者，即吾心之理也。在物、在心，總名曰理。蓋物之可區別者謂之理，而具區別之能者，亦謂之理。
>
> 戴氏詮理，又以理為專屬事物。然物由心知，知物即在心之理。
>
> 〔註9〕

他同意心知有認識之能力的說法，但劉師培認為心知得以去判別、區分事物理則的能力，也就是心中之理。他認為戴震將理全歸之於事物，卻忽略心能知事物之理的能力，亦即心中所具有之條理，所以他反對戴震以心知去即理義之說〔註 10〕，因為心知與物皆具備理義、條理，而非不具理義之心知，去接即僅具在事物中之條理。

---

〔註 9〕 以上所引見《理學字義通釋》，總頁 553；《左盦集》，〈釋理〉，總頁 1456。
〔註10〕 劉師培云：「漢儒以陰、陽言情、性，立說已流為迂誕；而宋儒之說，尤屬無稽。近儒矯宋儒之說，然立說多偏」，並於小注云：「如東原心知即理義，其誤一」，見《理學字義通釋》，總頁 556。

　　與胡適相較，劉、胡所言有明確的不同：胡適贊成戴震所言「心不是理，也不是理具於心」之義，認為理只是事物的條理，而心只是去認識、判斷物之條理的官能，心並不是理，理也不在心中〔註 11〕。若就戴震文字來探析，戴震為反對宋儒「理得於天而具於心」之說，雖未明言「心不具理」，然就「血氣心知，有自具之能：口能辨味，耳能辨聲，目能辨色，心能辨夫理義。味與聲色，在物不在我，接於我血氣，能辨之而悅之；其悅者，必其尤美者也；理義在事情之條分縷析，接於我心知，能辨之而悅之；其悅者，必其至是者也」〔註 12〕一般來看，血氣、心知對舉，則味與聲色、理義亦對舉，因此言「味與聲色，在物不在我」，可以推出「理義在物不在我」之思想。

　　無論是「心不是理，也不是理具於心」或「理義在物不在我」，皆因為戴震所主張的理，就只是事物運行的條理。心知所蘊含區分、辨析，以及愛悅事物理義、理則的能力，戴震歸之於性，來自於氣，而與理無涉。當然這並非指心知與理無關，心知經擴充而發揮能力、無所障蔽地掌握事物條理之後，也就能得理。劉氏認為理既在事物，也應在人心，且「非心聚眾理，則心應萬事甚難」〔註 13〕，基本上對「理」此一概念的把握，與戴震就有不同。故劉師培認為戴震對理的把握有不足之處，實因兩者所討論並非完全相合。在論戴震心知不具理這一點上，胡適便有其較敏銳而精準於劉師培之處。

### 2. 反對戴震批評宋儒以「渾全」訓「理」

　　劉師培還認為戴震不應以宋儒全以「渾全」訓「理」而批評之，因為宋儒也有訓理為分的說法：

> 若宋儒言理，以天理為渾全之物，復以天理為絕對之詞，又創為天
> 即理、性即理之說，精確實遜於漢儒。然訓理為分，宋儒非無此說，
> 不得據渾全之訓，而概斥宋儒言理之疏也。〔註 14〕

此處雖然並未明言為戴震之意見，但由「據渾全之訓，斥宋儒言理之疏」、以理訓為分來批評宋儒為條件來看，確為戴震批評宋儒之傾向〔註 15〕，可知劉

〔註11〕　《戴東原的哲學》，頁 60。
〔註12〕　《疏證》，卷上〈理〉條第八，頁 158。
〔註13〕　《理學字義通釋》，總頁 560～561。
〔註14〕　《理學字義通釋》，總頁 553～554。
〔註15〕　就「據渾全之訓，斥宋儒言理之疏」來說，戴震有近似的批評，認為宋儒：「既
　　　　以理為得於天，故又創理氣之說，譬之二物渾淪，於理極其形容，指之曰淨
　　　　潔空闊。不過就老莊、釋氏所謂真宰、真空者，轉之以言夫理」；而以理訓為

師培此言有針對戴震而言的成分。劉師培認為朱子亦云理為「秩然之理」與「條理」，因此朱子所講的秩然就是條理，因為條理也就是秩然有序之意思。又引程朱「事事物物皆有理可格」之言，認為朱子既說有理可格，那麼理也就不是一「渾然之物」了〔註16〕。認為理為條理、事物皆有理可格，便與戴震理為事物之中的條理一說有相近之處，因此他反對戴震認為宋儒皆以「渾全」來解釋「理」之說。

若依戴震原文來看，戴震事實上所亟欲批判者，乃程朱論理同於釋、道所謂「真宰」、「真空」，將理視為形上之本體、欲「學焉以復其初」〔註17〕，卻以繼承孔孟之學面目流傳下來的思想。所以戴震反對宋儒論理、氣的二元性，提出形而上下皆一氣，理只是事物之理，而非一形上本體之說。然而劉師培所舉之朱子所言「理是有條理」、「窮事事物物之理」，雖貌似戴震之言，但由於朱子言「理一分殊」，所以理散在萬物，因此格物便是隨時格那散於萬事、萬物的分殊之理，進而復歸於理一。這仍是以「理為形上本體」的思想，因此劉師培所云之「宋儒訓理為分」的文字，還是在戴震所欲批判的範圍之內，並不能以此就認定戴震的批評有其不足之處。

相較之下，胡適認為戴震以理只在氣之中、只是物的條理之思想，與程朱「內觀」的理觀大不相同，的確較近於戴震所云「理」即「條理」，是經過分析區別之後，有秩序而不紊亂的屬性，而不是佔有時間、空間或超越時間、空間之上的另一物或本體〔註18〕。故劉師培不滿戴震對宋儒「以天理為渾全之物」的批評，亦較不及胡適對戴震思想的了解。

## （二）以「性無善無惡」反對戴震性善之說

對性之定義方面，其實劉師培與戴震相同，皆發揮《禮記·樂記》:「民有血氣心知之性」的思想而來，他說:

---

分來批評宋儒，上章討論已多，茲不贅述。引文見《疏證》，卷上〈理〉條第十三，頁163～164。

〔註16〕劉師培之文見《理學字義通釋》，總頁553～554。朱子贊成「自一身以至萬物之理，則所謂『由中而外，自近而遠，秩然有序而不迫切』者」之說，並認為:「理是有條理」，與「格物者，窮事事物物之理」。引文見《朱子語類》，卷第十八〈大學五〉，〈或問下〉，傳五章，「獨其所謂格物致知者」一段，頁394；卷第六〈性理三〉，〈仁義禮智等名義〉，頁100；卷第十五〈大學二〉，〈經下〉，頁305。

〔註17〕《疏證》，卷上〈理〉條第十四，頁165。

〔註18〕見本文第四章第三節第（三）小節「胡適論戴震之『理』說及其優缺點」。

古代性字與生字同。性字從生，指血氣之性言也；性字從心，指心
知之性言也。性、生互訓，故人性具於生初。〔註19〕

從訓詁的角度，劉師培認爲性可分爲「生」、「心」兩大部分，分指血氣之性、
心知之性，並在人生之初即已具備。此與戴震以「分於陰陽五行以爲血氣、
心知」、「據其爲人物之本始而言」來論性，相當雷同。

　　但接下來的主張劉師培便與戴震頗有差異，他主張性爲無善無惡：

無善無惡之說，立義最精。……人有心知，有可以爲善之端，亦有
可以爲惡之端。惟未與外物相感，故善惡不呈。及既與外物相感，
日習于善，則嗜悅理義之念生；日習于惡，則淫慝詐僞之念生。故
人性本同，悉由習染生分別。〔註20〕

劉師培認爲人性在未與外物接觸之前，由於並不呈露，因此爲無善、無惡；與
外物相接觸之後，由於心知可以爲善，亦可以爲惡，因此經由不同之外物、環
境的習染，原本不呈露之心知，習於善則人性漸爲善，習於惡則人性漸爲惡。

　　劉師培所言之心知，也與戴震所言明顯有所差異：戴震所言之心知天生
便有條分辨析，與愛悅理義、「當於理義，其心氣必暢然自得」的能力，戴震
並以此來說性善。劉師培之心知則僅是人性中的端緒，本身也不具善之潛
能，在性不呈露時心知亦不作用；只在與外物相接時，「外有所感則心有所知」
〔註21〕，視其所接之外物、環境爲何，被動地向善或惡邁進。因此不僅善惡
與性體本身無關，甚至在戴震思想中因有之而可言性善的「心知」此一概念，
劉師培亦認爲：

人生由靜而至動，一由感覺，一由思想。思想者，所以本心念之發
動，而使之見諸作用者也。然思想未起之前，心爲靜體，故宋儒體
用之說，實屬精言。〔註22〕

劉師培贊成宋儒「體用」之說，認爲未遇物、未發之前的心乃一靜體，乃一
在心念發動之前，沒有感覺、沒有思想，不見諸作用的實體。故同樣使用心
知這個概念，劉師培對戴震心知概念的理解，是主張「由感生智，由智生斷」
〔註23〕，是在情發動之後，方有決斷之智的呈現。劉師培對此無善無惡、寂

〔註19〕　《理學字義通釋》，總頁554。
〔註20〕　《理學字義通釋》，總頁555。
〔註21〕　《理學字義通釋》，總頁560。
〔註22〕　《理學字義通釋》，總頁561。
〔註23〕　同上註。

然不動之實體的看重，來自上述以「體/用」、「靜/動」說性之體系，而與戴震「人有心知」、「性才一貫」來言性善的思想十分不同。

若與胡適相較，首先劉師培與胡適對戴震的性善論，皆有理解未盡貼切之處。胡適有認爲性善則才皆美、將一出生便生病或是無法感知、思想者歸於性、把戴震之性誤解爲無善無惡或可善可惡的中性之性、較忽略心知尚有覺知道德的能力等四點較未貼合之處。其中第三點把戴震之性解釋爲無善無惡，與劉師培的詮釋極爲相近，劉氏云：

> 近儒多泥於孟子性善之說，不欲相背，故立說皆屬附會，未能本之
> 於心，豈不可嘆也哉！〔註24〕

以「泥於孟子性善之說」、主張性應是無善無惡，來批評包括戴震思想在內的近儒思想，事實上與胡適相同，皆似未能貼合戴震的性善說。

但更深入分析，可知胡適雖較忽略戴震心知尚有覺知道德能力的思想，並有知識至上的傾向，然胡適對戴震心知之理解仍有切合之處。如將戴震所云心知「分」、「合」人情、事理的運作，解釋爲「分析」與「綜合」，有其鞭辟入裡之處。另胡適掌握到：「心觀察事物，尋出事物的通則，疑謬便是失理，不謬謂之得理。心判斷事物，並不是『心出一意以可否之』；只是尋求事物的通則，『以其則正其物』」，亦精準說明戴震反對以個人意見作爲事物理義之所在，必須多加證驗後，心方可以得理之通則的思想〔註25〕。相較之下，劉師培不僅以「體/用」、「靜/動」說性，與戴震論性與心知有所不同，更認爲：

> 戴氏《孟子字義疏證》曰：「血氣心知，性之實體也」，蓋血氣爲人
> 物所同，而心知則有智、愚之別。草木有生性而無覺性，禽獸有覺
> 性而無悟性，惟人具有悟性。有覺性者，具有血氣者也；有悟性者，
> 具有心知者也。故《樂記》言：「民有血氣心知之性」。〔註26〕

劉氏以「生性」、「覺性」、「悟性」來分別植物、動物、人，但在名詞上戴震並沒有這樣的區分。戴震論人、物之「心知」，是認爲知覺是人、物所共有的一種覺察、感知的能力，這是相同之處；而人的知覺與物相異之處，在人於人倫日用之生活中，有隨時可以覺察、感知惻隱、羞惡、恭敬、辭讓、是非等道德端緒的能力〔註27〕。因此人與物同具心知，但人有覺知道德端緒的能

---

〔註24〕《理學字義通釋》，總頁556，「甚矣，性情之不易言也」一段小注。
〔註25〕詳見上章第三節第（二）小節2之（3）。
〔註26〕《理學字義通釋》，總頁554，「蓋人秉性而生」一段小注。
〔註27〕此上章亦已詳述之，原文見《疏證》，卷中〈性〉條第二，頁183。

力，這才是人、物心知不同的關鍵，而非劉師培所言之有無「悟性」的差異。雖說劉氏之本意乃建立一己思想體系，原非對戴震思想作一全面而妥貼的理解；但未盡全面理解戴震思想，卻又批評包含戴震在內的思想「立說皆屬附會」，似有略失公允之處。因此劉師培論心知若與胡適相較，亦與戴震之說離得較遠而有較不及之處。

　　本節敘述劉師培贊成戴震「由詞通道」的思想，也敘述了劉師培以戴震論心知不具理，以及不應認為宋儒全以「渾全」訓「理」而批評之，並皆加以評論。

　　若與胡適相比較，劉師培對戴震思想的探析，在贊成方面，胡適指出戴震思想特異於其他考證學家之處，就在戴震認為求道還必須「空所依傍」，此較劉師培一味遵循「古注」、「古義」來得更接近戴震思想。

　　在反對方面，第一，胡適就戴震思想提出「心不是理，也不是理具於心」之義，比之劉師培實較能體會戴震主張理就只是事物運行的條理，心知所蘊含的能力，則歸之於性、來自於氣，而與理無涉的思想。

　　第二，劉師培認為宋儒仍有「訓理為分」的文字，但劉氏所引之言並不出戴震所欲批判的範圍，故其精準之處較不及胡適除能掌握戴震思想外，同時亦能對宋儒之理說進行批判。

　　第三，劉師培雖與胡適皆以性無善無惡之說來批評戴震的性善說，有較不能精確理解戴震性善論之處；但就心知之性的詮釋來看，胡適雖有偏於知識層面，較忽略心知亦有愛悅理義的傾向，但在對心知之理解上，仍有深契於戴震思想之處。劉師培以「體用」來解釋心性，又以人有悟性來說明人與物所具心知的差異，則皆與戴震思想有所不同。

　　綜合劉師培贊成與反對戴震思想的兩方面來看，胡適都有相對較為深入且貼近戴震思路的詮釋。故劉師培雖為清末民初以來，首先對戴震思想進行較深入探析的學者，但對戴震思想的詮釋有其值得商榷，且在廣度、深度上未逮胡適之處。

## 第二節　章太炎論戴震思想與其和胡適所論之比較

　　在 1910 年之前，章太炎雖也對戴震及其思想有所介紹，但僅寥寥數語，並不深入，如 1900 年撰成之〈學隱〉一文，雖提及戴震，但未涉及思想的討

論。章太炎最早提及戴震思想的文字，是 1902 年於《訄書》重訂本中，〈清儒〉一篇的其中幾句：

> 震爲《孟子字義疏證》，以明材性，學者自是薄程、朱。〔註28〕

此處論及戴震《疏證》一書的重要概念是才、性之說，而影響所及是學者鄙薄程朱之學的風氣。惜其言太過簡略，未能見章氏詮釋戴震的特色所在。

1906 年，章太炎流亡日本，在東京的留學生歡迎會上發表演說，也提及戴震：

> 他雖專講儒教，卻是不服宋儒，常說：「法律殺人，還是可救；理學殺人，便無可救」。……因此那個東原先生，痛哭流涕，做了一本小小冊子，他的書上，並沒有明罵滿洲，但看見他這本書，沒有不深恨滿洲。〔註29〕

此處提及戴震批評「以理殺人」之說，並投射當時章太炎對清廷的不滿，認爲讀戴震《疏證》一書，會激起對清朝的不滿。雖然此處仍未有對戴震思想的深入解讀，但已經可以看出章太炎對戴震思想，有著「政治化」詮釋的傾向。

1910 年章太炎發表了〈說林〉上下、〈釋戴〉，加上 1914 年發表的〈通程〉、《菿漢微言》等文字，構成章太炎詮釋戴震思想的另一階段。在〈說林〉、〈釋戴〉中，章太炎提出對戴震思想重要的詮釋：他認爲戴震「以人欲爲天理」的思想，實來自荀子；但因荀子主張性惡，與戴震之性善說不合，故戴震作《原善》一書以明之〔註30〕。由於胡適對戴震思想有無推本於荀子之處，並

---

〔註28〕章太炎著，朱維錚編校：《訄書・初刻本・重訂本》（香港：三聯書店，1998年），重訂本，〈清儒〉第十二，頁 160。許蘇民認爲章太炎最早提及戴震思想的文字，是 1901 年所撰之〈釋戴〉、〈說林〉等文，然〈釋戴〉、〈說林〉等文實於 1910 年撰成，並非章太炎首先討論戴震思想的文字。許蘇民之文見《戴震與中國文化》，頁 304～306。

〔註29〕湯志鈞編：《章太炎政論選集》（北京：中華書局，1977 年），上冊，〈東京留學生歡迎會演說辭〉，頁 279。

〔註30〕章太炎於〈說林〉一文認爲戴震：「道性善，爲孟軻之徒，持術雖異，悉推本於晚周大師，近校宋儒爲得眞」，更於〈釋戴〉一文中，更清楚的表述所謂的「晚周大師」，其實就是荀子：「以欲當爲理者，莫察乎孫卿。……極震所議，與孫卿若合符。以孫卿言性惡，與震意佛，故解而赴《原善》」。章氏並對戴震論理欲與荀子有若合符節之處，極爲稱讚，並認爲超越宋儒許多：「晚世戴震，宣究其義，明理、欲不相外，戴氏之書，名爲疏證孟子，其論理、欲，實本荀卿。所以具群眾、理民物者，程氏之徒莫能逮也」，可謂對戴震與荀子思想之間的關係多所著墨。以上引文見《章太炎全集》（上海：上海人民出版社，1985 年），第四冊，《太炎文錄初編》，文錄卷一〈說林上〉，頁 118；〈釋

無表示任何意見，因此本文不擬詳加討論。以下就章太炎「政治化詮釋戴震思想的傾向」、「論戴震思想本於朱子之處」兩點進行討論，並與胡適所論加以比較。

## 一、章太炎「政治化」詮釋戴震思想的傾向及與胡適所論之比較

章太炎「政治化」詮釋戴震思想的傾向，在 1906 年之〈東京留學生歡迎會演說辭〉時已呈現，在〈釋戴〉一文中則更爲明顯。章太炎認爲：

> 震自幼爲賈販，轉運千里，復具知民生隱曲，而上無一言之惠，故
> 發憤著《原善》、《孟子字義疏證》，專務平恕，爲臣民懇上天。……
> 震所言多自下摩上，欲上帝守節而民無瘝。〔註31〕

章太炎認爲戴震出身於商人家庭，自小便深知民生疾苦，因此發憤撰寫《原善》、《孟子字義疏證》等書的目的，是爲了替人民告訴上天，希望帝王能守準則，人民能夠無病。這是將戴震的思想著作解釋爲專爲人民抒怨而作。章太炎甚至更進一步認爲：

> 究極其義，及于性命之本，情欲之流，爲數萬言。夫言欲不可絕，
> 欲當即爲理者，斯固莅政之言，非飭身之典矣。〔註32〕

認爲戴震所云不可無欲、欲當即是理的思想，並非修身養性的文字，而是關注政治的言論。這應有推論較過的情形。戴震的理欲之說，雖以抨擊宋儒「滅人欲」爲出發點，但其實是以一整套的思想體系作爲背景，來完整說明的文字。戴震是從形而上下皆一氣、以氣論性、欲情爲血氣之性的內容，一層一層來討論人欲的合理性，然後再透過以情絜情與發揮心知，來節制、預防情欲的氾濫、失節。這套思想就個人來說，就是「飭身之典」，而不只是莅政之言。

延續對戴震的看法，章太炎亦將「飭身之典」、「莅政之言」對立視之的觀點，運用在對程朱理學的評價上，他說：

> 閩、洛之所以拙者，以其生于長吏聞人之間，不更稼穡，不知人情
> 隱曲，故節行不及中庸，徒謹飭寡過，事君以誠。〔註33〕

由此可以明顯看出章太炎是以戴震作爲標準，批判理學家們由於出身官宦世

---

戴〉，頁 123〜124；《章氏叢書》（臺北：世界書局，1958 年），《檢論》，卷四
〈通程〉，頁 552。
〔註31〕 〈釋戴〉，頁 122。
〔註32〕 〈釋戴〉，頁 123。
〔註33〕 《太炎文錄初編》，文錄卷一〈思鄉原〉，頁 130〜131。

家，不知民間疾苦，因此只知道拘謹行為、寡過修身等修養工夫，對君王也只知道以誠事君，沒有實際的建樹。此與胡適將從事道德修養歸之中古禪宗與宋明理學「主靜」思想，並較貶低其價值的特點〔註34〕，同有相似之處。因此章、胡二人皆有認為戴震思想乃對立於理學，較無重道德修養成分的傾向。

但正如筆者於上章所言，戴震強調態度的恭敬、行事的公正，以及發揮心知三者必須兼重。敬、正顯然都並非一純智性的活動，而較涉入個人的修養層次；由此觀之，戴震的修養論雖以心知為中心，但同樣不僅只有心知在操作，而是同時兼具修養道德，與增進心知靈明兩種目的的修養論。因此章太炎以政治角度來解釋戴震思想，與胡適較未論及戴震的修養工夫論相同，皆有未盡得戴震思想之處。

章太炎對戴震思想政治化的詮釋，或許與認定戴震暗地批評文字獄相關：

> 戴震生雍正末，見其詔令讁人不以法律，顧摭取洛、閩儒言以相稽。〔註35〕

章太炎所指之「詔令讁人不以法律，顧摭取洛、閩儒言以相稽」，胡適則明言是雍正時的曾靜案：

> 戴震生於滿清全盛之時，親見雍正朝許多慘酷的大獄，常見皇帝長篇大論地用「理」來責人；受責的人，雖有理，而無處可伸（申）訴，只好屈伏受死，死時還要說死的有理。我們試讀《大義覺迷錄》，處處可以看見雍正帝與那「彌天重犯」曾靜高談「春秋大義」。……戴震親見理學之末流竟致如此，所以他的反動最激烈，他的抗議最悲憤。〔註36〕

胡適所言的確有可能是戴震激烈抨擊「以理殺人」的動機，胡適的看法也許

---

〔註34〕 胡適將宋明理學化約成「主敬」、「格物致知」兩條路，前者是繼承佛教談內在修養而來的路子，注重靜坐、省察、無欲等修養方法，胡適並不贊成；後者是由程頤提出，朱子發揚光大的新方法，要求就著一物之理窮到極致，並且要每日不停地進行。胡適盛讚這是一種科學精神，後來戴震便是繼承這條路而揚棄主靜的思想，因此胡適認為戴震並無主靜等修養工夫論，而是專以心知格物的工夫論，詳見上兩章所述。

〔註35〕 〈釋戴〉，頁 122。這樣的說法章太炎晚年仍然堅持，見章太炎著，傅傑校訂：《國學講演錄》（上海：華東師範大學出版社，1995 年），〈諸子略說〉，頁 193。

〔註36〕 《戴東原的哲學》，頁 56〜57。

受到了章太炎的影響〔註 37〕。但是否依戴震對曾靜案等文字獄的反應，即可認爲戴震思想多政治影響而少修養身心的成分，筆者以爲必須多所保留。對戴震思想作政治化的詮釋，因此認爲戴震思想較少道德修養的成分，此點章太炎有同於胡適較受侷限之處。

## 二、章太炎論戴震本於朱子之處及與胡適所論之比較

在《菿漢微言》中，章太炎則提出戴震有本於朱子之處，分別從戴震採朱熹《詩集傳》文字，與戴震思想有同於羅欽順兩點來論述。

### （一）戴震論《詩經》採朱子《詩集傳》

章太炎提出戴震本於朱子，首先是戴震論《詩經》有採於朱子《詩集傳》之處：

> 其補正鄭詩，頗採朱氏《集傳》（長沙葉德輝言，曾見戴氏原稿，採用朱義尤多），其文中或尊稱爲子朱子，明其推重朱氏也。〔註38〕

章太炎在此處提到兩點，其一是文字引用朱子《詩集傳》，其二是稱朱子爲「子朱子」。戴震專論《詩經》的著作，有《毛詩補傳》、《毛鄭詩考正》兩種〔註39〕，章太炎所說的情形，多出現於《毛詩補傳》。《毛詩補傳》中戴震的確屢引朱熹《詩集傳》的文字，同時也於〈序〉中稱朱子爲「子朱子」。但若仔細分析，由於《毛詩補傳》是一訓詁《詩經》的著作，戴震所引《詩集傳》的文字也多是訓詁之言〔註40〕，與義理基本無涉。

而〈序〉中所言之「先儒爲《詩》者，莫明於漢毛、鄭，宋子朱子」，在《東原文集》〈毛詩補傳序〉一文，被戴震改爲「莫明於漢之毛、鄭，宋之朱子」〔註41〕，便不再尊稱朱子爲「子朱子」。這是由於《毛詩補傳》是戴震三

---

〔註37〕 陳平原認爲：「章氏關於戴震述學動機的發掘，很合胡適的口味，幾被全部接受，只是補充了一點《大義覺迷錄》的材料」，指的就是筆者上述所引之二人的文字。陳氏之文字見《中國現代學術之建立——以章太炎、胡適爲中心》（臺北：麥田出版社，2000 年），頁 253。

〔註38〕 見《章氏叢書》，《菿漢微言》，頁 948。

〔註39〕 《戴震全書》的編輯者認爲後者是在前者的基礎上，「挑選了《詩補傳》的部分要點，又進一步考訂加工而成」的作品，見《戴震全書》，第一冊，〈毛鄭詩考正說明〉，頁 567。

〔註40〕 如卷三云：「《集傳》：『逝，發語辭』」、「《集傳》：『泄泄，飛之緩也。阻，隔也』」。引文見《戴震全書》，第一冊，《毛詩補傳》，頁 185、189。

〔註41〕 《毛詩補傳》，頁 125～126。

十歲時完成的著作，其時戴震的學術態度仍是遵奉程朱，基本上還未有自己
的思想，甚至連「漢儒得其制數，失其義理；宋儒得其義理，失其制數」〔註42〕
的意見都尚未出現。因此《毛詩補傳》中對朱子的推崇，是年輕戴震尚未發
展出自己思想時的態度；思想轉變後的戴震則不再崇奉，而將「子朱子」之
第一個「子」字刪去。

在另一本解釋《詩經》的著作《毛鄭詩考正》中，戴震便少引用朱子的
意見。甚至還有抨擊朱子，認為朱子有誤解經文之處：

雖朱子博擇眾言以訂古，猶憑譌文改經。〔註43〕

戴震認為朱子根據舛誤的解釋來改動《詩經》經文，這與《毛詩補傳》中屢
次引述朱子文字的態度已大有不同。因此章太炎以戴震解《詩》引朱子《詩
集傳》，與尊稱「子朱子」來「明其推重朱氏」，實較未慮及戴震思想前後期
有所轉變的情形。

### （二）戴震思想同於朱子後學羅欽順

章太炎認為戴震思想有近於朱子之處的第二點，是戴震思想有近於朱子
後學羅欽順（1465～1547）之處：

羅整庵（按：羅欽順號整庵）始言天理即在人欲之中，氣質之性，
即義理之性，此為朱學之駢角矣。至清而戴氏有作，……為《原善》、
《孟子字義疏證》，斥理欲異實之謬，近本羅氏，而遠匡鄉先生之失，
其間雖有詆詞，亦猶莊周書之譏孔子，禪宗之訶祖罵佛，其所訶固
在此，不在彼也。是故東原之術，似不與朱氏相入，而觀其會通，
則為朱學之幹蠱者。〔註44〕

章太炎認為羅欽順為朱子後學，其論天理、人欲與人性的思想，有影響戴震
之處。因此戴震《疏證》等書雖常批評程朱之學，但其實是程朱之學的餘緒。
基本上到章氏晚年所著之〈諸子略說〉仍如此主張。〔註45〕

羅欽順是否為朱學後勁，是一複雜的學術問題，本文不擬於此討論。本
文所欲探析者，乃章太炎認為羅欽順影響戴震的兩點：理氣之辨、氣質之性

---

〔註42〕《戴震全書》，第六冊，〈與方希原書〉，頁375。
〔註43〕《毛鄭詩考正》，頁658。
〔註44〕《菿漢微言》，頁948。
〔註45〕章氏云：「羅整庵（欽順）作《困知記》，與陽明力爭理氣之說。……東原之
說，蓋有取於整庵」，見《諸子略說》，頁194。

與天命之性之辨，究竟與戴震思想有何相似之處，與此相似之處的意義爲何。

　　首先是理氣之辨，羅欽順明確指出天地萬物無非就是氣的運行，而氣不停動靜、往來、開闔、升降等循環的過程中，雖看似紛亂無章，但其中莫不有條理、規則在，這條理、規則就是理〔註 46〕。因此理並非外於氣之外的另一物，理就是氣運行的條理規則。這與戴震認爲萬物皆氣化而來，因此理就僅是氣及氣化生成萬物所運作的條理，而不是佔有時間、空間或超越時間、空間之上的另一物或本體的思想相同。而這樣的理氣觀，卻與朱子「未有天地之先，畢竟是先有此理」〔註47〕的思想相異。

　　其次是氣質之性與天命之性之辨。羅欽順延續他的理氣觀，認爲陰陽之氣構成萬物的形質，氣運行的條理構成萬物之性，因此性同樣來自氣〔註48〕。這與戴震分於陰陽五行以爲血氣、心知之性的思想相同。雖說羅欽順此言亦可說是「性即理」，但羅欽順所言之理，乃是氣之理，與朱子所言：「性是形而上者，氣是形而下者。形而上者全是天理，形而下者只是那查滓。至於形，又是查滓至濁者也」〔註 49〕，將性等同於天理爲形上，氣爲形下的思想，兩者明顯有所不同。

　　因此，羅欽順不甚贊成程朱天命之性，亦即義理之性、氣質之性的區分〔註50〕，認爲所謂「天命」，其實便是「來自陰陽之氣」之意，因此天命之性就是來自陰陽之氣的性，稱之爲氣質之性亦可。因此羅欽順認爲天命之性、氣質之性指的都是同一個性，因此不必分兩個名來稱呼，這也就是章太炎所說的「氣質之性，即義理之性」。然而這明顯已非朱子：「所謂『天命之謂性』者，是就人身中指出這箇是天命之性，不雜氣稟者而言爾」〔註 51〕的思想，

---

〔註 46〕　羅欽順認爲：「蓋通天地，亙古今，無非一氣而已。氣本一也，而一動一靜，一往一來，一闔一闢，一升一降，循環無已。……千條萬緒，紛紜膠輵而卒不可亂，有莫知其所以然而然，是即所謂理也。初非別有一物，依於氣而立，附於氣以行也」，見（明）羅欽順：《困知記》（北京：中華書局，1990 年），卷上，頁 4～5。

〔註47〕　《朱子語類》，卷第一〈理氣上〉，頁 1。

〔註48〕　羅欽順云：「同一陰陽之氣以成形，同一陰陽之理以爲性」，見《困知記》，續卷上，頁 55。

〔註49〕　《朱子語類》，卷第五〈性理二〉，頁 97。

〔註50〕　羅欽順云：「但曰『天命之性』，故已就氣質而言之矣，曰『氣質之性』，性非天命之謂乎？一性而兩名，且以氣質與天命對言，語終未瑩」，見《困知記》，卷上，頁 7。

〔註51〕　《朱子語類》，卷第九十五〈程子之書一〉，頁 2431。

反近戴震之說。羅氏以天命之性來自陰陽之氣，朱子則是以天命之性爲不雜氣質而言者。故檢視羅欽順《困知記》的文字，可以發現章太炎舉出戴震與羅欽順相近的兩點，羅、戴二氏確實相近，卻皆與朱子思想有所差異。如因爲戴、羅二人在思想上有所近似，羅欽順又爲朱子後學，便認爲戴震思想基本上來自朱子，實較未顧及羅欽順與朱子思想的立異之處。

### （三）與胡適之比較

綜合以上兩點來看，無論是戴震論《詩經》採用朱子《詩集傳》之言，或是戴震思想有同於羅欽順之處，以這兩點欲言戴震有同於朱子之處，實有未能完全成立者。若與胡適相較，胡適認爲戴震繼承考證學的科學精神與方法，而考證學的方法論與精神，又是上承程朱理學「格物致知」之學而來，因此他認爲：「戴學最近於程伊川與朱子，同屬於致知窮理的學派」、「戴震是從朱學裡出來的」〔註52〕。表面看起來雖亦認爲戴震思想有同於程朱理學之處，但章、胡兩人的著重點有很大的差異。章太炎從戴震引述朱子文字、尊稱朱子爲子，以及戴震思想同於朱子後學羅欽順著手，較爲忽略戴震思想有一從尊朱到斥朱的轉折，以及羅欽順思想實有修正朱學之處。因此章太炎所舉出之例證，較無法有效證明其所提出的說法。

胡適則是將戴震歸入科學的程朱，而非宗教的程朱一脈，亦即胡適認爲反理學的戴震所反對的程朱，是無法擺脫中古宗教思想成分的程朱。胡適認爲戴震同於理學之處，是皆重「格物致知」一點，而「格物致知」一語就胡適的認定，較無道德修養的成分，甚至視爲一可排除哲學思考、純粹客觀的方法論。〔註53〕

亦即胡適並未認定戴震有受程朱「思想」影響之處，僅是對於程朱的「方法論」有所吸收。此說正與章太炎之說相反，但皆有未盡全面之處。戴震思想固未如章氏所言那樣同於程朱思想，但胡適將程朱對戴震的影響侷限在「方法論」一層，事實上也忽略戴震所使用的語詞，正是延續理學言理氣、心性等的體系而來，仍屬理學的一環，因此必有繼承理學之處，只是戴震在思想內涵上有所翻轉而與理學不同。因此章太炎與胡適對戴震思想是否有受程朱影響的論述，皆有較未思及此一問題的複雜之處。

---

〔註52〕以上所引見《戴東原的哲學》，頁191。
〔註53〕見本文第三章第二節第（三）小節。

　　由於胡適認爲戴震思想有同於程朱，但亦有異於程朱、反對程朱的思想，這與章太炎認爲「其間雖有詆訶」，「觀其會通，則爲朱學之幹蠱者」的說法相比，胡適雖亦有他較重視戴震強調知識重要性的一面，而較忽略戴震思想其他部分的立場，但畢竟舉出戴震與程朱思想之間關係的兩面，而非僅簡單認爲戴震爲程朱思想的餘緒。就論述戴震與程朱思想之間關係的完整性來說，胡適實較章太炎略勝一籌。因此陳平原云：「章氏的日漸調和戴震與朱熹，也對胡適頗有影響」〔註 54〕，認爲章太炎論宋儒與戴震有相同之處的觀點，對胡適有所影響，亦有可再商榷之處。

　　本節討論章太炎對戴震思想的詮釋，首先章太炎從政治（莅政）而非修養（飭身）的角度，去探討戴震思想，筆者以爲此點有略過於政治化詮釋的傾向，忽略戴震思想有其完整的修養論，那就是戴震的「飭身」之典。若與胡適相較，章、胡二人都認爲戴震思想乃對立於理學，較無重道德修養的成分，皆有其較侷限之處。

　　第二點章太炎提出戴震有本於朱子之處，分別是戴震論《詩經》有採於朱子《詩集傳》，與戴震思想近於朱子後學羅欽順。前者分兩點：其一是文字引用朱子《詩集傳》，其二是稱朱子爲「子朱子」；後者亦分兩點：理氣之辨、氣質之性與天命之性之辨。筆者分別依戴震與羅欽順著作的文字，發現章太炎舉出的證據似不足以有效證明其論點。若與胡適相較，胡適僅認爲戴震受宋儒「格物致知」的方法論影響，並認爲戴震反對「主靜」等道德修養的思想，亦即較不認爲戴震的「思想」有受宋儒影響之處，此點正與章氏相反。持平而論，章太炎與胡適對戴震思想是否有受程朱影響的論述，皆有較未思及此一問題的複雜之處。不過由於胡適認爲戴震思想有同於程朱，但亦有異於程朱、反對程朱的思想，舉出戴震與程朱思想之間關係的兩面，而非僅簡單認爲戴震爲程朱思想的餘緒，因此就論述戴震與程朱思想之間關係的完整性來說，胡適實略勝章太炎一籌。〔註 55〕

〔註 54〕《中國現代學術之建立──以章太炎、胡適爲中心》，頁 254。
〔註 55〕除以上所述兩點外，章太炎於 1935 年，在蘇州國學講習會做了數次演講，其中〈諸子略說〉一篇述及戴震思想有兩點可議之處：一云：「謂理在事物而不在心，則矯枉太過，易生流弊。夫分析事物之理者，非心而何？安得謂理在事物哉？依東原之說，則人心當受物之支配，喪其所以爲我，此大謬矣」，認爲戴震言理在事物不在心，會有人心受物支配，因而喪失自我的弊病，並以之批評胡適：「尊信東原之說，假之以申唯物主義。然『理在事物而不在心』一語，實東原之大謬也」。一云：「程伊川、張橫渠皆謂人有義理之性，有氣質之性。

　　章太炎由於他對清廷的激烈態度〔註 56〕，使他從政治的角度來看待戴震思想，有其侷限；而認爲戴震本於朱子，亦未能提出有力的證據。因此章太炎論戴震思想的深度與廣度，與劉師培相同，較未及後來居上的胡適。不過章太炎將道德修養歸諸理學家，並認爲不如戴震的說法，以及認爲文字獄影響戴震對理、欲的看法，與對「以理殺人」的強烈批判，基本上皆爲後來的胡適所認同，章太炎的思想或有影響胡適之處。〔註 57〕

## 第三節　梁啓超論戴震思想及與胡適所論之比較

　　梁啓超在其論及清代學術的三本著作，亦即《論中國學術思想變遷之大勢》（1902）、《清代學術概論》（1920）、《中國近三百年學術史》（1923〜1925）

---

義理之性善，氣質之性不善。東原不取此論，謂孟子亦以氣質之性爲善，以人與禽獸相較而知人之性善，禽獸之性不善（孟子有「人之異於禽獸者幾希」語）。余謂此實東原之誤」，以及「五官之欲固可謂之性。以五官爲之主宰，故不以五官之欲爲性，而以心爲性耳。由此可知，孟子亦不謂性爲純善，惟心乃純善。東原於此不甚明白，故不取伊川、橫渠之言，而亦無解孟子之義」，認爲戴震論性善對孟子之言有所誤解，誤認孟子言禽獸之性有不善，並提出孟子言性包含感官欲望與心「思」的能力兩個層次，前者有不善，後者爲純善，章太炎以此反對戴震爲批駁宋儒而言之性善說。此二說本亦相當重要，並可與胡適進行比較，但因章氏〈諸子略說〉一文可能有的偏失，皆與劉師培批評戴震理不具於心以及性善論兩點可能有的問題雷同，爲避免文章冗長、重複，此處遂不再贅言。以上所引見〈諸子略說〉，頁 194〜195、197。

〔註 56〕朱維錚指出章氏所著之《訄書》之所以有「初刻本」與「重訂本」，便是因爲：「章炳麟否定《訄書》初刻本的體系，是同他割辮易服的行爲相聯繫」。「割辮易服」指的是章氏在 1900 年 7 月 29 日「上海『國會』第二次會議上爭論失敗後，章炳麟於激怒中割辮易服，作《解辮髮說》，並將此文與《請嚴拒滿蒙人入國會狀》，寄給他僅有一面之緣的孫文，並附以表白排滿立場的長信」，此後章太炎便成爲一堅決排滿的革命黨，因此他認爲讀戴震書會得排滿思想、以政治立場解釋戴震思想，或皆由其特殊排滿立場而來。引文見《訄書‧初刻本‧重訂本》，〈導言〉，頁 2〜5。

〔註 57〕王汎森引毛以亨〈初到北大的胡適〉之言云胡適「在西齋時，即將章氏叢書，用新式標點符號拿支筆來圈點一遍，把每句話都講通了，深恐不合原意，則詢於錢玄同，玄同不懂時，則問太炎先生自己」，可知胡適於民國初年即讀過章太炎的著作。不過胡適自身並未言及章太炎論戴震思想的文字，是否對他後來寫作《戴東原的哲學》有所影響，僅說做《中國古代哲學史》一書，「對於近人，我最感謝章太炎先生」。引文見王汎森：《章太炎的思想——兼論其對儒學傳統的衝擊》（臺北：時報文化出版企業有限公司，1985 年），頁 4〜5；胡適之言見《中國古代哲學史》，〈再版自序〉，頁 1。

中，皆論及戴震思想；並著有《戴東原》（1924）一書，介紹戴震之生平、哲學思想、著纂書目等，對戴震的研究成果如較之劉師培、章太炎，不可謂不多。且與劉、章二人最大的不同之處，在梁啓超論戴震思想，許多觀點與胡適有相似之處，甚至有些梁、胡雷同的觀點，在《論中國學術思想變遷之大勢》中便已出現。加上胡適自言青年時期初讀該書時，認爲「給我開闢了一個新世界，使我知道『四書』『五經』之外中國還有學術思想」〔註58〕，受其震動頗大。因此梁啓超對於戴震思想的介紹，也許有影響後來胡適撰寫《戴東原的哲學》之處。故本節主要論述之重點便在梁啓超與胡適在詮釋戴震思想上，有何同、異之處。〔註59〕

## 一、梁啓超論戴震思想與胡適相似之處

### （一）皆重視考證學的科學精神

梁啓超詮釋戴震思想與胡適相似之處，第一點是皆認爲包含戴震在內的清代考證學具有科學精神。在《論中國學術思想變遷之大勢》中，梁啓超舉出科學精神的呈現，有以下四點特徵：重懷疑不依循舊說、治理學問詳其本末並注重證據、後人依前人開創之學術路徑而繼續加深鑽研、列舉各式說法加以比較並下判斷。這四點清代考證學全都具備，因此「其精神近於科學」〔註60〕。此時梁啓超雖對考證學有所不滿，認爲：「本朝考據學之支離破碎、汩歿性靈」，但因爲考證學具有科學精神，所以他也不得不承認：「平心論之，其研究之方法，實有不能不指爲學界進化之一徵兆者」。〔註61〕

---

〔註58〕《四十自述》，頁57。

〔註59〕陳鵬鳴認爲梁、胡：「二人對戴震的評價比較相同，即都認爲戴震繼承了清初顏李學派的思想，反對宋明理學」，雖注意到梁、胡論戴震有相似之處，但僅提出「繼承顏李學派反對宋明理學」一點，顯得不夠詳細。引文見《梁啓超學術思想評傳》（北京：北京圖書館出版社，1999年），頁180。

〔註60〕梁啓超云：「所謂科學的精神何也？善懷疑、善尋問，不肯妄徇古人之成說，一己之臆見，而必力求眞是眞非之所存，一也。既治一科，則原始要終，縱說橫說，務盡其條理，而備其左證，二也。其學之發達，如一有機體，善能增高繼長；前人之發明者，啓其端緒，雖或有未盡，而能使後人因其所啓者而竟其業，三也。善用比較法，臚舉多數之異說，而下正確之折衷，四也。凡此諸端，皆近世各種科學所以成立之由，而本朝漢學家皆備之，故曰其精神近於科學」。引文見《論中國學術思想變遷之大勢》（江蘇：江蘇廣陵古籍刻印社，1990年，據1936年中華書局版影印），頁87。

〔註61〕《論中國學術思想變遷之大勢》，頁87。

在《清代學術概論》中，梁啓超仍維持他認爲清代學術具有科學精神的意見：

> 綜觀二百餘年之學史，其影響及於全思想界者，一言蔽之，曰：「以復古爲解放」。第一步：復宋之古，對於王學而得解放；第二步：復漢、唐之古，對於程、朱而得解放；第三步：復西漢之古，對於許、鄭而得解放；第四步：復先秦之古，對於一切傳注而得解放。……然其所以能著著奏解放之效者，則科學的研究精神實啓之。〔註62〕

梁啓超以清初啓蒙期、乾嘉全盛期、晚清今文經學蛻分期暨衰落期四期，分別「復」宋、漢唐、西漢、先秦之「古」，並得解放之功，乃延續他在《論中國學術思想變遷之大勢》所提：「本朝二百年之學術，實取前此二千年之學術，倒影而繹演之，如剝春筍，愈剝而愈近裏」〔註63〕的看法而來。而之所以能以復古爲解放，梁啓超認爲就是因爲清代學術具有「科學的研究精神」，亦即前述不依循舊說、注重證據等的精神，能夠從前人思想、傳注中解放出來，使「清儒之治學，純用歸納法，純用科學精神」〔註64〕，形成清學自己的學術風格。

當然身爲清學「正統派之盟主」〔註65〕的戴震，梁啓超也認爲他具有科學精神：

> 蓋無論何人之言，決不肯漫然置信，必求其所以然之故；常從眾人所不注意處覓得間隙，既得間，則層層逼拶直到盡頭處。苟終無足以起其信者，雖聖哲父師之言不信也。此種研究精神，實近世科學所賴以成立；而震以童年具此本能，其能爲一代學派完成建設之業固宜。〔註66〕

梁啓超指的是戴震十歲時發生的故事：

> 授《大學章句》「右經一章」以下，問其塾師曰：「此何以知其爲孔子之言而曾子述之？又何以知其爲曾子之意而門人記之」？師應之曰：「此先儒子朱子所注云爾」。即問：「子朱子何時人也」？曰：「南

---

〔註62〕《清代學術概論》，頁11。
〔註63〕《論中國學術思想變遷之大勢》，頁102。
〔註64〕《清代學術概論》，頁54。
〔註65〕《清代學術概論》，頁10。梁啓超對正統派的定義是：「正統派則自固壁壘，將宋學置之不議不論之列。……正統派則爲考證而考證，爲經學而治經學」，以此定義來看戴震，自然有許多不合之處。梁氏對此有所說明，將於下文詳述之。引文見《清代學術概論》，頁9。
〔註66〕《清代學術概論》，頁32～33。

宋」。又問：「孔子、曾子何時人也」？曰：「東周」。又問：「周去宋
幾何時矣」？曰：「幾二千年矣」。又問：「然則子朱子何以知其然」？
師無以應，大奇之。〔註67〕

梁啓超認爲戴震不盲從塾師之言，詰問其師何以南宋之朱子能知兩千年前之
《大學》一書，乃孔子之言而曾子述之、曾子弟子記之而成，便是發揮遇可
疑之處必致疑到底的精神。也就是這種不盲從、重懷疑、要求證據的研究精
神，使梁啓超認爲戴震「所主張『去蔽』、『求是』兩大主義，和近世科學精
神一致」，故戴震能成爲清代考證學的代表人物，並且是「科學界的先驅者」
〔註68〕。這種學風，梁啓超在《中國近三百年學術史》中認爲：

> 乾、嘉間學者，實自成一種學風，和近世科學的研究法極相近，我
> 們可以給他一個特別名稱，叫做「科學的古典學派」。〔註69〕

既復古又具有科學精神的群體研究，便是梁啓超稱考證學爲「科學的古典學
派」的原因。可以說視清學或考證學爲一具有科學精神的運動，而戴震爲此
運動的重要代表人物，是梁啓超研究清代學術史的一貫立場。

這樣的立場，實與胡適相類。當然梁啓超並未像胡適說的那麼遠，認爲
考證學家重視客觀證據，強調假設與歸納的精神，是來自程朱的格物窮理之
說。但胡適認爲「只有清代的『樸學』確有『科學』的精神」，而戴震能充分
運用分析與綜合的方法，正最能「代表那個時代的科學精神」〔註70〕等，都
與梁啓超的看法相同。又如梁啓超認爲戴震：

> 其所謂十分之見與未至十分之見者，即科學家定理與假説之分也。
> 科學之目的，在求定理，然定理必經過假設之階級而後成。〔註71〕

梁啓超此處以科學中「假説」、「定理」之概念，來詮釋戴震所云：「未至十分
之見」、「十分之見」。後來胡適所云，認爲戴震所云「十分之見」，「是科學家
所謂證實了的眞理」，並以「假設」、「證實」來詮釋戴震之說〔註72〕，與梁氏

---

〔註67〕　《戴震全書》，第七冊，洪榜〈戴先生行狀〉，頁 4。
〔註68〕　以上所引見《戴東原》（臺北：臺灣中華書局，1979 年），〈戴東原生日二百年
　　　　紀念會緣起〉，頁 72。
〔註69〕　見梁啓超著，徐少知、李鳳珠、黃昱凌、鄭慧卿點校：《中國近三百年學術史
　　　　（附《清代學術概論》）》，頁 31。以後凡引此書簡稱《中國近三百年學術
　　　　史》。
〔註70〕　引文見〈清代學者的治學方法〉，頁 163；《戴東原的哲學》，頁 64。
〔註71〕　《清代學術概論》，頁 34。
〔註72〕　胡適認爲戴震：「作學問的方法（他的名學）一面重在『必就事物剖析至微』，

之說幾乎如出一轍。

## （二）梁、胡論戴震思想的相似之處

以上是就「以戴震爲代表的考證學方法帶有科學精神」一點，來說明梁啓超論戴震，與後來胡適有相似之處。梁、胡二人論戴震哲學思想，亦有幾處相似點。

### 1. 以「樂利」思想談戴震的理欲觀

首先是皆從「樂利」思想來談戴震的理欲觀，梁啓超認爲戴震：

> 極言無欲爲異氏之學，謂過欲之害，甚於防川焉，此其言頗有近於泰西近世所謂樂利主義者，不可謂非哲學派中一支流。〔註73〕

梁啓超認爲戴震反對無欲之說，不該過分節制欲望，有接近西方「樂利主義」思想之處。這與後來胡適認爲：「戴氏的主張頗近於邊沁（Bentham）與彌爾（J. S. Mill）一派的樂利主義（Utilitatianism）。樂利主義的目的是要謀『最大多數的最大幸福』」〔註74〕，從爲人民「謀最大多數的最大幸福」這個角度，來詮釋戴震重視欲望與生養之道的思想，有相近之處。只是梁氏於1902年時認爲戴震重視欲望的思想雖不能不算是哲學思想，但實遺害甚大：

> 人生而有欲，其天性矣，節之猶懼不蒇，而豈復勞戴氏之教猱升木爲也。二百年來學者，記誦日博，而廉恥日喪，戴氏其與有罪矣。〔註75〕

梁啓超認爲人有欲望乃天生的本性，節制都仍怕其氾濫，何況戴震反對無欲之說，更助長了人欲的發展。梁啓超更將清代學者重記誦、道德澆薄的風氣，歸諸戴震重視人欲的思想。將對少數學者的不滿，歸諸於戴震重人欲的思想，顯然對戴震並不公平。加上戴震思想並非一味鼓勵人欲的發展，也有重視必須節欲的成分，在上節已有詳細敘述。因此梁氏與胡適相同，皆認爲戴震之理欲思想有近於西方「樂利主義」之處，也同樣有些忽略戴震對於人欲，除

---

一面重在證實。就事物剖析至微而得來的『理』，比較歸納出來的『則』，只是一種假設的理（a hypothesis），不能說是證實的真理。必須經過客觀的實證，必須能應用到同樣的境地裏而『靡不條貫』，方才算是真正的理」，見《戴東原的哲學》，頁66。

〔註73〕 《論中國學術思想變遷之大勢》，頁93。
〔註74〕 《戴東原的哲學》，頁70。
〔註75〕 《論中國學術思想變遷之大勢》，頁93。

了主張欲「非不可有」亦即不可無之外，同時也主張「有而節之」。但是相對於胡適對戴震重欲思想的推崇，梁啓超批評戴震重人欲之說影響後來學者道德澆薄的學風，則形成強烈對比。梁氏後來對戴震的評價有所改變，對戴震「情」、「欲」之說持正面肯定的態度，便不復 1902 年時的猛烈抨擊。

### 2. 以「空所依傍」論戴震思想

梁、胡二人論戴震哲學思想，第二個相似之點，是皆從「空所依傍」的角度來論戴震思想。梁啓超云：

> 目震所治者為「漢學」，實未當也。震之所期，在「空諸依傍」：晉宋學風，固在所詆斥矣；即漢人亦僅稱其有家法，而未嘗教人以盲從。〔註 76〕

梁啓超雖以戴震為清代考證學，亦即清學之「正統派」的領袖，但也認為戴震思想，尤其《疏證》一書，乃「軼出考證範圍以外，欲建設一『戴氏哲學』」〔註 77〕。因此梁啓超以為將戴震之學術思想，單純視為「漢學」一類，實不夠精確，因為戴震認為治學當「空所依傍」，不僅不盲從魏晉、宋明思想，連考證學者慣常加以信賴之漢儒的意見，也不能不加思索即接受。就此點而言與胡適相同，胡適也提出戴震與其他考證學者的最大不同點，便是不甘心僅僅做個考據家，「他認清了考據名物訓詁不是最後的目的，只是一種『明道』的方法」。〔註 78〕

### 3. 以「一元」解釋戴震人性論

梁啓超、胡適論戴震哲學思想第三點相似之處，是皆以「一元」來解釋戴震的人性論。胡適之說已見於上章，梁啓超則認為戴震：

> 說明性是整個的、單一的，不是湊合的、外加的，最合真理。……
> （中小注省略）……宋儒乃於血氣心知以外，別加上一件東西名之曰理，而這個理又在「人生而靜以上」，明明不是本來所有的了。〔註 79〕

梁啓超將宋儒以為氣質之性外還有義理之性的思想，「起一個名字叫做『性的二元論』」〔註 80〕。戴震既強調「舍氣類，更無性之名」〔註 81〕，反對在血氣之

---

〔註 76〕《清代學術概論》，頁 34。
〔註 77〕《清代學術概論》，頁 35。
〔註 78〕《戴東原的哲學》，頁 26。
〔註 79〕《戴東原哲學》，頁 32～33。
〔註 80〕《戴東原哲學》，頁 30。
〔註 81〕《疏證》，卷中〈性〉條第八，頁 190。

性上再外加一「理」,便是主張「一原」、「一本」的「性一元論」。這與胡適認為戴震性論來自其一元、唯物的天道觀,同樣皆以戴震為一「性一元論」者。

### 4. 以「綜合」、「分析」詮釋戴震「分合以得其條理」之說

梁啟超、胡適論戴震哲學思想第四點相似之處,是皆以綜合、分析來詮釋戴震「分合以得其條理」的思想。梁啟超認為戴震:

> 他說:「最要體會孟子『條理』二字,得其條理,由合而分,由分而合,則無不可為」,拿現在話講,即專從客觀的虛心研究事物條理,綜合一番又分析一番,分析一番又綜合一番便是。〔註82〕

這與胡適所云:「他說『剖析』,說『分』,說『析』,都是我們今日所謂『分析』。他說的『合』,便是我們所謂『綜合』。不分析,不能得那些幾微的區別;不綜合,不能貫通那些碎細的事實而組成條理與意義」〔註83〕,都十分貼切地將戴震的「分」、「合」,解釋為「分析」與「綜合」。

### 5. 以顏、李學派為戴震思想的淵源

梁、胡二人論戴震哲學思想,第五個、也是最重要的相似之點,是皆認為顏、李學派的思想,為戴震思想的淵源。與胡適相同,梁啟超亦坦承以顏、李之學為戴震思想淵源的說法,在戴震著作中「一點實證也找不出來」〔註84〕。但他仍於《中國近三百年學術史》指出:

> 子高說戴東原作《孟子緒言》,其論性本自習齋,最為有識。〔註85〕

他與胡適同樣都贊成戴望:「戴吉士震作《孟子緒言》,始本先生此說言性」的看法,但梁啟超並未提及他之所以如此認定的理由。在《戴東原先生傳》,他才提出:

> 同治間戴子高撰《顏氏學記》,謂東原之學,衍自顏李,信也。李恕谷嘗南遊,而程綿莊、惲皋聞大弘其學於江介,東原合有聞焉。不然,何其揆之相合若此甚也。〔註86〕

此處梁啟超將戴望「戴震本顏元之說論性」的看法,解釋成「戴震的思想,是自顏元之處傳來」,這與胡適相同,都有擴大解釋顏、戴兩者關係的傾向。

---

〔註82〕《戴東原哲學》,頁37。
〔註83〕《戴東原的哲學》,頁64。
〔註84〕《戴東原哲學》,頁21。
〔註85〕《中國近三百年學術史》,頁193。
〔註86〕《戴東原》,〈戴東原先生傳〉,頁12。

也與胡適相同，認爲顏、李後學程廷祚及惲鶴生，是顏、李之學與戴震之間接觸的橋樑。

　　梁啓超認爲戴震思想淵源於顏、李，更具體的理由見於《戴東原哲學》，梁氏共分三點來說明：

(1) 方苞的兒子方道章是李塨的門生，方苞與李塨論學不合，方道章常私自左袒李塨。因此桐城方家有能傳顏、李學的人。又戴震和方家人素有往來，方希原即其一。集中有〈與方希原書〉所以他可以從方家弟子中間接聽見顏、李的思想。

(2) 李塨很出力在江南宣傳他的學派，當時贊成、反對兩派人都不少。如是仲明這個人，據《恕谷年譜》知道李塨曾和他往復論學；據《東原集》又知道他曾和戴震往復論學，《仲明年譜》也有批評顏、李學的話，或許戴震從是仲明或其門下接觸顏、李之學。

(3) 程廷祚是當時江南顏、李學派的大師，廷祚死的時候，戴震已三十歲了。他們兩位曾否見面，雖無可考，但程廷祚和程晉芳是摯友，程晉芳、戴震交情也不淺，戴震最少可以從二程的關係上得聞顏、李學說，乃至得見顏、李的書。〔註87〕

其中第三點亦爲胡適所主張，而筆者於上章也提出以程晉芳這樣一名「力詆顏李」、「不贊成顏李之學」，並駁斥戴震、支持程朱思想的學者，當作程廷祚與戴震之間的中介，無疑較不合理。又以程晉芳爲程廷祚與戴震之間的媒介，再以程廷祚爲戴震與顏、李之間的媒介，如此多次轉手的推論，顯得太過曲折。第一點和第二點則皆從舉出同時與顏、李、戴震有所往來之學者，作爲顏、李與戴震之間可能的接觸橋樑，同樣也缺乏直接證據。故梁啓超的推論與胡適相同，始終無法對戴震淵源於顏、李之學的說法，提出明確的證明。

　　至於顏、李思想與戴震思想「其揆之相合若此甚也」之處，梁啓超則指出訓「理」爲「條理」一點：

（顏、李）訓「理」爲條理，而以木之紋理、玉之脈理爲喻，最合古義，後此戴東原《孟子字義疏證》，即從這個訓詁引出許多妙義來。〔註88〕

---

〔註87〕《戴東原哲學》，頁21～22。
〔註88〕《中國近三百年學術史》，頁170。

較之胡適舉出「反理學的傾向」、「理爲文理、條理」、「對氣質之性的看重」、「重利」四點，梁啓超之言顯得較爲疏略。另外梁啓超也指出顏、李思想有不同於科學精神之處：

> 顏李與科學家，正自有別：科學家之實驗、實習，其目的專在智識
> 之追求；顏李雖亦認此爲增進智識之一法門，其目的實在人格全部
> 之磨練。〔註89〕

梁啓超認爲顏、李對「實」、「習」的重視，目的還是在磨練道德的人格，與科學家重實際操作、重實驗，偏於智識的傾向大不相同。因爲顏、李之學與科學有所差異，因此便與梁啓超以爲是「科學界的先驅者」的戴震，有所差異。這與胡適認爲顏元雖反對程朱「居敬」的工夫，但仍有自己一套「昭事上帝」的居敬工夫，因此不夠理性亦即不夠科學，有類似的見解。

## 二、梁啓超論戴震思想與胡適相異之處

梁啓超與胡適論述戴震思想，無論在思想進路與詞語的使用上，皆有許多相似之處。但兩人畢竟還是有所不同，如以梁啓超專論戴震之《戴東原哲學》一書的章節來看，〈東原哲學內容四——命定與自由意志〉的部分，胡適便未論及；而梁啓超由於「接連三十四點鐘不睡覺趕成」〔註90〕《戴東原哲學》一書，因此「宇宙觀」、「東原哲學的反響」等節便未及寫成，這兩部分於後來胡適《戴東原的哲學》則有詳細的介紹。

但除了篇幅與對戴震思想的擇取角度不一之外，梁啓超與胡適論戴震思想最大的相異之處，在於梁啓超主張戴震思想的主幹是「情感哲學」。

### （一）以「情感哲學」為戴震思想主幹

以「情感哲學」作爲戴震思想的主幹，梁啓超於《清代學術概論》中便已如此主張：

> 《孟子字義疏證》，蓋軼出考證範圍以外，欲建設一「戴氏哲學」
> 矣。……綜其內容，不外欲以「情感哲學」代「理性哲學」。就此點
> 論之，乃與歐洲文藝復興時代之思潮之本質絕相類。〔註91〕

梁啓超舉戴震批評宋儒理欲之說的話，然後將程朱思想視爲「理性哲學」，將

---

〔註89〕《中國近三百年學術史》，頁176。
〔註90〕《戴東原哲學》，頁39。
〔註91〕《清代學術概論》，頁35、38。

戴震批評宋儒「以釋混儒」、「舍欲言理」之說，並主張「體民之情，遂民之欲，而王道備」、「欲之不可無」的思想視爲「情感哲學」，並與歐洲文藝復興思想相提並論。梁氏注重的是戴震對宋儒「存天理，滅人欲」之說的反動，認爲與文藝復興時期「採久關窒之『希臘的情感主義』」，來拯救被「基督教絕對禁慾主義」所束縛的人心。〔註92〕

　　如與胡適相比較，胡適也視清代爲中國的文藝復興時代，但他是以「早期古典──中古宗教──近世復興」的模式，來對中國思想作分期，先秦諸子代表中國思想高度成熟的階段，但是到了中古時期便由於佛教傳入而有所墮落，到宋明才有開始復興的趨勢，到清代形成「全靠嚴格而冷靜的研究作基礎的學術復興的新時代」〔註93〕。因此同樣將清代比爲文藝復興時期，胡適注重的是考證學所表現之理性的科學研究精神，恰與梁啓超重情感解放形成對比。當然，梁啓超於《清代學術概論》對戴震重人欲思想所表現出的肯定態度，已與十八年前《論中國學術思想變遷之大勢》的立場迥異。

　　梁啓超如此看重戴震注重情欲的思想，因此他在《戴東原哲學》中特別立一章節〈東原哲學內容二──情欲主義〉來討論。綜觀梁氏《戴東原哲學》一書的脈絡，首先他依循戴震論理的文字，區分戴震所言之理爲「客觀的理義」，與宋儒所言之理爲「主觀的意見」，進而認爲：

> 理既憑藉客觀的事物而始存在，所以「事物之理必就事物剖析至微而後能得」。……事理要怎樣纔能剖析呢？東原以爲要從「情」和「欲」上頭求出來。……所以斷不能舍情求理。〔註94〕

此處進路看似一般，但實與胡適有異：胡適認爲：「戴氏說理，無論是人情物理，都只是要人用心之明，去審查辨別，尋求事物的條理」〔註95〕，著重點在心知對人情、物理的條分縷析；梁啓超則是重在「不能舍情求理」一點。胡適重的是「心知」分析、綜合的能力，梁啓超重的是「情欲」的不可或缺。因此梁啓超認爲：

> 儒教以人生爲立腳點，所以一切理義都建設在體人情、遂人欲上。
> 佛老立腳點不同，他們主張無欲，可以自成片段。宋儒並不打算脫

---

〔註92〕《清代學術概論》，頁36～38。
〔註93〕〈中國哲學裡的科學精神與方法〉，頁419。
〔註94〕《戴東原哲學》，頁23。
〔註95〕《戴東原的哲學》，頁63。

離人生，卻雜取佛老的話主張無欲，便鬧成四不像了，所以東原要
駁他。〔註96〕

梁啓超極力強調戴震反對宋儒無欲的思想，因此認爲儒家思想都建立在要體
貼民情、順遂民欲上，其實有些矯枉過正，不過亦可看出梁啓超以「情感」、
「情欲」思想爲戴震思想主脈的傾向。因此梁啓超認爲戴震「在今後學術界
留下最大價值者」，除了去蔽、求是的思想，另外便是「他的情感哲學」，甚
至可以與朱熹、王陽明相提並論。〔註97〕

### （二）由情感哲學論戴震修養論

再延伸去談，從情感哲學的角度去解釋戴震的修養論，梁啓超認爲：

因爲愛自己纔有欲，愛便是仁的根核；但愛自己很容易弄到損人利
己，所以也會趨到不仁。（中小注省略）怎麼纔能除卻那「欲之失」
以去私呢？……「以我之情絜人之情，而無不得其平」，（中小注省
略）這就叫做「強恕」。能恕，私自然會去。〔註98〕

梁並不一味強調戴震「人欲不可無」之說，也看到戴震「以情絜情」去欲之
失的思想，並加以肯定，這是過於胡適之處。但梁啓超於下文立即又說：

以上講去私的話，比較上也不過平平。其實東原所最注重者還在去
蔽，他說：「求去私不求去蔽，重行不先重知，非聖學也」。前文所
引「人之知能極是非之致……」也可見連強恕都是由知而來，所以
去蔽是東原的修養第一義。〔註99〕

說戴震修養工夫論最注重的是「去蔽」之工夫，有其正確性；但認爲「以情
絜情」的強恕工夫亦是由「去蔽」之知而來，「以情絜情」僅是次於「去蔽」
而爲第二義的工夫，便不能理解戴震以情絜情之說，正是以己之情，去推度、
辨析他人之情，使人情可以無幾微爽失，這與心知探求物理的方法同等重要。

---

〔註96〕《戴東原哲學》，頁27。
〔註97〕梁啓超認爲：「宋明以來之主觀的理智哲學，到清初而發生大反動；但東原以
前大師，所做的不過破壞工夫，卻未能有所新建設。到東原纔提出自己獨重
情感主義，卓然成一家言。他這項工作，並不爲當時人所重視，但我們覺得
他的話是在世界哲學史上有價值的，最少也應該和朱晦翁、王陽明平分位置。
所以東原可以說是我們『哲學界的革命建設家』」，見《戴東原》，〈戴東原生
日二百年紀念會緣起〉，頁72。認爲戴震思想與朱熹、王陽明同等重要，亦爲
胡適所持有的看法，見〈戴東原在中國哲學史上的位置〉，頁1104。
〔註98〕《戴東原哲學》，頁36。
〔註99〕《戴東原哲學》，頁36。

不過與胡適相比，梁啓超僅是未將「致心知」與「以情絜情」置於同等重要地位，和胡適重心知而輕忽甚至否認「以情絜情」的重要性，畢竟來的較能兼顧「致心知」與「以情絜情」兩者。

梁啓超又認為戴震以學來解蔽的思想，「驟看過去，像是專從智識方面講，無與於德行，其實不然。東原意思以為天下罪惡起於蔽者什而八九，不蔽則幾於至善了。從這一點說，也可以說東原哲學是『新知行合一主義者』」〔註100〕，便比較符合戴震「行而知又復行」的完整修養論體系，亦即以「必敬必正」的修身為「行」，致心知為「知」，藉由下學修身、致心知到無所不明，而能權度事物到沒有絲毫差謬的方法，然後再去篤行所權得之理則。因此在論修養工夫論方面，梁啓超也較胡適特意強調戴震主張「重行須先重知」，來得更能兼顧知、行兩方面。

本節評介梁啓超論述戴震思想，與胡適相似的幾個層面，包括皆認為考證學具有科學精神、皆從「樂利」思想來談戴震的理欲觀、皆從「空所依傍」的角度來論戴震思想、皆以「一元」來解釋戴震的人性論、皆以綜合、分析來詮釋戴震「分合以得其條理」的思想、與最重要的皆認為戴震思想淵源於顏、李學派。

除了梁啓超與胡適論戴震思想的相似處之外，本節也論述了梁啓超與胡適論戴震思想的相異處，包括梁啓超主張戴震思想的主幹是「情感哲學」，而不是胡適強調之「科學的致知窮理的中國哲學」。另外在修養論方面，梁啓超雖主張「去蔽」優先於「以情絜情」為修養論的第一義，未將「致心知」與「以情絜情」置於同等重要地位，但已較胡適更能兼顧「致心知」與「以情絜情」兩者。同時認為戴震思想是「新知行合一主義」，也較胡適更能兼顧戴震「行而知又復行」的修養論體系。

雖然梁啓超論戴震與胡適有許多相同之處，相異之處如論修養論又似稍勝胡適，但由於梁氏提及戴震思想，多於討論清代甚至歷代學術史時始提及，僅略加介紹而未及詳述。唯一一篇專論戴東原思想的長文《戴東原哲學》，又是於不到兩天內匆促趕成，雖有幾點較胡適之詮釋來的完備，但由於僅做點的介紹，未及建構起詮釋戴震思想的整體架構，因此與胡適花「二十個月方纔脫稿」〔註101〕的《戴東原的哲學》相比，仍顯得不夠完整。另外以「情感

〔註100〕《戴東原哲學》，頁38。
〔註101〕《戴東原的哲學》，頁197。

「哲學」作爲戴震思想的代表，也與戴震心知、絜情並重的思想有些許出入。

不過梁啓超論戴震思想與胡適的相似之處，較之劉、章及其後的錢穆，皆來得多上許多。雖然並無直接證據可顯示胡適撰寫《戴東原的哲學》一書，曾受到梁啓超的影響，但若由兩人論戴震的相似性來看，胡適受梁啓超影響的可能性可謂最大。

## 第四節　錢穆論戴震思想與其和胡適所論之比較

錢穆分析戴震思想的文字，主要見於《中國近三百年學術史》第八章〈戴東原〉，架構則主要以戴震思想的兩個時期、義理三書、戴震思想的淵源、對戴震理欲之說的驚評等四個部分爲主。其中言義理三書的著成時間先後、義理偏重的重點有何差異，與本文較不相關，因此以下分別就「錢穆論惠棟對戴震思想的影響」、「錢穆論戴震思想淵源」、「錢穆論戴震理欲之說」三大重點言之，並與胡適進行比較。

### 一、錢穆論惠棟對戴震思想的影響及與胡適所論之比較

#### （一）惠棟「反宋學」思想促使戴震思想轉變

錢穆認爲戴震思想約可分兩期：第一期受老師江永（1681～1762）的影響較大〔註 102〕，第二期則是受惠棟（1697～1758）影響而有所改變，大抵以戴震三十二歲爲分水嶺：「東原初入都，其學尚與江氏沆瀣一氣」，「論學之變蓋在丁丑乾隆三十二年，東原三十五歲。遊揚州識惠氏松崖（按：即惠棟）之後」。〔註 103〕

戴震思想既是接觸惠棟後而有所改變，惠棟思想爲何，便成爲重點。錢穆歸納惠棟思想的特色爲兩點：「尊古」、「信漢」。尊古，所以推重周秦諸子；信漢，所以不取唐宋之說〔註 104〕。錢穆就從惠棟反對宋學而尊漢的角度，來

---

〔註 102〕錢穆認爲戴震三十二歲之前的研究路徑、思想傾向皆近於江永：在研究禮樂名物方面，認爲戴震研究的範圍，包括名物、字義、聲音、算數等，就是江永研究的範圍。在崇尚宋學方面，戴震於〈與方希原書〉與〈與姚姬傳書〉中漢宋並舉的態度，亦近於江永推崇宋學的精神。見錢賓四先生全集編輯委員會編：《錢賓四先生全集》（臺北：聯經出版事業公司，1998 年），十六冊，《中國近三百年學術史》（上），頁 388～400。《中國近三百年學術史》（上）由於引用頻繁，以下一律省稱《學術史》（上）。

〔註 103〕以上所引見《學術史》（上），頁 400。

〔註 104〕錢穆云：「其學尊古而信漢，最深者在《易》。……惠氏治他經，亦率如其治

論述惠氏對戴震的影響，他引戴震〈題惠定宇先生授經圖〉所云：「惟空憑胸臆之卒無當於賢人聖人之理義，然後求之古經。求之古經而遺文垂絕，今古縣隔也，然後求之訓故。訓故明則古經明，古經明則賢人聖人之理義明，而我心之所同然者，乃因之而明。賢人聖人之理義非他，存乎典章制度者是也」〔註105〕之言，認為戴震：

> 其先以康成、程朱分說，謂於義理、制數互有得失者，今則并歸一途，所得盡在漢，所失盡在宋，義理統於故訓典制，不嘗曰即故訓即典制而義理矣。是東原論學一轉而近於吳學惠派之證也。〔註106〕

戴震的思想，是要求以訓詁之學去通讀古代經籍，來取代宋人捨棄經書而空憑胸臆求理的方式，去得到我心同於賢人、聖人的理義。由戴震的文字來分析，此時（該書成於乾隆三十年，戴震時年四十三歲）戴震已反對宋儒義理之學，主張義理存於「典章制度」之中，因此說他認為：「所失盡在宋，義理統於故訓典制，不嘗曰即故訓即典制而義理」，應無疑義。

　　但戴震是否反宋，就認定「所得盡在漢」，因此與惠棟的思想雷同，則不無可討論之處。若與胡適相較，錢穆與胡適都將戴震思想分為前後兩期，只是兩人認為戴震思想轉變的轉捩點不同：胡適認為是顏、李之學，錢穆則認為是惠棟。如就「反宋」一點，來言惠棟對戴震思想轉變的影響，則在戴震之前許多思想家，亦從思想層次來反對宋明理學，戴震「反宋」可以得諸其中一人或數人，未必單受惠棟影響。因此錢穆以惠棟「反宋學」的思想，作為戴震思想轉變的關鍵，似有簡化問題之嫌。

　　胡適以顏、李作為戴震思想轉變的關鍵，雖同樣亦有簡化問題的疑慮，但至少胡適尚明確提及戴震以為求道，必須「空所依傍」。戴震強調從語言文字通達聖人之道，這雖較近於漢儒的治學方法，但戴震也強調要「空所依傍」，認為「漢儒訓詁有師承，亦有時附會」〔註107〕，因此重點在憑恃個人之心去會通諸經，求那與我心同然之義理。戴震強調不僅不繼續盲從宋明儒者，連考證學者慣常加以信賴之漢儒的意見，也不能不加思索即接受。從戴震「空所依傍」的傾向，其實便可明確看出其與吳派惠棟強調「復古」、「尊漢」的

---

《易》，大意推尊漢儒，尚家法而信古訓」，見《學術史》（上），頁 402。

〔註105〕　《戴震全書》，第六冊，〈題惠定宇先生授經圖〉，頁 505。
〔註106〕　《學術史》（上），頁 407。
〔註107〕　《戴震全書》，第六冊，〈與某書〉，頁 495。

治學精神，畢竟還是有所差異。

　　錢穆自己也認為惠棟、戴震兩人及其所代表的學派論學，「其異者，則徽學原於述朱而為格物」，「其用心常在會諸經而求其通」；「吳學則希心復古」，「其用心常在溯之古而得其原」〔註108〕。因此惠棟、戴震在尊古態度上的不同，錢穆不是沒有意識到；但其似未注意戴震「空所依傍」思想對漢儒的批判，仍偏向從「尊古」、「反宋」的角度，來論惠、戴二人思想相同之處。因此錢穆認為：「東原此數年問學，其深契乎惠氏故訓之說無疑矣」〔註109〕，其實可以再商榷。相較之下，胡適能注意戴震「空所依傍」思想的重要性，便較錢穆更貼合戴震思想。

### （二）惠棟論「理」字定義影響戴震思想

　　除「反宋學」思想促使戴震思想轉變之外，錢穆指出惠棟另一可能影響戴震之處，在《易微言》一書中對「理」字的定說〔註110〕。錢穆指的是惠棟所云：

> 「理」字之義，兼兩之謂也。……〈樂記〉言「天理」，謂好與惡也。好近仁，惡近義，好惡得其正謂之天理，好惡失其正謂之「滅天理」，《大學》謂之「拂人性」。天命謂之性，性有陰陽、剛柔、仁義，故曰「天理」。後人以「天人」、「理欲」為對待，且曰「天即理也」，尤謬。〔註111〕

首先，惠棟反對將天和人、理和欲視為相對立的兩面，此與戴震之說有所雷同。其次，惠棟將天理解釋為「好惡得其正」，顯然認為人所喜好、所厭惡合於標準，便是得天理。戴震則認為血氣之性因感物而發動、呈露，因而有好、惡等感情與欲望，若血氣中情、欲放肆、恣蕩，不加以節制，個人便因要遂一己之欲，作出戕害他人之事，則將不得自然之理。要使情、欲得理、合理，戴震認為便要「以情絜情」。強調以情絜情，必須節制自己的情欲，便與惠棟「理，分也，猶節也」〔註112〕的思想有相近之處。

---

〔註108〕《學術史》（上），頁408。

〔註109〕《學術史》（上），頁408。

〔註110〕《學術史》（上），頁452。

〔註111〕見（清）阮元輯：《皇清經解》（台北：復興書局，1961年，據清咸豐十一年補刊本影印），卷三五〇，《周易述》，《易微言》卷下〈理〉條，總頁3704～3705。

〔註112〕《易微言》卷下〈理〉條，總頁3705。

　　但是惠棟與戴震思想亦有相異之處。首先惠棟將理解釋爲「兼兩」，就並不符合戴震所云：「理者，察之而幾微必區以別之名也」、「理也者，情之不爽失也」兩點定義。其次，惠棟又以性有陰陽、剛柔、仁義之義來解釋天理，同樣戴震亦無「性有陰陽」等的說法。第三，錢穆引惠棟云：「孟子論性而及才，才者天之所降，故曰『降才』」，認爲惠棟主張「性即在形質才能之中」。但依錢穆所引之文，至多僅能說惠棟贊成孟子性、才皆秉天而來的思想（此點戴震當然也贊成），但恐難得到「性在形質才能之中」的結論。第四，錢穆引惠棟辨儒、道討論「一貫」的不同，認爲道家重「一」，儒家重「貫」。「貫」訓「習」而有積的意思，而與戴震云：「君子愼習而貴學」有可相通之處。這原本仍可牽連的上，但錢穆又云惠棟：「忠，一也，以忠行恕，即『一以貫之』也」〔註113〕之言，即是戴震「以人之有欲通天下之欲爲仁，以人之有覺通天下之覺爲智之說」，便不知依據何在。

　　若與胡適相較，在論惠棟與戴震的關係上，胡適也曾論及惠棟對戴震可能有的影響，他認爲惠棟所得理爲「兼兩」，亦即「成雙成對」的結論雖然可笑，但惠棟引《韓非子》：「理者，成物之文」之說，讓「別人卻從此更可以明白理字的古義是條理，文理，分理」，則可以幫助吾人理解顏、李與戴震的理說〔註114〕。胡適並未忽略惠棟以「兼兩」來定義理，與戴震論理有所不同，也未由於兩人論理的差異，便認爲兩人論理毫無相似之處。惠棟接受《韓非子》論理的定義，釋理爲「分也，猶節也」，此點與戴震便有相通之處。故比之錢穆，胡適之說便較能顧及惠、戴二人解釋理字的異同之處，顯得較爲圓融。

## 二、錢穆批評戴震思想淵源自顏、李學派之說及與胡適所論之比較

　　錢穆對於戴震思想淵源的討論，大約有批評戴震思想淵源於顏、李之說、認爲戴震受惠棟影響、戴震受荀子影響三點。其中戴震受惠棟影響一點已述於前，戴震受荀子影響一點，因與本文較不相關故略之，以下便論錢穆批評戴震思想淵源於顏、李之說一點，並與胡適之說加以比較。

　　錢穆批判梁啓超、胡適所言淵源於顏元、李塨之說〔註115〕，並分五點加

---

〔註113〕以上所引見《易微言》卷上〈一貫〉條，總頁3682～3683。
〔註114〕以上所引見《戴東原的哲學》，頁51～52。《韓非子》之文見陳奇猷校注：《韓非子集釋》（臺北：華正書局，1982年），卷六〈解老〉第二十，頁365。
〔註115〕錢穆認爲：「戴望爲《顏氏學記》，嘗謂『乾隆中戴震作《孟子緒言》，本習齋說言性而暢發其旨』，近人本此，顧謂東原思想淵源顏李」，此處之「近人」，

以駁斥：

(1) 戴震四十四歲自言「近日做得講理學一書」，即《原善》三卷本。明年程廷祚卒，戴震爲《緒言》尚在後，因此說《疏證》思想是自程廷祚處得顏、李遺說而來，頗難證明。

(2) 程廷祚有族侄程晉芳，與戴震交游，後爲《正學論》，極詆顏、李，遂及戴震（因此將一名「力詆顏李」、「不贊成顏李之學」，並駁斥戴震、支持程朱思想的學者，當作程廷祚與戴震之間的中介，無疑較不合理）。

(3) 以戴震《疏證》亦斥程朱，故與顏、李並提，並不能就說戴震思想自顏、李之處得來。

(4) 考戴震思想最要者，一曰自然與必然之辨，一曰理欲之辨。此二者雖足與顏、李之說相通，但未必有承襲的關係。至於從古訓中明義理，更與顏元一貫主張不合。

(5) 至於辨本體、辨理氣、辨性與才質異同等思想，明儒已多提及，戴震不必定得其說於顏李。其訓「義理」、「天理」字爲條理，則戴震治古訓，亦可自得。且毛西河所著書，亦極辨宋儒「理」字，……東原可不知顏、李，不容不知西河。〔註116〕

第一點錢穆以程廷祚卒時，戴震《緒言》、《疏證》等書尚未著成，來駁斥戴震思想受程廷祚影響。然受其影響並不代表思想會作立即的改變，戴震也不一定是親遇見程廷祚才接觸到程氏或顏、李的思想。這不代表筆者就贊成梁啓超或胡適的意見，只是若與胡適甚至立場相近於胡適的梁啓超相較，錢穆批判梁、胡的第一點意見並未能完全成立。

第二點筆者已於上章分析，便較無疑義。此點錢穆之批評的確爲胡適所未思及者。三、四、五點錢穆則是認爲顏、李思想與戴震思想的雷同之處，如反程朱、自然與必然之辨、理欲之辨、理氣之辨、性才異同之辨等等，亦有其他思想家提及，未必就是戴震直襲顏、李思想而來。這也十分正確，只是錢穆認爲戴震「不容不知」毛奇齡，因而與其說戴震受顏、李影響，不如說戴震受毛奇齡辨宋儒「理」論影響，其實與他所批判的梁、胡之說沒有不

---

顯然指主張戴震思想淵源於顏李之學的梁啓超與胡適。錢穆之言見《學術史》（上），頁 450。

〔註116〕以上所引見《學術史》（上），頁 450～451。

同，因爲同樣都沒有來自戴震方面的直接證據〔註117〕。錢穆以下的推論便較
爲公允：

> 思想之事，固可以閉門造車，出門合轍，相視於莫逆，相忘於無形
> 者。王船山論道器，論自然與成性，論懲忿窒欲，陳乾初論天理從
> 人欲中見，論擴充盡才後見性善，其可與東原說相通者，亦夥矣，
> 未必東原定見王、陳書也。學者於交游誦讀間，固可以多方啓發，
> 自得深造，不必堅執一二端，以臆定其思想淵源之所自。〔註118〕

這明顯影響到余英時：「東原與陳確、王夫之、顏、李等之肖似處，近人已
多所摘發，然東原思想亦不必直接得之以上諸人也」〔註119〕的說法。思想
家好學深思，也許在彼此交遊或翻檢典籍時，遇某種想法而有所啓發，因而
有肖似之處。但如就整體思想而言，一個思想家的思想體系，必定與另一思
想家有所不同，縱使有幾點肖似，在沒有直接證據之前，都很難說誰淵源於
誰。

　　因此與胡適以顏、李爲戴震思想的淵源相比，錢穆批評胡適之說，僅第
二點可成立，其餘四點皆未能直指胡適之說的偏失。錢穆批評梁啓超、胡適
以顏、李作爲戴震的思想淵源，卻也視惠棟與荀子爲影響戴震的學者，這其
實與梁、胡二人所可能有的缺失相同，皆有「堅執一二端，以臆定其思想淵
源之所自」的疑慮，這使得錢穆對梁、胡的批評失去力道。

## 三、以天理、人欲二分的兩境界說批評戴震理欲之說及與胡適之比較

　　錢穆對於戴震思想，尤其是《原善》、《緒言》、《疏證》義理三書，作了
頗多篇幅的討論，除了確定三書著成的年代，並對三書思想分別作了介紹，
不妨逕引其結論：

> 《原善》辨性欲，《緒言》辨理氣，至《疏證》辨理欲，乃會合前兩
> 書爲一說，而其對宋儒之見解，則《原善》全未提及，《緒言》已有

---

〔註117〕汪榮祖也認爲：「學者間相互激盪，事屬平常，然東原是否聞蘇州惠氏之風而
　　　　變，並無確據，一如胡適疑心《孟子字義疏證》和《原善》受到顏李學派的
　　　　影響，沒有確據」，見汪榮祖：〈錢穆論清學史述評〉，《臺大歷史學報》二十
　　　　六期（2000 年 12 月），頁 107。
〔註118〕《學術史》（上），頁 452。
〔註119〕見余英時：《論戴震與章學誠──清代中期學術思想史研究》（臺北：東大圖
　　　　書公司，1996 年），頁 235。

　　議排，而《疏證》最爲激昂，此則其大較也。〔註120〕
錢穆認爲《疏證》乃綜合《原善》、《緒言》而來，並指出戴震對於宋儒的態
度，是由《原善》全不批評到《疏證》的猛烈攻擊，皆言簡意賅勾勒出戴震
思想的大要。

　　但錢穆對戴震論理欲之說，有其不滿：

　　　東原辨理欲，雖語多精到，而陳義稍偏，頗有未圓。〔註121〕

錢穆認爲戴震論「理欲」的思想，有些許偏差而未盡圓滿之處。錢穆是由天
理、人欲二分的境界說出發，來批評戴震理欲之說「頗有未圓」，他引陳澧《東
塾讀書記》論《論語》之言，認爲：「《論語》亦明明分兩種境界，不得謂此
一境界全從彼一境界出也」〔註122〕。先不論陳澧之言是否合於《論語》本義，
考陳澧之言，其云：「或疑如此則《論語》無勝私欲、全天理之說，斯不然也。
勝私欲之說，《論語》二十篇中，固多有之」、「《論語》雖無『理』字，然其
以『理』、『欲』對言者甚多」〔註123〕，則錢穆乃同意陳澧以「理」、「欲」分
言之二境界說，認爲戴震由欲言理之說有不當之處。

　　但深入戴震思想分析，戴震所言之「欲」爲人全體之欲望，固與其所批
評之朱子所言「私欲」的內涵並不一致〔註124〕。但若依陳澧之言，認爲「『君
子謀道不謀食，憂道不憂貧』，『謀道』、『憂道』即理也，『謀食』、『憂貧』即
欲也」，甚至認爲「『仁人志士，無求生以害仁』，『仁』即理也，『求生』即欲
也」〔註125〕，把「謀食」、「憂貧」、「求生」都認爲是人欲，是私欲，恐怕也
有矯枉過正，不盡合程朱之處。〔註126〕

---

〔註120〕《學術史》（上），頁450。

〔註121〕《學術史》（上），頁456。

〔註122〕《學術史》（上），頁460～461。

〔註123〕引文見《東塾讀書記》（上海：上海古籍出版社，1995～2002年，《續修四庫
　　　　全書》本，據上海辭書出版社圖書館藏清光緒刻本影印），卷二，頁530。

〔註124〕朱熹與戴震講的「人欲」這個概念，內涵並不相同：朱子說的是私欲，戴震
　　　　講的則是人類所擁有全體的欲望。朱子認爲欲有兩義，「一是指人的客觀物質
　　　　需求」，「二是指超出人們基本生活需求之上，一味追求物質享受與個人利益
　　　　的私欲」，因此朱子會說：「飲食者，天理也：要求美味，人欲也」，認爲人需
　　　　要吃喝以維持生命，這是天理，而追求吃喝的美味，則是私欲，必須節制。
　　　　以上所引見蔡方鹿：《朱熹與中國文化》（貴州：貴州人民出版社，2000年），
　　　　頁121：朱子之文見《朱子語類》，卷十三，頁224。

〔註125〕以上所引見《東塾讀書記》，卷二，頁530。

〔註126〕正如胡元玲所言：「理學在此處的困難是，有道德之惡意含的『人欲』與生存
　　　　所必需的『欲』，兩者之間並沒有明確清楚的界定，……則『人欲』的範圍極

戴震批判程朱的重點是：「理」由誰決定？是否合於「道」、合於「仁」由誰決定？如果理、道不是由眾人所肯認，再加上當權者的歪曲，不就正是戴震所批評之「負其氣，挾其勢位，加以口給者，理伸；力弱氣懾，口不能道辭者，理屈」、「凡事至而心應之，其斷於心，輒曰理如是」的情形？因此戴震對宋儒理欲說的批評，更大的著眼點是抨擊在戴震當時執政者以「天理」作為藉口，來欺壓百姓的事實。程朱天理、人欲二分是在上位者所憑恃的理論根據，因此戴震花了許多力氣在駁斥程朱之學，目的是在批評濫用程朱思想壓迫弱勢者的情形。

錢氏會認為戴震析論理欲「陳義稍偏」，實因錢穆立於同意宋儒「理欲」說的立場，是從同意宋儒的角度又回頭來抨擊戴震之故。若與胡適相較，胡適則較為同情戴震反對宋儒以意見為理、注重人欲的思想，這是因為胡適立於「反理學」的立場來詮釋戴震。「反理學」雖亦不能盡括戴震思想的精髓，但至少能先從同情的角度去進行理解。錢穆則明顯較偏宋學立場，如其認為：「漢學諸家之高下淺深，亦往往視其所得於宋學之高下淺深」〔註127〕，認為清代學者若欲判斷其功力高下，端視其對於宋學的了解程度深淺如何。如就戴震言之，錢穆則認為乾嘉時：「治漢學者必以詆宋學為門面，而戴東原氏為其魁傑」，因為戴震詆斥宋學的態度，使得若與王夫之相比，錢穆認為雖然「船山議論，頗多與東原相同。然船山極尊宋儒，……亦分兩境界言，其識超於東原矣」〔註128〕。以一名清代學者是否尊宋儒、合乎宋儒的思想來評判他思想的價值，無疑是錢穆特有的立場。

錢穆又引朱一新《無邪堂答問》批評戴震之語，以為「其論皆是」〔註129〕，則更有可商榷之處。朱一新嘗論戴震曰：

　　漢學家略涉宋學藩籬而以之攻宋儒者，惟戴東原。……東原誤以人

---

　　　可能隨時跨到『欲』的範圍，理學之被誤解為禁欲主義或由此起」，陳澧將「謀
　　　食」、「憂貧」、「求生」等都認為是私欲，正有「由人欲」跨至「欲」的傾向。
　　　以上所引見胡元玲：〈朱熹思想中「存天理去人欲」之研究〉，《國立臺灣師範
　　　大學國文研究所集刊》第四十四號（2000年6月），頁256。
〔註127〕《學術史》（上），頁1～2。
〔註128〕引上所引見《學術史》（上），〈自序〉，頁16～17，總頁461。
〔註129〕錢穆所引乃以大意言之，本文見清・朱一新：《無邪堂答問》（上海：上海古
　　　籍出版社，1995～2002年，《續修四庫全書》本，據湖北省圖書館藏清光緒
　　　二十一年廣雅書局刻本影引），卷三，頁536～537。錢氏之言見《學術史》
　　　（上），頁461。

　　欲爲天理，宗旨一差，全書皆謬。……且既知義理與氣質有別，而
　　又執氣質以爲義理，自相矛盾。〔註130〕

　　朱一新認爲戴震錯以「人欲爲天理」，又執氣質爲理義，足見全書皆謬。顯然朱氏是在認爲戴震僅涉獵宋學之皮毛便來抨擊宋學的偏見下，以宋學天理、人欲，與義理、氣質二分的思想來抨擊戴震。其實這才是略涉戴學藩籬而以之攻戴，未能全面評價戴震思想。

　　錢穆當然不是朱一新，但由於錢穆在評介戴震時，受到如陳澧、朱一新等接受程朱思想之學者的意見所影響，難免有較不能進入戴震思想體系之處。吾人評論戴震思想，應先進入其體系通盤了解之後，再跳出來分析其優缺所在。這種分析如胡適從同情戴震對宋儒的批評出發，雖未必能完全切合戴震思想，但仍有其精采之處，實較錢穆更能接近戴震思想。

　　本節敘述錢穆認爲惠棟「反宋學」思想促使戴震思想轉變，筆者認爲此較忽略在戴震之前已有許多思想家，亦從思想層次來反對理學，戴震「反宋」可以得諸其中一人或數人，未必單受惠棟影響。本節亦論述錢穆提出惠棟論「理」字定義影響戴震思想，雖與戴震之說有所雷同，但首先將理解釋爲「兼兩」，不符合戴震論理的定義。其次惠棟以性有陰陽、剛柔、仁義之義來解釋天理，而戴震並無「性有陰陽」的說法。第三惠棟並無戴震「性在形質才能之中」的思想，以及最後第四惠棟論「一貫」與戴震的思想有所差異。

　　其次，探討錢穆批判梁啓超、胡適所言，戴震思想淵源於顏元、李塨之說，除第二點「程廷祚有族侄程晉芳，與戴震交游，後爲《正學論》，極詆顏、李，遂及戴震」外，其餘四點不僅未能指正胡適、梁啓超之說的偏失，更與梁、胡等人皆有近於「臆定其思想淵源之所自」的問題。

　　第三，筆者討論錢穆以天理、人欲二分的兩境界說批評戴震，筆者認爲戴震對宋儒理欲說的批評，是著眼於抨擊濫用程朱思想以壓迫弱勢的在上位者。而錢穆立於同意宋儒「理欲」說的立場，從同意宋儒的角度又回頭來抨擊戴震，有較未能進入戴震思想之中來作評論之處。

　　若將錢穆與胡適相比，在論惠棟與戴震的關係上，胡適明確提及戴震以爲求道，必須「空所依傍」，便較錢穆更貼合戴震思想。胡適亦論及惠棟對戴震可能有的影響，且未如錢穆較忽略惠棟以「兼兩」來定義理，與戴震論理有所不同，顯得較爲圓融。在看待戴震理欲之說方面，胡適立於「反理學」

────────────

〔註130〕《無邪堂答問》，卷1，頁464～465。

的立場來詮釋戴震，雖不能盡括戴震思想的精髓，但能先從同情的角度去進行理解，便較錢穆引用陳澧、朱一新等學者批評戴震的文字，對戴震理欲之說進行批評，來得較貼合戴震思想。

　　錢穆能從戴震本文出發，作出深入的評析，較之劉、章、梁諸氏，對戴震思想的剖析可謂又更進一步。但與胡適相較，在論惠棟與戴震的關係、批評戴震理欲之說此二點上，胡適之說有較錢穆圓融之處；批評胡適以顏、李作爲戴震思想淵源一點，錢穆又未能完全駁斥胡適。因此綜合以上所言，錢穆論戴震思想，亦與劉、章、梁諸氏同有未逮胡適之處。

# 第五節　本章結論：總評劉、章、梁、錢與胡適論戴震思想的比較

　　本章探討了劉師培、章太炎、梁啓超、錢穆四位學者對戴震思想所做的重要分析，並著重於探討這四位學者闡發戴震思想的特色與不足之處，並分別與胡適作一比較。以上四節是討論個別學者的部分，此處再作一簡短的總評。

　　劉師培與章太炎在四人當中，討論戴震的文章著成時間較早，且多見於零散的論文，與後兩人及胡適有討論戴震思想的專書或專章相比，份量無疑較少。但並不意味此二者較不重要，劉師培是清末民初之際最早對戴震進行系統討論的學者；章太炎將道德修養歸諸理學家，並認爲不如戴震的說法，以及認爲文字獄影響戴震對理、欲的看法，都影響到後來的胡適。只是劉師培雖然贊成戴震「由詞通道」的思想，以及認可「理者，察之而幾微必區以別之名也」的定義，卻容易從追求古義、古訓的角度來詮釋戴震思想，難免有失真之處。章太炎則認爲戴震有本於朱子之處，所提出的理據較不能使人信服，反而與將從事道德修養歸之爲理學，並否定其價值的思想相矛盾。這些都是劉、章二氏較不及胡適之處。

　　梁啓超在四人之中思想最與胡適接近，對戴震思想的詮釋雷同之處也最多。然其主張戴震思想的主幹是「情感哲學」，重感情、情欲的解放，胡適似有所不滿〔註131〕。若比較言之，戴震思想的重點，即胡適所言，重點在心知

---

〔註131〕胡適並不認同當時學者所提倡之「内心生活」、「良知哲學」、「唯識論」、「以
　　　　直覺說仁」、「唯情哲學」等等的思想，梁啓超的「情感哲學」似亦可歸入「唯
　　　　情哲學」之列，見《戴東原的哲學》，頁196。

對人情、物理的條分縷析，只是胡適較過於強調心知的智識成分，而忽略心知的其他功能。若以情感哲學來概括戴震思想，感覺似未抓住戴震思想的最核心。加上梁啓超論戴震思想的文字，篇幅未及展開，遂使梁啓超詮釋戴震思想的成果，也較不及胡適。

錢穆在四人之中，對戴震的文字可謂用力最深。但雖批評梁、胡對戴震思想淵源的看法，其實與他所批評的梁、胡等人相同，較屬推論之言。而對戴震思想的剖析，又因其引用近理學立場之清儒批評戴震的文字，較未能對戴震異於宋儒思想的關鍵進行把握，使其對戴震思想的詮釋，一開始便有未能體會戴震之所以批評宋儒，另建一套思想的用心。故錢穆用力雖深，對戴學宗旨反不如胡適把握得深。

再從另一角度來看，劉、章、梁、錢等人皆言戴震與宋儒的關係：劉師培認為戴震之說「合於漢儒訓詁」，因此勝過宋儒；但因其以漢儒來解釋戴震，故有「戴震未能完全切合漢儒對義理的訓詁」的批評，較忽略戴震思想的獨特價值。章太炎則先給予政治的解釋，又轉而想依循不夠充分的證據，來證明宋儒與戴震其實有相合之處，都有較未見戴震思想精華之處。錢穆引用接近宋學立場學者之言，來批評戴震對宋儒的抨擊，而未能深入戴震思想。故最有機會深入戴震思想者，乃梁啓超，惜一以「情感哲學」詮釋而略有所偏，二囿於篇幅，終未及作出更深入的詮釋。

筆者以為欲談戴震思想與宋儒的關係，必須首先放在戴震與理學的根本立異點上來談；這個根本立異點簡單說，就是「理在氣中」。理在氣中，同時也就意指理不在氣上、氣外，也就不在事物之上、之外，而是在事物之中。無論戴震的用語與理學有多麼接近，體系有多少雷同，只承認事物之中有理，而不承認事物之上、之外有理，亦不承認性即理、心即理，就是戴震與宋明理學最大的差異點。明白這一點之後，才能進一步來談戴震與理學，在體系上有何相近與相異之處。

由此再次證明胡適研究戴震思想的價值：胡適根據他在青年時期即已具備的思想傾向，去把握戴震思想的精華在天道論、心性論上與宋儒的歧異，以及以心知去辨析、體察物理、人情，而得其條理的思想。雖說胡適由於反形上本體、重方法的傾向，往往有過於偏重所謂智識、科學的一面，是其詮釋戴震的未盡之處，但就整體而言，胡適的確有過於劉、章、梁、錢四氏之處。

# 第六章 結 論

　　本文首先分析了胡適接受實用主義之前的思想基礎，包括自然天道觀，受范縝、司馬光影響形成的無神論思想，以及上海求學時所接觸的進化論思想，還有閱讀經書注疏、《馬氏文通》所形成的「歸納法」思想。這四種思想所具備的特質，包括反對有意志的天、鬼神，反對迷信；反對靈魂不朽，認爲形盡神滅；生物乃進化而來，優勝劣敗，適者生存；注重存疑、證據、歸納的方法。這四種特質又可分爲兩大部分：反對鬼神、上帝、造物主等概念，以及對假設、證據以及方法的注重。而胡適對實用主義的吸收，主要包括詹姆士對眞理的看法：眞理並不是懸在半空，孤自玄妙之物，眞理非永恆不變，而是隨著環境與時間有所變革；以及杜威對詹姆士「上帝」概念的不滿，與對思想「方法」的注重。這同樣有兩條脈絡：反對有恆常不變、脫離事物而存在的眞理，以及對方法的注重。因此吾人可以說：反對鬼神、脫離事物去談形上本體，與看重方法這兩項特色，也就是胡適思想的兩大進路。這樣的進路在胡適青年時期已形成，也形成他吸收實用主義思想時所擇取的思想方向。

　　第三章則論述了胡適論戴震思想的兩個淵源：反理學的顏、李之學，以及接續理學而來之「格物致知」方法論的傳統。胡適認爲戴震繼承考證學的科學精神與方法，並且在哲學體系上，與顏、李思想有淵源上的關係。因此戴震在「格物致知」方面，繼承程朱理學；在哲學思想方面，則是反理學而有著繼承顏、李而來的整體架構。戴震既被胡適塑造成「繼承格物致知精神的反理學學者」，因此胡適對戴震思想的剖析，也就順著「反理學」與「繼承格物致知精神」兩條脈絡交錯來進行。「反理學」與「繼承格物致知精神」兩條脈絡，其實亦即胡適自青年時期便已形成、在接受實用主義後更爲顯著，

反對鬼神、脫離事物去談形上本體，與看重方法的思想。因為反對鬼神、脫離事物去談形上本體，所以贊成顏、李反理學、以「理」為「文理」、「條理」，以及看重「氣質之性」等思想；因為注重方法，所以特別強調宋儒「格物致知」的窮理方法論，與繼之而來的考證學方法論。胡適認為這兩條脈絡被戴震完美地繼承與結合，成為胡適心目中「科學的致知窮理的中國哲學」的代表。

第四章敘述胡適討論了包括戴震自然一元的氣化天道觀、人有心知故善的性善論、戴震對理的兩個定義、和戴震「敬」、「正」、「智」並重，重權變以求理，知行兼備的修養工夫論。在詮釋戴震的精確之處方面，胡適準確地掌握到戴震天道論的特徵，僅「唯物」一詞較易引起誤解。胡適也敏銳地由戴震的天道觀，論及戴震的人性論，並把握住了戴震與程朱兩者人性論的相異之處，而給予相應的評價。胡適對於戴震所云「心知」能夠辨別事物的條理、原則，也能作出精采而準確的析論；並且很正確地掌握了戴震主張理在事中，以及理只是多元的事物之理的思想。胡適對戴震分析、綜合以探求事理的方法，確實有鞭辟入裡的說明；也敏銳指出戴震與程朱的求理方法，因對「理」有不同設定而有迥異的結論。

在有所不足之處方面，如論戴震人性論方面，胡適將戴震所言的性，說成「氣質之性」，但由於戴震的性論與張載、朱熹所云的氣質之性有本質上的不同，一概而論容易造成誤解。又如胡適認為性是無善無惡或可善可惡的中性之性，更進一步批評戴震以人的知覺遠勝禽獸為性善的說法，認為戴震所云：「人之知覺大遠乎物」，只是陳述一客觀事實，不能用作證明人性為善的證據。因此，胡適反對戴震的「性善」之說，認為是戴震思想中玄學思想的殘餘，是不好的因襲成分，以致與其體系相互矛盾。此則較未符合戴震性才一貫、能知故善的性善論。

胡適並認為心知較屬一能思想與判斷的官能，因此有些忽略戴震明確提及心知還能愛悅理義，是一認識後還能藉由感受，肯認所辨析之事理是否合於理義的心知。胡適並對戴震以「情之不爽失」來釋理，發揮以情絜情之說，有所不滿。這是由於胡適強調心知能分析、綜合以探求物理的能力，卻較忽略探求人情之理，亦是格物窮理重要的一環。胡適分析戴震的修養工夫論，同樣也有重求事理，而較輕絜人情的傾向：戴震強調態度的恭敬、行事的公正，與發揮心知和重篤行三者必須兼重；胡適則較注重發揮心知認知、辨析

的能力，較未注意到「必敬必正」與篤行在戴震修養論上的重要性。

　　第五章探討與胡適時代較相近的四位思想家：劉師培、章太炎、梁啓超、錢穆，如何評論與評價戴震思想，並與胡適所論加以比較。劉師培雖然贊成戴震「由詞通道」的思想，以及認可「理者，察之而幾微必區以別之名也」的定義，卻容易從追求古義、古訓的角度來詮釋戴震思想，難免有失眞之處。章太炎則認爲戴震有本於朱子之處，所提出的理據較不能使人信服，反而與將從事道德修養歸之爲理學，並否定其價值的思想相矛盾。這些都是劉、章二氏較不及胡適之處。梁啓超在四人之中思想最與胡適接近，對戴震思想的詮釋雷同之處也最多。然其主張戴震思想的主幹是「情感哲學」，重感情、情欲的解放，似未抓住戴震思想的最核心。加上梁啓超論戴震思想的文字，篇幅未及展開，遂使梁啓超詮釋戴震思想的成果，也較不及胡適。錢穆則雖批評梁、胡對戴震思想淵源的看法，其實與他所批評的梁、胡等人相同，較屬推論之言。而對戴震思想的剖析，又因其引用近理學立場之清儒批評戴震的文字，較未能對戴震異於宋儒思想的關鍵進行把握，使其對戴震思想的詮釋，一開始便有未能體會戴震之所以批評宋儒，另建一套思想的用心。故錢穆用力雖深，對戴學宗旨反不如胡適把握得深。與劉、章、梁、錢相較，胡適可謂精確把握戴震思想的精華在天道論、心性論上與宋儒的歧異，以及以心知去辨析、體察物理、人情，而得其條理的思想。雖說過於偏重所謂智識、科學的一面，但就其他部分而言，胡適的確有過於劉、章、梁、錢四氏之處。

　　透過本文的分析，胡適之所以能深入戴震思想進行分析，是因爲其透過化約過後，帶有胡適自己本身思想傾向的實用主義思想，來批判「理」並不是懸在半空、孤自玄妙之物，而是能查驗、證實的方爲道、方爲理。這與戴震認爲經由眾人心知去條分縷析人情、事物之理，並加以肯認方爲公理之說，的確有相通之處。胡適透過實用主義思想，能獨到地肯定戴震的「理」說此一與理學最大的立異之處，因此能深入戴震順循理說而建構的心性論、修養工夫論，作出精闢而超越同時學者的解釋。因此就胡適自青年時期即具有的思想傾向而言，在批評鬼神、反對脫離事物而言的本體這一點上，胡適以之詮釋戴震思想的天道觀、性善論、理論，都有傑出的成績；在注重方法這一點上，更是給予戴震「心知」觀念特別的地位，使其詮釋戴震思想，有特立於其他學者之處。這些都是胡適詮釋戴震思想的貢獻。但也就是給予「心知」過多「方法論」的注意，反使胡適反對戴震以「情之不爽失」來釋理，以及

較忽略戴震論修養論時，亦重視「必敬必正」、「篤行」的思想，這都是胡適論戴震時較未顧及之處。

　　關於戴震思想的詮釋與分析，自戴震逝世之後即不斷有學者從正、反不同的角度加以析論，已有許多成果〔註1〕；但筆者以為若欲窺其全貌，必須綜觀戴震學術的流衍，配合戴震思想本身來進行比較方能得之。本文囿於學力與篇幅所限，重在對胡適的思想背景，與其如何詮釋戴震思想來進行分析，並與胡適同時之學者的詮釋進行比較，雖對戴震思想亦有著墨，難免有未盡全面之處。筆者日後希望能延續胡適對戴震思想精確的分析，並補充、修正其不足之處，繼續對此議題進行擴大範圍的綜合討論，期對戴震思想有更進一步的認識。

---

〔註 1〕 關於戴震思想在其身後的流傳與反響，可以參見胡適《戴東原的哲學》第三部分「戴學的反響」，與錢穆《中國近三百年學術史》第八章「戴學之流衍」一段，及周兆茂《戴震哲學新探》第九章「戴震去世至清末」一段、許蘇民《戴震與中國文化》一書第八章、第九章等。

# 附錄：胡適對於中國思想的分期表

| 依　　　據 | 分 | | 期 | | |
|---|---|---|---|---|---|
| 《中國古代哲學史》（1919） | 古　代（老子到韓非） | 中　世（漢至北宋） | 近　世（北宋到清代） | | |
| 〈中國歷史的一個看法〉（1932） | 建立大帝國 | 受困兩魔王（兩漢、魏晉南北朝） | 死裡逃生（隋唐） | 裏創奮鬥（宋） | 病中困鬥（明、清） |
| 〈中國人思想中的不朽觀念〉（1945） | 原始的中國主義時代 | 思想與哲學的成熟時代 | 印度化時期 | | |
| 《胡適口述自傳》（1959） | 古　典 | 中古宗教 | 中國文藝復興 | | |
| 〈中國傳統與將來〉（1960） | 上古的中國古代宗教 | 經典時代 | 統一的帝國（漢） | 印度化思想（魏晉南北朝） | 中國對佛教的反抗（隋唐） | 中國文藝復興 |

# 參考書目

**壹、戴震與胡適原典**（依編著者姓氏筆劃排列）

**一、戴震部分**

1. 戴震著，張岱年主編，《戴震全書》，合肥：黃山書社，1994～1997年。

**二、胡適部分**

1. 中國社會科學院近代史研究所中華民國史研究室編，《胡適來往書信選》，香港：中華書局香港分局，1983年。

2. 胡頌平編著，《胡適之先生年譜長編初稿》，臺北：聯經出版有限公司，1984年。

3. 胡適著，《胡適作品集》，臺北：遠流出版事業公司，1986年。

4. 胡適著，《胡適的日記》，臺北：遠流出版事業公司，1989～1990年。

5. 胡適著，《戴東原的哲學》，臺北：臺灣商務印書館，1996年。

6. 季羨林主編，《胡適全集》，安徽：安徽教育出版社，2003年。

7. 姜義華主編，《胡適學術文集‧中國哲學史》，北京：中華書局，1991年。

8. 歐陽哲生編，《胡適文集》，北京：北京大學出版社，1998年。

**貳、古籍**（依四部與著者年代先後排列）

1. （漢）戴德著，《大戴禮記》，《四部叢刊》本，臺北：臺灣商務印書館，1965年。

2. （漢）鄭玄著，《禮記注疏》，臺北：藝文印書館，1989年。

3. （宋）朱熹著，《四書章句集注》，臺北：台灣商務印書館，1968年。

4. （清）程廷祚著，《論語説》，《續修四庫全書》本，上海：上海古籍出版社，1995～2002 年。

5. （清）阮元著，《孟子注疏》，臺北：藝文印書館，1955 年。

6. （漢）班固著，《白虎通義》，景印文淵閣《四庫全書》本，臺北：臺灣商務印書館，1983 年。

7. （清）阮元輯，《皇清經解》，清咸豐十一年補刊本，臺北：復興書局，1961 年。

8. （清）段玉裁著，《説文解字注》，《續修四庫全書》本，上海：上海古籍出版社，1995～2002 年。

9. （唐）姚思廉著，《梁書》，景印文淵閣《四庫全書》本，臺北：臺灣商務印書館，1983 年。

10. （宋）司馬光著，《資治通鑑》，《四部叢刊》本，臺北：臺灣商務印書館，1979 年。

11. （清）章學誠著，《文史通義》，臺北：華世書局，1980 年。

12. （清）孫詒讓著，孫以楷點校，《墨子閒詁》，臺北：華正書局，1987 年。

13. （清）郭慶藩編，王孝魚點校，《莊子集釋》，北京：中華書局，1961 年。

14. （清）王先謙著，《荀子集解》，北京：中華書局，1988 年。

15. 陳奇猷校注，《韓非子集釋》，臺北：華正書局，1982 年。

16. （漢）賈誼著，《新書》，臺北：世界書局，1989 年。

17. 汪榮寶著，《法言義疏》，北京：中華書局，1987 年。

18. 黃暉著，《論衡校釋》，北京：中華書局，1990 年。

19. 楊伯峻著，《列子集釋》，北京：中華書局，1979 年。

20. （宋）張載著，《張載集》，臺北：漢京出版社，1983 年。

21. （宋）程顥、程頤著，《二程集》，臺北：里仁出版社，1982 年。

22. （宋）黎靖德編，王星賢點校，《朱子語類》，北京：中華書局，1994 年。

23. （明）羅欽順著，《困知記》，北京：中華書局，1990 年。

24. （清）顏元著，王星賢、張芥塵、郭征點校，《顏元集》，北京：中華書局，1987 年。

25. （清）顏元、李塨著，《顏李叢書》，臺北：廣文書局，1965 年。

26. （清）戴望著，《顏氏學記》，臺北：臺灣商務印書館，1965 年。

27. （清）焦循著，《雕菰集》，《續修四庫全書》本，上海：上海古籍出版社，1995～2002 年。

28. （清）方東樹著，《儀衛軒文集》，中央研究院傅斯年圖書館藏清同治間刊本。

29. （清）陳澧，《東塾讀書記》，《續修四庫全書》本，上海：上海古籍出版社，1995～2002 年。

30. （清）朱一新，《無邪堂答問》，《續修四庫全書》本，上海：上海古籍出版社，1995～2002 年。

## 參、近人論著（依編著譯者姓氏筆劃排列）

## 一、專　書

1. 上海人民出版社編，《章太炎全集》，上海：上海人民出版社，1985 年。

2. 小野澤精一、福永光司、山井涌著，李慶譯，《氣的思想——中國自然觀和人的觀念的發展》，上海：上海人民出版社，1978 年。

3. 王汎森著，《章太炎的思想——兼論其對儒學傳統的衝擊》，臺北：時報文化出版公司，1985 年。

4. 王茂等著，《清代哲學》，合肥：安徽人民出版社，1992 年。

5. 王俊義、黃愛平著，《清代學術與文化》，瀋陽：遼寧教育出版社，1993 年。

6. 王俊義、黃愛平著，《清代學術文化史論》，臺北：文津出版社，1999 年。

7. 方光華著，《劉師培評傳》，南昌：百花洲文藝出版社，1996 年。

8. 方利山、杜英賢著，《戴學縱橫》，北京：中國文聯出版社，1999 年。

9. 元青著，《杜威與中國》，北京：人民出版社，2001 年。

10. 北京大學傳統文化研究中心編，《文化的饋贈——漢學研究國際會議論文集》哲學卷，北京：北京大學出版社，2000 年。

11. 艾爾曼（Benjamin A Elman）著，趙剛譯，《從理學到樸學——中華帝國晚期思想與社會文化面面觀》，江蘇：江蘇人民出版社，1995 年。

12. 艾慕士（S. Morris Eames）著，朱建民譯，《實用自然主義導論》，臺北：時英出版社，2000 年。

13. 村瀨裕也著，王守華等譯，《戴震的哲學——唯物主義與道德價值》，濟南：山東人民出版社，1996 年。

14. 杜威著，姜文閔譯，《我們如何思維》，臺北：五南圖書出版公司，1992 年。

15. 汪榮組編，《五四研究論文集》，臺北：聯經出版事業公司，1979 年。

16. 汪學群著，《錢穆學術思想評傳》，北京：北京圖書館出版社，1998 年。

17. 余英時著，《中國近代思想史上的胡適》，臺北：聯經出版事業公司，1984 年。

18. 余英時著，《錢穆與中國文化》，上海：上海遠東出版社，1994 年。

19. 余英時著，《論戴震與章學誠——清代中期學術思想史研究》，臺北：東大圖書公司，1996 年。

20. 余英時著，《重尋胡適歷程——胡適生平與思想再認識》，臺北：聯經出版事業公司，2004 年。

21. 沈大德、吳廷嘉著，《梁啓超評傳》，南昌：百花洲文藝出版社，1996 年。

22. 吳銘能著，《梁啓超研究叢稿》，臺北：學生書局，2001 年。

23. 林正弘著，《中國近代思想家之科學觀：(I) 胡適》，臺北：行政院國家科學委員會，1996 年。

24. 林毓生著，《政治秩序與多元社會》，臺北：聯經出版事業公司，1989 年。

25. 周兆茂著，《戴震哲學新探》，安徽：安徽人民出版社，1997 年。

26. 周昌龍著，《超越西潮——胡適與中國傳統》，臺北：學生書局，2001 年。

27. 周策縱等著，《胡適與近代中國》，臺北：時報文化出版公司，1991 年。

28. 侯外廬著，《中國早期啓蒙思想史——十七世紀至十九世紀四十年代》，北京：人民出版社，1956 年。

29. 姜義華著，《章太炎思想研究》，上海：上海人民出版社，1985 年。

30. 姜義華著，《章太炎評傳》，南昌：百花洲文藝出版社，1995 年。

31. 格里德著，魯奇譯，王友琴校，《胡適與中國的文藝復興——中國革命中的自由主義（1917～1937)》，南京：江蘇人民出版社，1996 年。

32. 耿雲志、聞黎明編，《現代學術史上的胡適》，北京：三聯書店，1993 年。

33. 耿雲志編，《胡適研究叢刊》第二輯，北京：北京大學出版社，1995 年。

34. 耿雲志編，《胡適評傳》，上海：上海古籍出版社，1999 年。

35. 章太炎著，《章氏叢書》，臺北：世界書局，1958 年。

36. 章太炎著，傅傑校訂，《國學講演錄》，上海：華東師範大學出版社，1995 年。

37. 章太炎著，朱維錚編校，《訄書·初刻本·重訂本》，香港：三聯書店，1998 年。

38. 陳平原著，《中國現代學術之建立——以章太炎、胡適爲中心》，臺北：麥田出版社，2000 年。

39. 陳鼓應著，《老子今註今譯》二次修訂本，臺北：臺灣商務印書館，1997 年。

40. 陳鵬鳴著，《梁啓超學術思想評傳》，北京：北京圖書館出版社，1999 年。

41. 梁啓超著，《戴東原》，臺北：臺灣中華書局，1979 年。

42. 梁啓超著，《論中國學術思想變遷之大勢》，江蘇：江蘇廣陵古籍刻印社，1990 年。

43. 梁啓超著，徐少知、李鳳珠、黃昱凌、鄭慧卿點校，《中國近三百年學術史（附《清代學術概論》)》，臺北：里仁，1995 年。

44. 郭穎頤著，雷頤譯，《中國現代思想中的唯科學主義（1900～1950）》，江蘇：江蘇人民出版社，1989 年。

45. 許蘇民著，《戴震與中國文化》，貴州：貴州人民出版社，2000 年。

46. 張立文著，《戴震》，臺北：東大出版公司，1991 年。

47. 張汝倫著，《思考與批判》，上海：上海三聯書店，1999 年。

48. 張昭軍著，《儒學近代之境——章太炎儒學思想研究》，北京：社會科學文獻出版社，2002 年。

49. 張麗珠著，《清代義理學新貌》，臺北：里仁出版社，1999 年。

50. 張麗珠著，《清代新義理學——傳統與現代的交會》，臺北：里仁出版社，2003 年。

51. 湯志鈞編，《章太炎政論選集》，北京：中華書局，1977 年。

52. 勞思光著，《中國哲學史》，臺北：三民書局，1981 年。

53. Robert. B. Talisse 著，彭國華譯，《杜威》，北京：中華書局，2002 年。

54. 葛榮晉主編，《中國實學思想史》，北京：首都師範大學出版社，1994 年。

55. 溝口雄三著，索介然、龔穎譯，《中國前近代思想的演變》，北京：中華書局，1997 年。

56. 漆永祥著，《乾嘉考據學研究》，北京：中國社會科學出版社，1998 年。

57. 蔣廣學著，《梁啓超和中國古代學術的終結》，南京：江蘇教育出版社，1998 年。

58. 蔡方鹿著，《朱熹與中國文化》，貴州：貴州人民出版社，2000 年。

59. 蔡清隆著，《胡適的社會思想》，臺北：巨流出版社，1998 年。

60. 鄭吉雄著，《清儒名著述評》，臺北：大安出版社，2001 年。

61. 鮑國順著，《戴震研究》，臺北：國立編譯館，1997 年。

62. 劉又銘著，《理在氣中》，臺北：五南圖書出版公司，2000 年。

63. 劉青峰、金觀濤著，《中國現代思想的起源——超穩定結構與中國政治文化的演變（第一卷）》，香港：中文大學出版社，2000 年。

64. 劉青峰、岑國良編，《自由主義與中國近代傳統「中國近現代思想的演變」研討會論文集》，香港：中文大學出版社，2002 年。

65. 劉師培著,《劉申叔先生遺書》,臺北:京華書局,1970 年。

66. 歐陽哲生著,《自由主義之累,胡適思想的現代詮釋》,上海:上海人民出版社,1993 年。

67. 歐陽哲生選編,《解析胡適》,北京:社會科學文獻出版社,2000 年。

68. 錢賓四先生全集編輯委員會編,《中國近三百年學術史》,《錢賓四先生全集》第十六冊,臺北:聯經出版事業公司,1998 年。

69. 魏李帖(Lee Tjiek Oei)著,徐秋珍譯,《杜威工具主義對胡適人類哲學的影響》,臺北:成文書局,1977 年。

70. 譚宇權著,《胡適思想評論》,臺北:文津出版社,1996 年。

71. 羅志田著,《再造文明之夢——胡適傳》,四川:四川人民出版社,1995 年。

72. 顧紅亮著,《實用主義的誤讀——杜威哲學對中國現代哲學的影響》,上海:華東師範大學出版社,2000 年。

## 二、期刊論文

### (一) 論胡適與實用主義

1. 日·山之左著,〈胡適的治學方法〉,《國際儒學研究》第八期,1999 年。

2. 王玉平著,〈從杜威到胡適——實用主義之變異〉,《河北師范大學學報》(哲學社會科學版)2003 年三期。

3. 王兆良著,〈胡適的方法論芻議〉,《淮北煤師院學報》1996 年第三期。

4. 王汎森,〈傅斯年對胡適文史觀點的影響〉,《漢學研究》二十七期,1996 年。

5. 王震邦著,〈臺灣近三十年來的胡適研究(專論類專著部份)〉,《國文天地》七十期,1991 年。

6. 艾瑛著,〈論胡適的科學方法〉,《自然辯證法通訊》,1994 年第二期。

7. 朱洪斌著,〈梁啓超、胡適的初晤與「研究系」的思想轉向〉,《南開學報》(哲學社會科學版)2003 年五期。

8. 阮忠仁著,〈胡適的考據學結構之分析——以思想史研究為例的一個檢討〉,《歷史學報》(師大)十七期,1989 年。

9. 宋志明著,〈胡適的儒學觀〉,《天中學刊》2000 年第一期。

10. 宋志明著,〈胡適的實在觀與方法論〉,《中國礦業大學學報》(社會科學版)2003 年二期。

11. 余英時著,〈學術思想史的創建與流變——從胡適與傅斯年說起〉,《古今論衡》第三期,1999 年。

12. 李詠豐著,〈論胡適對中西哲學的嫁接與修剪〉,《商丘師範學院學報》

2001 年五期。

13. 李銘宗著，〈一種思想史進路之觀察——以胡適爲中心〉，《東方人文學誌》第二卷第四期，2003 年。

14. 宛小平著，〈胡適與杜威比較研究〉，《安徽史學》2000 年第二期。

15. 屈光峰著，〈胡適的哲學史觀初探〉，《安徽農業大學學報》（社會科學版）2003 年五期。

16. 周質平著，〈胡適與馮友蘭〉，《漢學研究》十八期，1991 年。

17. 秦賢次著，〈大陸近十二年來胡適著作鳥瞰〉（上）、（下），《國文天地》六十七、六十八期，1990、1991 年。

18. 夏英林著，〈從杜威到胡適：哲學概念的演化〉，《現代哲學》1999 年第二期。

19. 夏英林、戰雅生著，〈實用主義在中國的演化〉，《社會科學論壇》2001 年十期。

20. 孫曉飛著，〈五四前後胡適實用主義影響評議〉，《江淮論壇》2001 年第三期。

21. 黃仕軍、王忠春著，〈胡適的科學方法論思想與中國傳統治學方法〉，《文史哲》2000 年第四期。

22. 黃嶺峻著，〈中國近代知識份子與實用主義中國化〉，《安徽史學》1997 年第二期。

23. 陳以愛著，〈胡適的「整理國故」在二十～三十年代學術界的反響〉，《近代中國史研究通訊》三十三期，2002 年。

24. 陳郁夫著，〈胡適與中國哲學〉，《國文天地》六十七期，1990 年。

25. 陳科華著，〈實證：中國現代化道路上的探索——重評胡適「實驗主義」的歷史地位〉，《社會科學家》2001 年六期。

26. 張允熠著，〈胡適實用主義思想中的儒學情結〉，《二十一世紀》四十五期，1998 年。

27. 張朋園著，〈梁啓超與胡適：兩代知識分子的親和與排拒〉（上）、（下），《傳記文學》三一七、三一八期，1988 年。

28. 康保延著，〈梁啓超與胡適〉，《中外雜誌》二四五期，1987 年。

29. 項退結著，〈胡適先生的哲學立場〉，《國文天地》六十七期，1990 年。

30. 游艷玲著，〈反抽象：胡適方法論的努力〉，《學術研究》2000 年第六期。

31. 路育松著，〈從對宋代文化的研究看胡適的傳統文化觀〉，《社會科學戰線》2001 年四期。

32. 楊貞德著，〈胡適科學方法觀論析〉，《中國文哲研究集刊》第五期，1994 年。

33. 楊國榮著，〈近代中國的科學方法與科學思潮〉，《教學與研究》1999 年六期。

34. 董根洪著，〈論胡適的宋明理學觀〉，《江淮論壇》1995 年第六期。

35. 董德福著，〈梁啓超與胡適關於「科學」的對話及其意義〉，《中州學刊》2001 年五期。

36. 翟志成著，〈中國現代學術典範的建立：救亡思潮和胡適的「中國哲學史大綱」〉，《新亞學報》第二十二期，2003 年。

37. 翟志成著，〈中國學術典範的建立〉，《當代》第一九七期，2004 年 1 月。

38. 趙稀方著，〈胡適與實用主義〉，《二十一世紀》三十八期，1996 年。

39. 趙稀方著，〈胡適——實驗主義的消融〉，《川東學刊》第五卷第四期，1997 年 10 月。

40. 趙潤海著，〈胡適的早期思想（1906～1909）〉，《魯迅研究月刊》2000 年十期。

41. 潘世墨著，〈胡適的實用主義解釋學〉，《學術月刊》1998 年十二期。

42. 潘光哲著，〈「重新估定一切價值」——「胡適研究」前景的一些反思〉，《臺大文史哲學報》五十六期，2002 年。

43. 劉長林著，〈析胡適對傳統人性學說的現代闡釋〉，《安徽大學學報》1998 年第一期。

44. 劉紀曜著，〈中國公學時代的胡適思想〉，《歷史學報》（師大）二十六期，1998 年。

45. 劉蜀鄂著，〈錢穆眼中的胡適——讀錢穆「師友雜記」探尋錢穆與胡適的關係〉，《當代》八十三期，1993 年。

46. 鄭旭敏、朱海亮著，〈胡適無神論思想的形成及理論淵源〉，《東岳論叢》2003 年二期。

47. 謝之著，〈原創力的回歸：樸學精神的思考——讀胡適的《清代學者的治學方法》〉，《楚雄師范學院學報》2003 年六期。

48. 顏軍著，〈胡適清代思想史研究淺議〉，《近代史研究》2000 年一期。

49. 顏德如著，〈胡適與西方進化論〉，《史學月刊》2001 年五期。

50. 羅光著，〈胡適的哲學思想〉，《哲學論集》十九期，1985 年。

51. 羅志田著，〈杜威對胡適的影響〉，《四川師范大學學報》（社會科學版）2002 年六期。

52. 顧紅亮著，〈胡適範式的解釋學意義與效應〉，《蘭州大學學報》2001 年第三期。

53. 竇成關、顏德如著，〈胡適對儒學的現代闡釋及其價值〉，《江蘇社會科學》2000 年一期。

## （二）論戴震

1. 王世光著，〈由故訓以明理義——戴震哲學方法論思想的新闡釋〉，《江海學刊》2001 年四期。

2. 王世光著，〈「以理殺人」新解〉，《福建論壇》（人文社會科學版）2001 年六期。

3. 王世光著，〈學術與政治之間——論戴震對程朱理欲觀的批評〉，《中州學刊》2002 年二期。

4. 王杰著，〈理學的危機與創新——從自然、必然的視角看戴震的新倫理觀〉，《華北電力大學學報》（社會科學版）2000 年四期。

5. 王杰著，〈十八世紀義理之學的確立與建構——以戴震思想爲例的個案分析〉，《中共中央黨校學報》2002 年四期。

6. 王杰著，〈戴震論獲取眞理的途徑〉，《理論前沿》2002 年十一期。

7. 王杰著，〈一種新倫理觀的張揚：戴震的理欲統一論〉，《齊魯學刊》2003 年一期。

8. 王杰著，〈戴震義理之學的歷史評價及近代啓蒙意義〉，《文史哲》2003 年二期。

9. 王朔柏著，〈戴震的理欲觀〉，《安徽大學學報》（哲學社會科學版）1998 年四期。

10. 王飛龍著，〈儒學和朱、戴的「理欲之辨」〉，《淮陰師范學院學報》（哲學社會科學版）1996 年二期。

11. 王國良著，〈戴震對理學的解構與中國哲學的近代轉向〉，《安徽大學學報》（哲學社會科學版）2003 年五期。

12. 王艷秋著，〈論戴震哲學中道德的知識化傾向〉，《貴州社會科學》2003 年五期。

13. 王艷秋著，〈戴震「理」概念的价值和道德内涵〉，《安徽師范大學學報》（人文社會科學版）2003 年六期。

14. 方國根著，〈論戴震的理氣觀〉，《齊魯學刊》1994 年六期。

15. 丘爲君著，〈梁啓超的戴震研究——動機、方法、與意義〉，《東海學報》三十五期，1994 年。

16. 丘爲君著，〈批判的漢學與漢學的批判：章太炎對考據學的反省及對戴震漢學的闡釋〉，《清華學報》二十九卷第三期，1999 年。

17. 成中英著，〈儒家思想的發展與戴震的善之哲學〉，《幼獅學誌》十八卷一期，1984 年。

18. 任萬明著，〈戴震理欲之辯的邏輯結構〉，《玉溪師範學院學報》2003 年九期。

19. 沈玉龍著,〈「己之意見」與「心之同然」——論戴震的「意見」、「理義」說及其意義〉,《貴州社會科學》1996 年五期。

20. 宋浩、陳懷健著,〈戴震論「善」人的培養——兼與孟子比較〉,《南京化工大學學報》(哲學社會科學版) 2001 年二期。

21. 李帆著,〈章太炎、劉師培、梁啓超與近代的戴學復興〉,《安徽史學》2003 年第四期。

22. 李紅英著,〈近十五年戴學研究綜述〉,《安徽史學》2002 年二期。

23. 李振綱著,〈戴震對理學的批判改造〉,《河北大學學報》(哲學社會科學版) 2002 年二期。

24. 李哲賢著,〈論戴震(1723～1777)與乾嘉時期之考證學〉,《漢學論壇》第二期,2003 年。

25. 李發耀著,〈乾嘉時期儒學思想的轉型——以戴震爲個案分析〉,《貴州社會科學》2003 年六期。

26. 岑溢成著,〈戴震一本論的淵源和特點〉,《鵝湖學誌》二十期,1998 年。

27. 吳宣德著,〈戴震「理欲」說對宋明理學的繼承與改造〉,《哲學與文化》三二四期,2001 年。

28. 吳根友著,〈分理與自由——戴震倫理學片論〉,《哲學研究》1999 年四期。

29. 周兆茂著,〈戴震《孟子私淑錄》與《緒言》寫作先後辨析〉,《中國哲學史》1993 年第二期。

30. 周昌龍著,〈戴東原哲學與胡適的智識主義〉,《漢學研究》第十二卷第一期,1994 年 6 月。

31. 芮常木著,〈戴震理欲觀的得與失〉,《曲靖師範學院學報》2002 年一期。

32. 武道房著,〈對戴震批評朱熹理欲觀的再認識〉,《安徽大學學報》(哲學社會科學版) 2003 年五期。

33. 施扣柱著,〈戴震人性論發微〉,《史林》1998 年二期。

34. 苗俊玲著,〈戴震的理欲觀〉,《黔西南民族師范高等專科學校學報》2003 年一期。

35. 胡楚生著,〈章太炎「釋戴篇」申論〉,《幼獅學誌》十九卷二期,1986 年。

36. 胡發貴著,〈戴震反理學的漢學環境〉,《船山學刊》1996 年一期。

37. 胡賢鑫著,〈以「心知」爲人性善立說——戴震「知即善」性善說的理性論特點〉,《江漢論壇》2000 年十期。

38. 胡賢鑫著,〈「意見」與「理義」——戴震認識論中的兩個重要問題〉,《中國哲學史》2000 年四期。

39. 胡賢鑫著，〈知即性——戴震人性學說的理性論特點〉，《江漢論壇》2001
　　年十一期。

40. 唐凱麟著，〈論戴震「歸於必然，適完其自然」的倫理意蘊〉，《船山學刊》
　　1994 年一期。

41. 徐岱、霍存福著，〈論戴震對宋明理學關於「意見之理」的批判〉，《國家
　　檢察官學院學報》1997 年四期。

42. 陸忠發著，〈戴震對清代以來中國學術研究的影響〉，《江淮論壇》2002
　　年六期。

43. 郭振香著，〈論戴震哲學的基本精神〉，《安徽大學學報》（哲學社會科學
　　版）2002 年四期。

44. 黃順益著，〈戴震與惠棟的學術關係〉，《孔孟月刊》四五五期，2000 年。

45. 黃愛平著，〈戴震的學術主張與學術實踐〉，《南通師範學院學報》（哲學
　　社會科學版）2002 年三期。

46. 黃愛平著，〈乾嘉漢學治學宗旨及其學術實踐探析——以戴震、阮元為中
　　心〉，《清史研究》2002 年三期。

47. 陳振風著，〈論戴震排斥宋儒理學〉，《臺南家專學報》第六期，1987 年。

48. 陳勝長著，〈論戴震之師承問題〉，《香港中文大學中國文化研究所學報》
　　十九期，1988 年。

49. 陳榮捷著，〈論戴震緒言與孟子私淑錄之先後〉，《大陸雜誌》五十七卷三
　　期，1978 年 9 月。

50. 張祥卉著，〈戴震治學方法淺議〉，《南昌職業技術師範學院學報》2001
　　年二期。

51. 張娣英著，〈戴震考據學及其理性特徵〉，《韶關學院學報》2003 年七期。

52. 張懷承著，〈戴震氣化流行的學說及其對傳統氣論的繼承與發展〉，《中國
　　文化月刊》一四八期，1992 年。

53. 張懷承著，〈簡論戴震性本於陰陽五行的思想〉，《中國文化月刊》一七○
　　期，1993 年。

54. 張壽安著，〈戴震義理思想的基礎及其推展〉，《漢學研究》十九期，1992
　　年。

55. 張壽安著，〈戴震對宋明理學的批評〉，《漢學研究》二十五期，1995 年。

56. 婁毅著，〈訓詁與義理：中國傳統釋義學的兩難選擇——戴震的釋義理論
　　及其所反映的問題〉，《中國哲學史》2004 年一期。

57. 曾亦著，〈戴震對宋明新儒學的誤讀及其思想的時代意義——兼對心之諸
　　能力的闡發〉，《孔子研究》1997 年二期。

58. 解光宇著，〈儒家性情學說歷程及其終結——戴震人性學說在終結中的作

用〉,《學術界》1997 年一期。

59. 路新生著,〈錢穆戴震學研究平議——兼與余英時先生商榷〉,《孔孟學報》八十一期,2003 年。

60. 劉興邦著,〈戴震與理學〉,《江西社會科學》2001 年十一期。

61. 劉巍著,〈二三十年代清學史整理中錢穆與梁啓超胡適的學術思想交涉——以戴震研究爲例〉,《清華大學學報》(哲學社會科學版)第十四卷第四期,1999 年。

62. 蕭永明著,〈試論戴震道德修養論的啓蒙特色〉,《西北大學學報》(哲學社會科學版)1998 年二期。

## (三)論理學與考證學

1. 丁爲祥著,〈羅欽順的理氣、心性與儒佛之辨〉,《中國哲學史》2002 年三期。

2. 王汎森著,〈日譜與明末清初思想家——以顏、李學派爲主的討論〉,《中央研究院歷史語言研究所集刊》六十九卷第二期,1998 年 6 月。

3. 王育濟,〈走出「中世紀」——理學、實學、樸學的嬗演及其啓蒙意義〉,《中州學刊》1994 年一期。

4. 王俊義,〈顧炎武與清代考據學〉,《貴州社會科學》1997 年二期。

5. 王國良著,〈朱熹理學的解構與中國哲學傳統的再詮釋〉,《安徽大學學報》(哲學社會科學版)2003 年二期。

6. 王勤,〈以理性面目出現的非理性現象——淺析程朱理學「存天理滅人欲」的非理性特點〉,《江淮論壇》1999 年一期。

7. 申小龍著,〈從語言之氣到哲學之氣〉,《社會科學戰線》1997 年五期。

8. 丘爲君著,〈清代思想史「研究典範」的形成、特質與義涵〉,《清華學報》二十四卷第四期,1994 年。

9. 江雪蓮著,〈宋明道學義利理欲之辨的實質〉,《華南師範大學學報》(社會科學版)1998 年四期。

10. 吳洲著,〈朱熹理氣共時性相即思路與其天理人欲觀的內在矛盾〉,《福建論壇》(文史哲版)1997 年六期。

11. 周可眞著,〈論顧炎武的思維方法——兼論宋明理學到清代樸學的歷史轉變〉,《哲學研究》1999 年八期。

12. 胡元玲著,〈朱熹思想中「存天理去人欲」之研究〉,《國立臺灣師範大學國文研究所集刊》四十四期,2000 年。

13. 馬繼武著,〈論朱熹理學中的「理欲」與「義利」〉,《濰坊學院學報》2003 年一期。

14. 黃克武著,〈清代考證學的淵源——民初以來研究成果之評介〉,《近代中

國史研究通訊》十一期，1991 年。

15. 陳文豪著，〈清代考據學與科學方法〉，《孔孟月刊》三三八期，1990 年。

16. 陳居淵著，〈清代「乾嘉新義理學」探究〉，《求索》2003 年五期。

17. 陳湦著，〈道器之辨與理氣之辨：一種思想區域劃分的嘗試——宋明儒家形上學之批判〉，《聊城大學學報》（社會科學版）2003 年二期。

18. 陳寒鳴、楊菊芹著，〈乾嘉漢學家的經學思維方式及其政治意義〉，《中國社會科學院研究生院學報》1997 年四期。

19. 陶有浩、楊小雲著，〈程朱理欲觀形成的背景探析〉，《雲夢學刊》2002 年三期。

20. 童小鈴著，〈「飲食男女」是天理或是人欲？——朱子觀點的檢討〉，《孔孟月刊》四〇六期，1996 年。

21. 路德斌、趙杰著，〈論程、朱天理、人欲之辨的合理內核及其價值嬗變〉，《東岳論叢》1997 年二期。

（四）其　他

1. 李帆著，〈論劉師培學術史研究的地位與特色〉，《大陸雜誌》一〇二卷第六期，2001 年。

2. 李帆著，〈章太炎論清代學術〉，《中國文化月刊》二六八期，2002 年。

3. 李孝遷著，〈劉師培與近代清學史研究〉，《東南學術》2001 年四期。

4. 吳展良著，〈學問之入與出——錢賓四先生與理學〉，《台大歷史學報》二十六期，2000 年。

5. 汪榮祖著，〈錢穆論清學史述評〉，《台大歷史學報》二十六期，2000 年。

6. 陸信禮著，〈晚年梁啓超的中國哲學史方法論探析〉，《南開學報》（哲學社會科學版）2003 年五期。

7. 許炎初著，〈錢穆賓四先生論中國學術的門戶之見〉（上）（下），《鵝湖》三〇五、三〇六期，2000 年。

8. 陳勇著，〈「不知宋學，則無以評漢宋之是非」——錢穆與清代學術史研究〉，《史學理論研究》2003 年一期。

9. 陳祖武著，〈錢賓四先生與「中國近三百年學術史」〉，《錢穆先生紀念館館刊》，2000 年。

10. 張昭軍著，〈章太炎與清學史〉，《中華文化論壇》2003 年三期。

11. 敖光旭著，〈章太炎的「學隱」思想及其淵源〉，《近代史研究》2002 年一期。

三、學位論文

1. 林鯤洋著，《戴震之哲學思想研究——以性論爲中心》，臺北：文化大學

哲學研究所碩士論文，1993 年。

2. 張錫輝著，《文化危機與詮釋傳統——論梁啟超、胡適對清代學術思想的詮釋與意義》，臺北：臺灣師範大學國文研究所博士論文，2001 年 6 月。

3. 黃勇中著，《胡適的戴東原研究述論》，高雄：中山大學中國語文學系研究所碩士論文，2003 年。

4. 趙世瑋著，《戴震倫理思想研究》，高雄：中山大學中國語文學系研究所碩士論文，1994 年。

5. 鄧玉祥著，《胡適思想研究》，臺北：輔仁大學哲學研究所博士論文，1990 年。

6. 簡惠貞著，《戴東原的〈性論〉思想之研究》，臺北：輔仁大學哲學研究所碩士論文，2003 年。

7. 羅雅純著，《戴東原孟子學之研究——一項從詮釋學觀點所展開的批判與重建》，臺北：淡江大學中國文學系研究所碩士論文，2001 年。

# 錢穆「文化學」思想初探

曾議漢　著

## 作者簡介

曾議漢，2004年畢業於中國文化大學哲學研究所博士班，目前任教於高雄燕巢樹德科技大學通識教育學院，曾任帕米爾書店經理兼編輯、華梵大學哲學系助教兼文學院秘書，專長文化學、人生哲學、禪宗美學、書法美學，編著《永遠的弘一法師》（一）（二）、《錢穆文化學思想初探》（碩士論文）、《禪宗美學研究》（博士論文）、《經典選讀》（多人合著），相關論文十餘篇，喜愛中國的書法及西洋古典音樂。

## 提　　要

　　近代的中國遭逢互古以來最大的變局，尤其是中國文化遭受到西方強勢文化的巨大衝擊，凡有心之士，莫不意識到中國文化變局危機的嚴重，亟思有以因應改革，而在眾多的人物之中，錢賓四先生應該算是一突出的典型。錢先生誕生於甲午之戰的次年，他的一生正與中國文化變局的熾焰同時開始，他的學問正相應於這股文化遷變的浪潮，有起伏、有順應、更有批判的回應，而終究仍以中國傳統文化為砥柱，本文即是針對這一位反應與代表時代人物思想的研究，而文化學便是錢先生在此文化危機的時代中所建立的一套救弊補偏的思想體系。本文企圖從錢賓四先生的文化學思想發展的脈絡中，經由時代的反省與文本的重構詮釋分析，釐出一條解讀的線索。

　　錢先生在「全盤西化」的反傳統聲浪中，勇於回歸中國傳統，以「道」作為文化整體的象徵，提出「天人合一」的思想，作為針砭此一時代文化危機之良方。

　　本文根據重新詮釋其文化學思想所建構之理路架構，探索其「天人合一」觀思想在其文化學內在發展的歷程。分析「天人合一」思想的形成源頭、開展、成型，這些歷程部在錢先生中西文化比較對照的方法中，獲得現代化的意義與新的生命。

　　本文即探討錢先生在解除文化、人生與民族危機的過程中，如何賦予「文化」以新的意義與價值，使本文理解，錢先生掌握「道」的凝合時空之整體觀，建立人心現世一元的宇宙人生觀，人生求其不朽、民族求其可大可久，形成人生、民族、文化三者一體的文化學思想。

　　根據研究所得與現代世界文化潮流比較，歸納出四點特性，說明錢先生以人生、民族、文化三者為一體的文化學。不僅上接中國傳統，而且具有前瞻性、國際性、終極性的關懷，使錢先生成為最其有中國傳統思想特色的國際思想家之一，以此作為評價性的結論。

# 目

# 次

# 第一章　緒　論

## 第一節　研究動機與研究內容

### 一、研究動機

　　近代西學東漸，對中國文化造成極大的衝擊，在此文化衝擊之下，作為社會、文化良心的知識份子，究竟如何回應與批判？又提出怎樣的解決方案？當代中國文化的出路究竟在那裡？身為當代中國人，面對這種文化衝突所產生文化存續問題，該如何抉擇？令人關切。所幸有許多知識份子，不斷地省思與嘗試提出了不少的主張，可為典範，其中當代大儒錢賓四先生，在中西文化衝突交流的過程中，如何承接中國「經史子集」的傳統？如何回應西學東漸所帶來的文化諸多問題？他如何建構一套文化學系統？尤其是當代文化學的研究正走向泛文化、多元文化比較的研究，錢先生的文化學研究就更顯現出其重要性。

　　其次，錢先生文化學形成的過程中，正逢中西文化論戰，錢先生獨能超越於風氣之上，以凌空俯瞰的角度，根據歷史事實，直入文化學核心的探討，並形成理論的建構與應用，在現代文化學的研究中，具有極其獨特的地位。而面對一般以二分法把錢先生劃入文化的保守主義或國粹主義者是否適宜，亦值得商榷。

　　錢賓四先生於民國七十九年五月端午節，完成了〈中國文化對人類未來可有的貢獻〉一文，三個月後，錢先生即逝世於台北杭州南路新遷寓所。此文發表後，曾引起學術界許多爭論，並稱此文為「錢穆晚年定論」。其中最重

要的思想是錢先生重提早年所強調的「天人合一」觀，並賦予新的發明及意義。由於學術界熱烈的討論，引發筆者研究錢先生文化學的興趣，並認為此文論點雖有新見，卻不違背錢先生前後一貫的思想，因此，想要瞭解其「天人合一」的文化學思想，仍必須從其全部著作中探求，本文即嘗試由此入手，試圖釐出一條解讀其「天人合一」文化學思想的線索。

## 二、研究內容

有關錢先生文化學的思想，遍見於其所有的著作之中。其較有系統的研究，大約起於抗戰時期，寫作《國史大綱》之際〔註1〕，即致力於文化方面的研究，民國三十年先完成《中國文化史導論》，試圖從中國文化的複雜性、完整性及發展性，指出中國文化發展的特質，並已針對文化兩類型作系統的論述。三十一年有《教育與文化》、三十四年《政學私言》，針對時弊，探討現實政治、教育與文化之間的關係。三十七年《湖上閒思錄》，綜論古今中外哲學宗教思想，與宇宙人生真理。四十一年完成《文化學大義》，正式提出其文化學的理論架構。於此可見錢先生學術生命中，對文化問題持續的關懷，發展終擴及於當代中國的文化問題，乃至於全世界的文化問題，並形成其文化學的終極關懷。到了四十二年有《人生十論》，四十九年《民族與文化》，五十七年《中國文化十二講》，五十八年《中國文化叢談》，六十年《中國文化精神》，六十六年《世界局勢與中國文化》，六十八年《從中國歷史看中國民族性及中國文化》，七十年《雙溪獨語》，七十三年《現代中國學術論衡》，七十六年《晚學盲言》，共十餘種文化學專著，及最後心聲〈中國文化對人類未來可有的貢獻〉。由以上簡述可知，錢先生有關文化方面的著作時間，長達半個世紀以上，或許可謂錢先生的一生，最關懷的便是中國文化問題。

由以上著作及其年代，再參照孫鼎宸先生編的〈錢賓四先生著作年表〉，可看出錢先生著述過程中，對文化研究的層面更遍及傳統學術各領域，先有先秦諸子學的研究（如《墨子》、《惠施公孫龍》、《論語要略》、《孟子要略》、及《先秦諸子繫年》），及學術史的著作（如《國學概論》、《中國近三百年學術史》）等。其蓄積也厚，始全力於文化學的研究，由此也可看出其文化學研究是建立在紮實而豐碩的國學研究基礎上面的。而其轉變之因，錢先生在《歷

---

〔註1〕參見余英時，《猶記風吹水上鱗──錢穆與現代中國學術》（台北：三民書局，1991年），頁39。

史與文化論叢‧序》中提到：

> 自民國三十八年逃避共禍，來香港，轉臺北，迄已逾三十年，凡有
> 撰寫，亦率以歷史與文化兩題目爲主，……竊謂民族之形成，胥賴
> 其有歷史與文化之兩項。無歷史、無世界潮流，乃吾民族處境之
> 變。貴能不忘本我，乃可善爲因應。因應在我，豈能去其我以求因
> 應？我之不存，又誰爲其因應者？亦何貴有一切之因應？自念畢生
> 努力，亦惟期國人之迷途知返，認識自我，乃始有力可用，有途可
> 循，則惟歷史與文化兩者，不當棄置而不問。而此兩者盡在過去，
> 宜可述，不可作。孔子曰：述而不作，信而好古。亦此志此義也。
> 讀者其勿以古老陳言、斷爛朝報視之，則余之私幸矣。〔註2〕

由此可知，錢先生目擊世變，在其原有的國學研究基礎上，特別著重文化的
自我認識，進一步開拓出具有歷史性及世界性眼光的文化學研究。

此外當知，錢先生「天人合一」的文化學，是建構在其極龐大的思想體
系之上，而善讀錢先生書者，必知錢先生學兼四部，然實一以貫之，正如「常
山之蛇，擊其首則尾應，擊其尾則首應，擊其中則首尾皆應。」〔註3〕故必須
會通其所有學術思想專著，方足以勝任愉快，此實爲研究錢先生思想的一大
難題。然作爲碩士論文研究的專題，在有限的時空約束下，是不可能在短期
內會通其學術〔註4〕。因此本論文的撰寫，只能視爲長期研讀錢先生著作的一
個起點，並作爲往後研究錢先生思想的儲備工作，雖力求慎重，然終不免掛
一漏萬，恐難逃有識者之譏。

關於錢先生的著作與版本問題，由於《全集》尚未全部出版，因此本文
寫作過程中所參考的基本文獻，主要以錢先生生前出版者爲主，再參考《全
集》中已蒐錄與校訂出版者。另外，錢先生生前於報章雜誌發表的文章，雖
然超過千篇，惟大部份已收集成書，但於成書過程中，某些篇章曾經錢先生
修改（如原爲演講記錄修改爲學術論文），本文則將盡量蒐集，以爲比對之參
考。

---

〔註2〕　參見錢穆，《歷史與文化論叢‧序》（台北：東大圖書公司，1979年），頁1。
〔註3〕　參見錢穆，《錢賓四先生全集（五）先秦諸子繫年‧序》（台北：聯經出版事
　　　　業公司，1995年），頁21。
〔註4〕　此點余英時先生也提及，他說：「任何人企圖對他的學術和思想作比較完整的
　　　　評估，都必須首先徹底整理他所留下的豐富的學術遺產，然後再把這些遺產
　　　　放在現代中國文化史的系統中加以論衡。這是需要長期研究才能完成的工
　　　　作。」參見余英時，《猶記風吹水上鱗》，頁18。

本論文的撰寫，大致上以《靈魂與心》、《文化學大義》二書爲研究錢先生文化學理論架構的主軸。並參考其有關文化學演講六書，其順序如下：《中國歷史精神》、《民族與文化》、《中華文化十二講》、《中國文化叢談》、《中國文化精神》、《從中國歷史來看中國民族性及中國文化》等。關於其文化學哲理探討者如：《湖上閒思錄》、《人生十論》。至於其晚期文化學重要著作：《雙溪獨語》、《現代中國學術論衡》、《晚學盲言》，博大精深，因學養不足，在掌握上恐不能盡識其精微，在本論文的撰寫中，只能列爲參考資料，有待來日再努力研究，故本文只能說是以其早期文化學思想爲主要研究對象。

另外關於錢先生文化學的研究專論，迄目前爲止，只有少數幾篇，如黃克劍的〈現代文化的儒學觀照——評錢穆《文化學大義》〉〔註5〕、錢婉約的〈錢穆及其文化學研究〉〔註6〕、陳啓雲〈錢穆師與「思想文化史學」〉〔註7〕、郭齊勇與汪學群合著《錢穆評傳》〔註8〕、余英時《猶記風吹水上鱗——錢穆與現代中國學術》〔註9〕等主要論文著作，因此對錢先生研究的論文可資參考的部份，稍嫌不足，恐難在已有的研究成果上，作更好的借鏡，如此勢必以錢先生的原著爲主。總之，本論文或許有許多不成熟的見解，只盼能拋磚引玉，引起學術界更多人對錢先生文化學的注意與討論。

## 第二節　研究方法與內容提要

### 一、研究方法

本論文的研究，乃由錢先生有關文化學的論著作全面的省察，在處理資料上除一般的分析、歸納，特重比較、還原與綜括。其故如下：

其一，在閱讀錢先生文化學著作過程中，發現其文化學思想散見各處，必須注意各觀念之間的聯繫與比較。

其二，因錢先生的文化學思想，獨出眾議，事實上至今尚未眞正成立純

〔註5〕黃克劍，〈現代文化的儒學觀照——評錢穆《文化學大義》〉（香港：《中國文化》創刊號，1986年12月），頁174～180。
〔註6〕錢婉約，〈錢穆及其文化學研究〉（湖北：武漢大學學報‧哲學社會科學版，第五期，1989年），頁97～102。
〔註7〕陳啓雲，〈錢穆師與「思想文化史學」〉（台北：錢穆先生紀念館館刊，第三期，1995年），頁116～125。
〔註8〕郭齊勇、汪學群，《錢穆評傳》（湖南：百花洲文藝出版社，1995年）。
〔註9〕余英時，《猶記風吹水上鱗——錢穆與現代中國學術》。

理論性的文化學，故討論其文化學思想，除了必須還原到其思想的發展線索中來討論；還需參照同時代學者關於中西文化討論的文字，即還原到其歷史情境，作爲背景知識，以增進理解的廣度。

其三，錢先生早期與晚期文化學思想，亦復有異，必須注意其前後轉變的差異。另外，錢先生從事國學研究也是採取文化學的眼光，其詮釋的角度亦受文化學影響，因此在理解其相關著作時，必須相互參照，反覆閱讀，以增進相應的理解。

除了以上基本方法的運用，並嘗試以歷史研究法、詮釋學及文化實踐哲學等方法，試圖重新建構解讀其文化學思想，以便作更深入的理解及全面性的呈現。

本文即嘗試綜合使用上述方法探討錢賓四先生文化學的主要問題：

（一）其文化學思想淵源爲何？其定義及其思想內涵是什麼？

（二）其文化學的最高價值何在？其中心思想爲何？

（三）其文化學關於物、人與心三者之間，採取什麼樣的認知方式？
又如何完成其「天人合一」思想系統的建立？

（四）其文化學思想體系是如何建構？是否能釐出一條精要而清晰
的解讀途徑？

錢賓四先生的文化學，最明顯的特色，乃不再襲用外國某家某派的文化定義，用來框限中國文化，而是從語言的源流與觀念史的發展等方面的考察，並針對現代人類文化所產生的弊病，作全面而深入的研究，建立真正富有中國學術特性的一門新的學科。

## 二、內容提要

本論文計分爲五章，第一章緒論，申述撰寫論文之研究動機、研究內容範圍與資料、研究方法與研究之內容大要。

第二章，從中國近代文化危機的考察，凸顯錢先生文化學準備活動之重要性，並試圖與同時代其他文化研究者比較其間的差異，以凸顯出其特色。

第三章則試圖重新建構其文化學之理論架構，接著再以此架構作爲理解其文化學的理論依據，此方面分成人生觀的重建與民族精神之再發揚兩方面。

重新解讀過程中，經過大量的閱讀與仔細的思考，嘗試提出四個互爲一體的理論架構，作爲詮釋錢先生文化學思想的解讀之路。這個架構的形成分

別是：第一，文化作為一連續比較的整體現象之「道」；第二，文化認識的源頭——「靈魂與心」的分判；第三，「溫情與敬意」——人心現世一元的認識觀；第四，「性道合一」的文化精神。本章雖將錢先生的文化學分為四部份討論，實則此四者實為一體，基本架構仍循錢先生文化三階層、兩類型、七要素的文化學內在理路而來，在順序上把文化兩類型往前移，以凸顯文化認識源頭的重要性；關於文化三階層所述人類文化演進上達的歷程，基本上是指人心演進上達的歷程，錢先生所言極精簡，因此必須回歸其相關著作探尋關於「人心」的看法，進行比較並探究其理論根據。關於文化七要素方面，本文以錢先生所強調的「文化精神」，作為文化七要素所拼搭出的花樣呈現，凸顯出文化豐富多變的生命性。

第四章再把此四個互為一體之理論架構應用到解讀錢先生所建立「現世不朽人生觀」及「可大可久的民族論」，用以說明其文化、人生、民族三者密不可分、同為一體的關係。唯有透過實際人生實踐與民族整體大群的成長，錢穆文化學理論之講求才是真正的完成，此一趨勢正待將來中國人文學術界朝現實人生關懷的方向共同努力。

第五章結論，根據研究所得與現代世界文化潮流相互對照比較，歸納出四點特性，說明錢先生以人生、民族、文化三者為一體的文化學，不僅上接中國傳統，而且具有前瞻性、國際性、終極性的關懷，使錢先生成為最具有中國傳統思想特色的國際性思想家之一，以此作為對錢先生文化學的個人評價性看法。

# 第二章 中國近代文化危機與錢穆文化學

## 第一節 文化衝突與文化危機下的省思

### 一、近代中國文化衝突下的反思

　　近代的中國遭逢亙古以來最大的變局，其勢由緩而急，自利瑪竇來華，至甲午戰爭之前，西方文化對中國文化的衝擊尙小，及至甲午戰後，中國軍事挫敗，接著八國聯軍，形成列強瓜分中國的危機。自此而後，對中國文化的衝擊日漸加速加劇，以迄於今，凡有心之士，莫不意識到中國文化變局危機的嚴重，亟思有以因應改革。而在眾多的人物之中，錢賓四先生應該算是一突出的典型。錢先生誕生於甲午之戰的次年，他的一生正與中國文化變局的熾焰同時開始，他的學問正相應於這股文化遷變的浪潮，有起伏、有順應、更有批判的回應，而終究仍以中國傳統文化爲砥柱。對於這一位反應與代表時代人物的研究，相信對傳統中國文化的理解與未來的發展，必能提供我們切己反思的線索。

　　在挾帶著船堅砲利的西方文化的衝擊下，中國知識份子也都有相當的覺醒，並不斷的從事反省，大體而言，近代中國文化危機約可分成三個階段，即洋務時代、變法時代與五四時代。早在五四運動之前，陳獨秀就從文化上進行了總結，他在《吾人最後之覺悟》（1916 年 2 月）中提到：

　　　　歐洲輸入之文化，與吾華固有之文化，其根本性質極端相反。數百
　　　　年來，吾國擾攘不安之象，其由此兩種文化相接觸相衝突者，蓋十

居八九。凡經一次衝突，國民即受一次覺悟。……最初促吾人之覺
悟者為學術（按：指西教西器、火器曆法、制械練兵之類），相形見
絀，舉國所知矣；其次為政治（按：指行政制度問題與政治根本問
題），年來政象所證明，已有不克守缺抱殘之勢。繼今以往，國人所
懷疑莫決者，當為倫理問題（按：指自由平等獨立）。此而不能覺悟，
則前之所謂覺悟者，非徹底之覺悟，蓋猶在惝恍迷離之境。吾敢斷
言曰：倫理的覺悟，為吾人最後覺悟之最後覺悟。〔註1〕

陳獨秀特別標舉學術、政治、倫理等文化的三個層面，把中國近代文化史明
確劃分為三個前進的階段。到了五四時期以後，梁啓超在《五十年中國進化
概論》（1922 年 4 月）一文中也從文化角度進行近代史的分期工作，他說：

近五十年來，中國人漸漸知道自己的不足了。這點子覺悟，一面算
是學問進步的原因，一面也算是學問進步的結果。第一期，先從器
物上感覺不足。……于是福建船政學堂、上海製造局等等漸次設立
起來。……第二期，是從制度上感覺不足。……所以拿變法維新作
一面大旗，在社會上開始運動。……第三期，便是從文化根本上感
覺不足。第二期所經過時間，比較的很長——從甲午戰役起到民國
六、七年間止。……革命成功將近十年，所希望的漸漸都落空，漸
漸有點廢然思返，覺得社會文化是整套的，要拿舊心理運用新制度，
決計不可能，漸漸要求全人格的覺醒。……所以最近兩三年間，算
是畫出一個新時期來了。〔註2〕

雖然梁啓超在此也忽略了中國文化自身的發展能力，把五十年的文化史全部
歸結于西方文化的刺激，但是他所說到的器物、制度、文化三時期，也已觸
及文化學層面意義的反省，有助於後人對近代中國文化變遷史實的認識，而
可與洋務時代、變法時代及五四時代相互比觀。

從以上陳、梁二氏的代表性看法，可以略見當時學者大多數認為，近代
中國所發生的「三千年未有之變局」乃肇端於十九世紀中葉的中西接觸，包
括政治、經濟及學術思想。對於這種文化現象，國內研究者以「侵略與反侵
略」模式為主要詮釋模式，認為西方列強入侵是百年來中國社會崩潰、經濟

〔註1〕陳獨秀，〈吾人最後之覺悟〉，收於《獨秀文存（一）》（上海：亞東圖書館，
　　　1934 年），頁 50～56。
〔註2〕梁啓超，〈五十年中國進化概論〉，收在《飲冰室合集——文集之三十九》（北
　　　京：中華書局，1989 年），頁 43～45。

衰落和文化萎縮的禍根，是中國社會政治、經濟、文化畸形發展及不穩定的根源。這從陳、梁二氏對中國近代文化危機代表性的分期中，也可以看出此種「侵略與反侵略」模式的詮釋方式。

　　而西方研究者則以「刺激──反應」（impact-response）模式和「傳統──現代化」（tradition-modernity）模式為主要詮釋方式〔註3〕，前者認為近代中國一切歷史變革的根源都緣於西方入侵的刺激，中國只是在近乎本能的反應中取得歷史的進展；後者則以為中國是一個自身無力產生變化的社會，只是被動的回應而已。近年來以柯文（Paul A. Cehen）為代表的一些美國學者，樹起了「在中國發現歷史」的旗幟，他們認為中國存在的問題無論和西方有怎樣的關係，都是中國人在中國遇到的問題，因而衡量歷史重要性的標準應該是中國的而非西方的。研究者的首要任務是要為近代中國尋找一條固有的「故事線索」，總結出中國所獨有的某些「超越時空的極為重要的人類經驗」〔註4〕。這些看法在重新解釋近代中國思想學術與中國文化的發展，提供了更為開闊的研究視野。

　　事實上，早期中國學者討論到晚清學術思想，也是從中國傳統學術的嬗變上著眼，如徐世昌所編《清儒學案》，及現代學者梁啟超的《清代學術概論》、《中國近三百年學術史》與錢穆的《中國近三百年學術史》，都是嘗試從清代學術的流變去看晚清思想，從中國文化與傳統思想的角度，反省這一段文化衝突的意義。也就是回歸中國文化的傳統去理解與呈現文化變遷的實質意義。

　　但是到了五四時代，中國傳統文化的主體性似乎逐漸喪失了，剩下一隨時待「化」的空殼，其中最值得注意的現象是，與洋務時代、變法時代之民族情緒高張的氣氛不同，五四時代的主導意識乃是反民族主義的。1917 年以後，中國知識人在積極方面從要求「民主」與「科學」發展到提倡「全盤西化」；在消極方面，他們則把中國文化的傳統看作是「現代化」的主要障礙，因此展開了全面反傳統的運動。〔註5〕

---

〔註3〕　關於此兩種詮釋模式參見科文（Paul A. Cohen），《在中國發現歷史──中國中心觀在美國的興起》（台北：稻鄉出版社，1991 年）。

〔註4〕　參見唐德剛，〈胡適的出現及其學術史的背景〉，引文見章清，《胡適評傳‧引言》（江西：百花洲文藝出版社，1993 年），頁 4。

〔註5〕　參見余英時，《歷史人物與文化危機》（台北：東大圖書公司，1995 年），頁191。余先生認為，中國文化的危機至此已完全暴露了出來，一直到今天還沒

此時，不再提中體西用，而是要全盤西化；不再說西學中源，而是說中國文化西來；因此可以說，五四精神乃成為一種與傳統精神徹底決裂的精神。五四運動本於愛國精神，卻發展為反傳統的文化運動。由於看不到文化的民族性，致使在如何對待中國文化、如何接受外來文化方面，找不到正確的方案。余英時先生指出，「所謂『中國文化的危機』是指知識人在『向西方尋找真理』的心態（mentality）之下，無法處理中國文化的傳統。他們為了趕快追上西方，於是不斷向西方搬取最新的、最激進的（radical）思想。但是在一套一套的西方思想都不能改變中國的現狀時，他們便對中國文化的傳統越來越憎恨和輕鄙，因而反傳統的心理也越來越深化和激烈。」〔註6〕而錢先生則是一位在此反傳統潮流之下，勇於回歸傳統，再由批判中提倡傳統文化的特異之士。

此外，由於滿清狹隘部族專制腐敗統治，使得民國以來許多知識份子因為反清的激情，而對文化傳統的認識產生錯亂。動輒曰：「二十四史乃帝王之家譜。」、「中國自秦以來二千年，皆專制黑暗之歷史。」以清一代作為認識中國傳統之代表，遂失去真實認識中國固有文化傳統之能力。

因此到了民國初年，一步步逼出五四新文化運動，五四運動本為單純學生愛國運動，卻發展成打倒孔家店，惟本國文化之必除，此現象可以陳獨秀一人前後心態的轉變最足為代表〔註7〕。此種心態在「文化大革命」期間達到最高峰，並且從「師法西方」歸結為「反西方的西化」的「以俄為師」，不斷的破壞造成經濟的停滯、文化的倒退，使基本生存問題成為最嚴重問題，1979年以後，中國大陸不得不轉向，繼續改革開放「向西方尋找真理」，這時

找到解決的途徑。另外，余先生在〈從價值系統看中國文化的現代意義〉，參見余英時，《中國思想傳統的現代詮釋》（江蘇：人民出版社，1991年版）一文中也指出：「『五四』的知識份子要在中國推動『文藝復興』和『啓蒙運動』，這是把西方的歷史機械地移植到中國來了。他們對儒教的攻擊即在有意或無意地採取了近代西方人對中古教會的態度。換句話說，他們認為這是中國『俗世化』所必經的途徑。但事實上，中國的現代化根本碰不到『俗世化』的問題，因為中國沒有西方教會的傳統，縱使我們勉強把六朝隋唐的佛教比附於西方中古的基督教傳統，那麼禪宗和宋明理學也早已完成了『俗世化』的運動。中國的古典研究從來未曾中斷，自然不需要什麼『文藝復興』；中國並無信仰與理性的對峙，更不是理性長期處在信仰壓抑之下的局面，因此『啓蒙』之說在中國也是沒有著落的。」此說實有卓見。

〔註6〕參見余英時，《歷史人物與文化危機》，頁192。
〔註7〕此一觀點參見錢穆，《錢賓四先生全集（一）國學概論》，頁399。

期的《河殤》電視劇象徵性地一方面猛烈地攻擊中國文化，一方面歌頌海洋文化，再度向西方學習。或許可說這是近代中國文化面對文化危機再一次新的出發，但依然是從自我文化的否定中出發，似乎再度回到五四反傳統的老路，使得當代中國文化危機更加深了。在此形勢之下，研究錢先生的思想，似乎更能感到錢先生對中華文化的卓見，與其孜孜矻矻，發揚中國文化的一番深心與悲懷。

## 二、現代中國文化危機之三大現象

　　以上即簡略自甲午以迄 1980 年代，中國學術與文化的變遷大勢，所作的概略回顧。不可否認的，中國文化危機到了第三期已經擴大到整個文化領域。就這段時期的演變可以看出國人對文化的自信逐步喪失，尤其是到 1905 年科舉制度廢止以後，作為文化認識的主體──知識份子已失去傳統士大夫居社會中心的角色與地位，知識份子的邊緣化使他們不再具有以往士大夫的社會責任感。他們急於改造中國社會，卻又看不見效果，於是越來越和社會脫節，只有一方面拚命向西方尋找最新、最激烈的思想來促進社會的變革，另一方面則全力攻擊傳統文化和社會以掃除變革的障礙。又因為他們身在邊緣，因此可以絲毫不顧及思想的社會後果〔註8〕。作為文化認識主體的知識份子，產生如此大的變革，只顧掀起近代中國文化的改造熱潮，卻不知回歸傳統，批判地繼承與開展中國的新文化。導致近現代中國文化險象環生、文化危機不斷深化的局面。身為中國知識份子，對中國文化的因襲損益，似乎更當有以奮發，錢先生終身為中國文化的努力，正可為當代中國知識份子的楷模。

　　大致而論，錢先生對這段文化衝突與危機的反省，主要包含三大面向，即民族（認同問題）、文化（認識問題）、人生（道德問題）等三大問題。其實這三大問題在當代中國的歷史發展上都具有重大的意義，基本上反映了在文化衝突之下，中國知識份子調適的心路歷程，對文化認知的偏差與終極價值的流喪。

### （一）民族文化認同的危機

　　自從東西接觸，全球各種文化與民族互相交通，皆以民族與國家觀念為其力量之主要根源。由於近代中國內憂外患不斷，常使全國目光集中於國家

---

〔註 8〕 參見余英時，《歷史人物與文化危機》，頁 195。

民族當前遭遇，而忽略了文化大傳統，以至於造成近代中國民族文化認同危機不斷地深化。

此種民族文化認同理念，經晚明諸大儒如顧亭林、王船山等人大加提倡，特別重視民族觀念，並認為保種保國乃存續文化傳統大本所繫。

錢先生認為：

> 洪楊太平天國，只知有民族界線，卻毀棄文化大統，終至覆滅。晚清康有為一面主張保王，一面提倡大同，卻忽視了民族界線與世界潮流。只有孫中山先生，能高瞻遠矚，一面主張驅除韃虜，排滿革命，但自民國創建，即倡五族共和。最能符合傳統文化精神，卻不為國人所瞭解，因有『知難行易』學說之創立。〔註9〕

從晚清改革變法的角度來看，首先是知識份子面對文化衝突的挫敗，猶固守傳統，以為是器不如人，接著發現是制度上的不足，繼而才以為是學術的落後。這反省的過程由物質而學術層面，到張之洞等人則提倡「中學為體，西學為用」這個主張，受到嚴復、胡禮垣等人強烈的駁斥，認為是對西方的文化與學術認識不深的主張，仍存有鄙夷西方文化的意味，充滿自我中心的觀點。由前文可知，這個主張也經歷了轉折與變遷。換言之，張之洞的主張，日後逐漸演變而自當時的「國粹派」、「西化派」到社會主義，由「師法西方」歸結於「反西方的西化」。其間的民族文化認同從五四時期的「文化自譴」發展到陳獨秀以本國文化之必除，再到 1949 年中國大陸宣佈「一面倒」，近代中國文化認同歷經了一個坎坷的歷程，作為文化主體的「民族」遂被列在剷除的對象之中。

## （二）「尊西人若帝天，視西籍如神聖」——對自我文化認識的偏差

接連著「五四」反傳統的一連串文化改革，徹底地與中國傳統決裂，在「文藝復興」之後又有「啟蒙」的口號，其中便有極大的差距，「復興」還表示中國古典中仍有值得重新發掘的東西：「啟蒙」則是把中國史看成一片黑暗與愚昧〔註 10〕。由此反應出中國人對自身文化的信心已逐漸喪失，更嚴重的是對自身文化的認識能力反而必須仰賴外國的觀點，在本世紀初，國粹學派

---

〔註 9〕 參見錢穆，《民族與文化》（台北：東大圖書公司，1989 年，增訂初版），頁28。

〔註10〕 參見余英時，《中國文化與現代變遷》（台北：東大圖書公司，1992 年），頁48。

痛斥當時中國學人「尊西人若帝天，視西籍如神聖」的心態，此種心態持續了近百年，余英時先生指出：

> 西方知識界稍有風吹草動，不用三、五年中國知識份子中便有人聞風而起。所以清末的「神聖」是達爾文、斯賓塞一派的社會進化論，「五四」時代是科學主義、實證主義，三、四○年代是馬克思主義，現在則是東方主義、解構主義之類。〔註11〕

由於此種心態長期偏倚的發展、影響，導致現代中國一再失去真正認識自我文化的機會，使中國人的文化認同長期停留在認同西方流行理論的階段，而對自我文化的認知較乏深刻與持續的反省，以至於使近代中國文化危機一再地深化。

## （三）人生觀的危機

　　現代中國文化的危機主要是延續清朝中葉以來的文化衰象（尤其經過滿清政權的腐蝕，致使國民道德的淪喪）。由於滿清以狹隘的部族心態入主中國，為了鞏固其統治的優越地位，運用高明而陰險的政治手段，腐蝕知識份子，使聰明才智埋沒於故舊的訓詁，並以此為利祿之階。這一心態在乾隆身上表現得更清楚。乾隆御製〈書程頤論經筵箚子後〉所云：

> 夫用宰相者，非人君其誰乎？使為人君者，但身居高處，自修其德，惟以天下之治亂付之宰相，己不過問，幸而所用若韓、范，猶不免有上殿之相爭，設不幸而所用若王、呂，天下豈有不亂者！此不可也。且使為宰相者，居然以天下之治亂為己任，而目無其君，此尤大不可也。〔註12〕

如此使學者不敢以天下治亂為心，以守故紙堆為博實。錢先生指出，這種心態到了清末民初，變成「油滑、貪污、不負責任，久成滿清末年官場乃至儒林之風氣。一旦政體更革，名為民主，實則全須士大夫從政者良心自負責任，而中國士大夫無此素養。既昧心禍國，又以民權之說諉罪卸責。」〔註13〕這是知識份子道德的喪失，是社會文化中堅的價值理想的淪喪與人生觀的狹隘化。孫中山在《三民主義》中，因此提出恢復固有道德的看法，在這一點

---

〔註11〕參見余英時，《歷史人物與文化危機・自序》，頁10。
〔註12〕引文見錢穆，《錢賓四先生全集（十六）中國近三百年學術史（上）・自序》，頁16。
〔註13〕參見錢穆，《錢賓四先生全集（二十八）國史大綱（下）》，頁54。

的轉型與發展上，日本的明治維新即較爲成功，錢先生指出：

> 日本政權遞禪，自藩府還之天皇，既不如中國變動之劇。而日本在
> 藩府統治下之封建道德，如武士道之忠君敬上、守信立節，移之於
> 尊王攘夷，其道爲順。中國士大夫立身處世之綱領節目，久已在長
> 期部族統治之猜防壓制、誘脅愚弄下變色。〔註14〕

由於當時中國傳統社會之領導重心「士階層」已先糜爛不可收拾〔註15〕，但
是在「救亡」、「啓蒙」的急迫心態之下，一時看不清楚問題癥結所在的人生
觀危機，如譚嗣同等人將這些危機歸咎於禮教的束縛，主張要「衝決羅網」，
反對綱常名教。到了新文化時期，魯迅、吳虞等人又提出「禮教吃人」的口
號，作爲對中國傳統人生觀的全面批判。

緊接著杜威、白壁德等人的科學玄學論戰之後，隨即引發了國內一場科
學與人生觀的論戰。大約在民國十二、三年，梁任公、張君勱等幾位先生站
在哲學、玄學、宗教、倫理的觀點，與丁文江、吳稚暉、胡適之先生等人站
在科學的觀點來辯論，當時是科學觀點的先生們獲得勝利，所謂玄學派被打
倒。一時之際，主導中國人價值理念的人生觀，被認爲是虛妄、淺薄的「玄
學鬼」觀點，以致招致唾棄，自此懷疑主義唯物思想大盛，舊的精神傳統一
時黯淡無光，馬克斯主義遂乘虛而入，並逐漸變爲浮而不實之青年之宗教，
最後引致中國大陸變色。〔註16〕

錢先生在此邪說暴行橫逆的時代，感時憂世，掌握時代問題的脈絡，並
對其中的核心問題，逐一思索、批判，步步廓清，在諸多的文化危機中也發
現了新的契機。當第一次世界大戰結束時，美國總統威爾遜高瞻遠矚地看到
新時代的來臨，提出「民族自決」的主張，卻受到英、法及本國人民的反對，
抑鬱以終。不幾年，世界局勢又逼出納粹、法西斯所掀起的戰火，到了二次
戰後，「民族自決」的口號才眞正落實，而有聯合國的誕生。西方思想史家柏
林和人類學家格爾茲直到了七○年代才眞正認識民族主義的強大生命。而錢
先生於民國三十二年的《政學私言》中，即早已預見二次戰後的世界是民族
主義的世紀。錢先生內在從自我文化現象的病根反省，外在盱衡世局大勢，
以爲只有當中國的文化傳統獲得其應有的位置，不再被看作「現代化」的阻

〔註14〕參見錢穆，《錢賓四先生全集（二十八）國史大綱（下）》，頁54。
〔註15〕參見錢穆，《民族與文化》，頁40。
〔註16〕參見顧翊群，《危機時代的中西文化》（台北：三民書局，1986年），頁9。

礙，中國現代文化危機的解除才有眞正的起點。

因此，需要以一種新的角度、新的觀點重新審視人類文化，這種審視不是單就經濟、科學、宗教或文化中某一要素作東修西補的工作，而是要重建文化的**整體觀**。很顯然的，這種全新的文化認識必須著眼於人類歷史文化演進上達的整個過程，以獲得文化眞理的認識。這種文化的認識，既超越了個人、集體、地域、時期，同時仍包含此個人、集體、地域、時期的種種生活之實際存在。不僅是針對中國文化危機的解除，亦要能涵蓋人類文化整體，從而形成一個指導全人生前進的大原則與大綱領，如此才能眞正解除迫在眉睫的人類文化危機。

錢賓四先生秉其高瞻遠矚的歷史洞見，順應世界文化發展趨勢，針砭中國文化危機，拈出民族、文化與人生三大綱領，作爲當代中國文化重生的標的，終於提契出其「文化學」的大纛。

本論文即依循此線索逐一闡明錢先生開啓的中國文化學的重大奧義。

# 第二節　錢穆文化學的準備活動

公元 1895 年對於中國來說是個憂患的一年，種種的事件，將中國文化的危機推至一個劇烈變動的高峰。尤其是對台灣而言，這一年因中日甲午戰爭馬關條約把台灣割讓給日本了。錢賓四先生正是此憂患之秋的七月三十日，誕生於江蘇省無錫縣南延祥鄉嘯傲涇七房橋村。

南延祥鄉是一個樸實無華的農村，錢家爲沒落的大家族，錢先生的父親自幼有神童的美稱，十六歲時縣試，考取第一名爲秀才。後來由於身體瘦弱，三次在南京鄉試皆病倒場中，以後就絕意功名。到了光緒三十二年因體弱多病去世，錢先生那時才十二歲。後來錢先生讀到他父親所寫的《岳武穆班師賦》一文，對他日後重視民族觀念及忠義精神，頗有啓發。〔註17〕

錢先生的求學過程相當特別，他七歲入私塾，十歲進無錫蕩口鎮的新式小學果育學校，根據錢先生晚年的回憶，在進新式小學時，他的體操老師錢伯圭對他說，中國歷史走上了錯路，才有「合久必分，分久必合」的治亂循環。像今天歐洲英法諸國，合了便不再分，治了便不再亂。所以中國此後應

---

〔註17〕參見錢穆，《八十憶雙親師友雜憶合刊》（台北：東大圖書公司，1983 年），頁 7。

該學西方。這對錢先生產生極大的震撼及啓發，錢先生說：

> 余此後讀書，伯圭師此數言常在心中。東西文化孰得孰失，孰優孰
> 劣，此一問題圍困住近一百年來之全中國人，余之一生亦被困在此
> 一問題內。而年方十齡，伯圭師即耳提面命，揭示此一問題，如巨
> 雷轟頂，使我全心震撼。從此七十四年來，腦中所疑，心中所計，
> 全屬此一問題。余之用心，亦全在此一問題上。余之畢生從事學問，
> 實伯圭師此一番話有以啓之。〔註18〕

這段自述，透露出錢先生治中國學問的最初動機。余英時先生指出：「這一動
機發展爲錢先生的終極關懷，他畢生治學，分析到最後，是爲了解答心中最
放心不下的一個大問題，即面對西方文化的衝擊和中國的變局，中國的文化
傳統究竟將何去何從？他在這一大問題上所獲得的系統看法，遍見於《國史
大綱》以下的各種著作。」〔註19〕

　　1907年，錢先生十三歲入常州中學，在此期間，最使他難忘的是監督（猶
今稱之校長）屠孝寬先生，及任地理、歷史課的老師呂思勉先生，呂先生不
修邊幅，上課很吸引人，常使聽者如身歷其境，永難忘懷，這也促使錢先生
的史學興趣與日俱增。後來，呂思勉先生成名後，錢先生還與呂思勉先生多
次通信，討論經學上今古文問題，到了抗戰期間，還請呂先生爲《國史大綱》
作最後審定校改。

　　在常州中學期間，有一次上唱歌課，錢先生取閱身旁同學所攜之一小書
《曾文正公家訓》，大喜不忍釋手，覓機溜出室外讀完，是夜竟不能寐。翌晨，
才在街上書店買到此書。錢先生後來在《人生十論‧自序》中，回憶此事對
他的影響，他說：「凡屬那些有關人生教訓的話，我總感到親切有味，時時盤
旋在心中。我二十四五歲以前讀書，大半從此爲入門。……我自己總喜歡在
書本中尋找對我有教訓的，但我卻不敢輕易把自己受益的來教訓人。我自己
想，我從這一門裡跑進學問的，卻不輕易把這一門隨便來直告人。」〔註20〕
從這些地方，也可以看到後來對錢先生文化學發生莫大的影響。

　　1910年，錢先生轉學至南京鍾英中學讀書，後來由於辛亥革命爆發，學
校被迫解散，錢先生回到家鄉，從此結束了他的學生時代，開始他鄉間教書

---

〔註18〕參見錢穆，《八十憶雙親師友雜憶合刊》，頁34。
〔註19〕參見余英時，《猶記風吹水上鱗》，頁39。
〔註20〕參見錢穆，《人生十論‧自序》（台北：東大圖書公司，1982年），頁3～4。

的生涯。就在這一年，錢先生讀到了梁啓超刊在《國風報》的〈中國不亡論〉（原題爲〈中國前途之希望與國民責任〉），由於此篇文章引發錢先生愛國思想與民族文化意識，但錢先生沒有走上政治救國的道路，而是深入中國歷史，尋找中國不亡的客觀證據。〔註21〕

　　民國元年，錢先生十八歲，開始在秦家水渠三兼小學任教。由於家貧，升學無望，錢先生便一邊教書，一邊自學，刻苦攻讀。關於錢先生早年的爲學經歷，他曾在《宋明理學概述‧自序》中說過，他入中學時，主要讀韓愈、柳宗元、歐陽修，然後讀姚鼐《古文辭類纂》和曾國藩《經史百家雜鈔》，以爲天下學術無逾姚、曾二氏。受忘年交秦仲立先生啓發，於是轉治朱熹、王陽明，由集部轉入理學。由讀陽明《傳習錄》、朱子《近思錄》及黃宗羲、全祖望的《明儒學案》、《宋元學案》，上溯五經及先秦諸子，即由理學上溯經學、子學，然後下及清儒的考訂訓詁。由深好宋明語錄和清代考據，隨著讀書愈多，遂知治史學。由這段錢先生的治學經歷，可見其由集部而經子而史學的作學問歷程，其實錢先生學問淵博，兼涉四部，而終以史學爲歸。

　　民國七年，錢先生完成第一篇重要的學術論文〈說惠施歷物〉，此篇文章透露出他對宇宙本體的看法，及日後一步步開啓對歷史與文化連續比較研究的大門。基本上，錢先生思想是由哲學思辨開端，作爲他凝合時空大思路的端緒；他晚年發表〈中國文化對人類可有的貢獻〉一文，也是以哲學的思維作爲主軸的反芻〔註22〕。由此，可以看出錢先生終其一生的哲學思維前後一貫，若對其著作仔細閱讀與分析，不難看出錢先生是一位勤學深思的思想家，而不只是熟悉資料的史學家，即使把他放到二十世紀人類大思想家的行列中，亦毫不遜色。

　　民國十二年，錢基博先生推薦錢先生到無錫江蘇省立第三師範任教，前後四年間，錢先生先後寫成《論語要略》、《孟子要略》及《國學概論》三書。在《國學概論》最後一章「最近期之學術思想」，錢先生指出，最近學術思想之不同於清代，主要在關於文化問題的討論。他依次分析評述了新文化運動、東西文化論戰、美國的人文主義和科學與人生觀之爭等重大理論問題。這些問題的探討對錢先生日後文化學理論的形成，有極大的影響，尤其看到知識

---

〔註21〕參見錢穆，《錢賓四先生全集（二十九）中國歷史精神》，頁2。
〔註22〕參見陳啓雲，〈錢穆師與「思想文化史學」〉，見於陳文瑛主編，《錢穆先生紀念館館刊》年刊第三期（台北：市立圖書館，1995年），頁116～117。

界盲目的守舊與失心的趨新，都源於對東西文化的認識不清。因此，其文化學特別重視文化的認識問題，依今日世界的學術觀點而論，錢先生的著述研究，實即現代西方盛行的現象學與詮釋學所重視的「前理解」視野的建立，而此更是錢先生精心構思日後文化學重要預備時期，其目的即在提供國人重新回顧與認識自己民族文化的一種視野。

民國十九年秋天，錢先生應聘到燕京大學，此後錢先生即有意識地將自己的民族憂患意識與自己的學術研究結合起來，逐步建立起自己的文化思想史學體系。民國二十年以後，他轉到北京大學執教，講授「中國近三百年學術史」等課程，後來出版了兩部重要的代表作：《先秦諸子繫年》和《中國近三百年學術史》，皆獲得學術界的好評。據楊樹達日記提到：

> 1943 年 7 月 26 日。閱錢賓四《近三百年學術史》。「注重實踐」，「嚴夷夏之防」，所見甚正。文亦足以達其所見，佳書也。〔註 23〕錢先生開始編撰此書講義時，正值「九一八事變」，到了民國二十六年成書由商務印書館出版，錢先生自言心境，「五載以來，身處故都，不當邊塞，大難目擊，別有會心」，是書所論，「亦將以明天人之際，通古今之變，求以合之當世，備一家之言。〔註 24〕

正因錢先生在書中痛斥滿清諸帝「壞學術、毀風俗、殘人才」，採取高壓政策，使學者不敢以天下治亂為心，相率逃避現實，躲藏在故紙堆中討生活。因此錢先生文化學特別針對清學，振衰起敝，重視直接面對現實人生，與人生切己的實踐。又基於「通古今之變」的懷抱，錢先生嚴厲指責那些以為清王朝已腐敗覆滅，因此治國方案應完全以歐美各國政體為準繩的錯誤觀點，尤其是對不顧本國具體國情、風俗習慣、價值觀念，終致偏激走上鼓吹全盤西化的觀點，大加撻伐。而在此時正值國內學術界如火如荼的展開中西文化論戰的階段，錢先生力闢門戶之見，另闢蹊徑，獨自開啓一條回歸中國歷史文化中尋找醫治現代文化病象的道路。

這種整體而有系統的回歸固有典籍與文化的新認識，具體的表現在民國二十九年發表的《國史大綱》一書中。

總而言之，在民國二十九年《國史大綱》的成書，或可謂是錢先生回歸

---

〔註 23〕參見楊樹達，《積微翁回憶錄》（上海：古籍出版社，1986 年），頁 204。
〔註 24〕參見錢穆，《錢賓四先生全集（十六）中國近三百年學術史（一）·自序》，頁 18。

中國經典，回到中國文化與歷史的發展大勢中，重新思索中國文化危機出路的一個重要階段。錢先生似乎認爲只有回到整體中國文化與歷史的傳統中，才能眞正看清並決定中國文化徬徨在十字路口該如何選擇適己的路向。

## 第三節　對西洋文化與文化偏見的批判

### 一、批判西洋文化

到了民國三十八年之後，中國的歷史進入一個新的階段，中國文化危機下的諸多問題在中國大陸淪入共產黨的統治之後更明顯地暴露出來。

在進行文化學理論建構之前，錢先生首先針對引起全球文化危機的西洋文化，作深刻的反省。當此之時，錢先生正在香港創辦新亞書院，並且像一位俠客，風塵僕僕地往來台灣、南洋等地方演講，替這個「文化危機」的時代鳴不平，《文化學大義》便是此時期的非常之作。其中主要論點即針對當時世界的狀況，對世界文化調配不適所產生的文化病症痛下針砭。

這一時期，在錢先生文化學的建構過程中，主要提出對西洋文化危機的幾點觀察。

### （一）就歷史方面考察

錢先生認爲現代西方人乃由中世紀蠻族入侵羅馬帝國之後，逐漸演變而來，在文化類型上偏於外傾性的游牧商業文化，其文化第一個母胎乃基督教文明，經過文藝復興，才使希臘羅馬精神復活，由靈返肉，爲個人現世歡樂主義的復興。所以今天的西方文化，實是從中古時期蠻族接受了耶穌教開始，下面接上希臘、羅馬，在下面又由他們自己發展出一番現代科學，由此四根文化大柱子建立起來的。而其文化危機的產生，乃在於此四根大柱子並不能十分融合，由此四根大柱子建築起來的大屋子中間產生了裂痕。錢先生認爲：

> 希臘人講自由，羅馬人講組織、講法律、軍隊、帝國主義。而自由與組織這兩面永遠相衝突，一則成爲個人主義，一則成爲社會主義。而科學與宗教也不容易融合。〔註25〕

〔註25〕參見錢穆，《中國文化學叢談》（台北：三民書局，1979 年），頁 72～73。錢先生於此處強調，此四根文化柱子的次序不可顛倒混亂，他說：「由耶穌教到希臘、羅馬、到現代科學，那是接的上的。若從希臘、羅馬接到耶穌，便不

## （二）就近代西方文化特色而言

錢先生標舉出四個項目來說明近代西方文化的特色，分別是：近代西方的科學精神、個人自由、民主政治及資本主義。錢先生認為其特點如下，第一項目，近代西方科學之產生乃由於西方近代「由靈返肉」運動之入世思潮，科學實際成為一實用哲學，用來實現這一種權力意志之無限伸張。第二項目，強調「個人自由」，也是由於「由靈返肉」運動，轉入個人主義（因靈魂本身具有個人性），但不能擺脫中古時期對神界無限追求的精神，反而要在現實的、有限的個人生命中，實現無限無極的自由意志。第三項目，「民主政治」，錢先生認為民主政治的最高法律，為少數服從多數，其背後精神乃在於尊重個人權力意志之自由伸舒的精神，同一精神導致極權政治之接踵繼起。因民主政治的個人權力意志之自由是不徹底的，極權政治的個人權力意志之自由伸舒，在某一個人身上，集中象徵化而滿足地表現了。因此，民主政治與極權政治背後精神是一致的。第四項目，「資本主義」，西方近代「由靈返肉」運動把中古時期朝向天國神界的熱忱，轉移到現實人生界。此種要求個人權力意志無限發舒的精神，加上近代科學，如虎添翼，成為近代所謂企業精神，便形成了現代資本主義社會的怪狀。〔註26〕

由上述可知這四個近代文化特色之共同點乃是背後有一無限向前的精神觀念，引導人生脫離現實，走向無限追尋的渺茫之路〔註27〕。因此，錢先生在《文化學大義》一書中，特別提出現代西方的歷史學者甚至認為「中古時期並不黑暗，依耶穌看法，黑暗應在我們的現代。」〔註28〕因為就文化歷史人生的立場，無論是對「神之國」或「物之邦」的嚮往，只要遠離現世文化歷史人生，而走上極端的無限向前的追求，都可能導致忽略了現世人生正常的發展，產生歷史上所謂的「黑暗時代」。

## （三）就其文化發展而言

錢先生認為就近代西方文化五條主要線索，其中：

> 第一系列，屬於形上學方面，如康德哲學中之純粹理性批判發揮人

---

> 容易，再由耶穌接上現代科學，也不容易。……西方人認為他們的文化源遠流長，必須追溯到埃及、巴比倫、希臘、羅馬，一路下來，但實際他們則是從中古時期倒接上去的。」

〔註26〕參見錢穆，《文化學大義》（台北：正中書局，1983 年），頁 88～92。
〔註27〕參見錢穆，《文化學大義》，頁 95。
〔註28〕參見錢穆，《文化學大義》，頁 77。

類道德之無上命令與先天義務。黑格爾歷史哲學指示出客觀精神發展向前之必然性的辯證法。又如叔本華之生活意志與悲觀哲學及尼采之權力意志與超人哲學。錢先生認為此一系列之淵源亦是「由靈返肉」、無限追求的精神，降落到人類現實生活中來的第一系列。

第二系列，社會政治方面，如盧梭的天賦人權，強調自始以來的個人自由之民約論，推演出近代民主政治中的平等精神。又如達爾文的生物進化論、馬克斯專主生產工具與階級鬥爭的唯物史觀、克魯泡特金的互助論等，乃是「由靈返肉」運動之第二系列理論，其精神雖走向歷史追溯，卻仍偏在自然與原始方面。

第三系列，運用近代自然科學之精神與方法，故意創造出一種無靈魂的心理學，產生出偏於生物的、生理的、原始人本能的心理學，卻忽略歷史的、文化的人文心理學。

第四系列，由入世與功利觀念所產生之科學精神，如培根、笛卡兒所提倡之追求征服四圍與主宰一切的權力，以科學知識的最後價值再獲得權力，而不在於獲得純粹真理。

第五系列，自然科學之發展，到了十九世紀形成一種盛極一時的唯物哲學，此一系列恰與第一系列相對立。〔註29〕

錢先生認為上述西方文化思想發展的五個系列，可以歸納為三個核心勢力，一是由宗教情緒轉變來的內心精神之無限追求，一是以肉體生活為主的個人自由，此二者合併成為近代文化中心柱石的權力意志，而以科學知識作為其運用的工具。而此無限追求、個人自由、權力意志三者的追尋發展所產生的最大缺陷在於偏重於個人的肉體的現世人生，而忽略了歷史的文化的長期積累的精神人生〔註30〕。這「歷史的文化的長期積累的精神人生」正是錢先生文化學最注重的部份。由歷史與文化為基礎所開拓的文化學理論，便成為錢先生文化學的主幹，錢先生即本此看法，說明人類文化危機乃在於人類文化兩類型（農耕文化與游牧商業文化）之相互衝擊，與文化三階層（物質人生、社會人生、精神人生）與七要素（經濟、科學、政治、文學、藝術、道德、宗教）配搭的失調。

總之，錢先生是站在歷史與文化的立場，對西方文化進行觀察，並提出

---

〔註29〕參見錢穆，《文化學大義》，頁98～99。
〔註30〕參見錢穆，《文化學大義》，頁99～100。

總結式的批判。

## 二、批判文化偏見

　　錢先生除了反省西洋文化危機之外，也頗注意當時學界討論的文化問題。

　　從晚清到三十年代，整個中國文化思想界充滿了改革、變法、東西文化等大小論戰，不下二十種。其中較著名者有：（一）晚清的今古文論爭，（二）五四新文化論爭，（三）科學與玄學論戰，（四）三十年代「全盤西化」與「中國文化本位」論戰。主要注重的方向還是「西化」問題，而「西化」問題則始終圍繞著列強侵略、瓜分中國的危機打轉，反而忽視了全面深刻的反省與認識自己的文化傳統。如此一來，更加深了中國文化的危機。

　　前文提到，事實上，民國初年，中國知識份子覺悟到中國的改革不能僅停留在器用和制度的層面，而更根本的應該是文化與思想的改革。因此到了民國時代，文化討論便成為當時知識界最關切的話題。

　　如民國二年，康有為在上海創辦《不忍》月刊，鼓吹尊孔教為國教，復辟清室，實行君主立憲。民國三年九月二十八日，袁世凱率百官在北京孔廟舉行盛大祭孔活動。但在恢復舊禮教的呼聲之下，也有相反的論點被提出。歐洲於 1914 年爆發第一次世界大戰，1915 年一月日本政府向北洋政府提出滅亡中國的「二十一條」，同年九月，陳獨秀於上海創刊《青年雜誌》，自第二卷改名《新青年》，編輯部亦於次年遷到北京，並帶起了「新文化運動」的思潮，標舉「民主」、「科學」為口號，反對舊道德舊文學，提倡新道德新文學，企圖將傳統與現代、東方與西方文化對立起來，對西方文化主張全盤接受，對固有文化則全盤否定。陳獨秀曾表示：「吾人倘以新輸入之歐化為是，則不得不以舊有之孔教為非；倘以舊有之孔教為是，則不得不以新輸入之歐化為非；新舊之間絕無調和兩存的餘地。」〔註 31〕陳獨秀之所以提出如此強烈的反傳統主張，一方面乃是受到康有為等人積極地想將儒教訂為國教，而袁世凱又企圖利用舊禮教以鞏固其帝制運動等事件的刺激；另一方面則是嘗試替全盤西化運動鋪路。

　　到了民國八年「五四」學生運動，新文化運動的趨勢達到最高潮。錢先生觀察到此狀況，以為「自此以下，一部份誤解新文化運動意義的青年，其

---

〔註31〕參見陳獨秀，「憲法與孔教」，收於《新青年雜誌》二卷三號，1916 年。

生活**轉趨**於墮落放縱者日增。」〔註32〕「而新文化運動也從改進社會文化思想道德方面，轉入於政治一途。」〔註33〕

民國九年，梁任公發表《歐遊心影錄》，力陳西洋物質文明的流弊，及東方文化未可全棄之意。同年九月，梁漱溟在北大講《東西文化及其哲學》，主張維護中華文化傳統，發揚東方固有文化。

民國十一年，東南大學胡先驌、梅光迪、吳宓等人在上海創辦《學衡》雙月刊，以「昌明國粹，融化新知」自期，反對新文化。尤其是梅光迪在《學衡》第一期發表〈評提倡新文化者〉一文，認為中國倡言改革者從西方引入「工商製造」到「政治法制」，洎乎新文化運動的引入「教育哲理文學美術」，是詭辯、模仿，求功名、做政客。因此主張在改造和吸收他人文化之前，宜先徹底研究和明確評判自己的固有文化。

民國十五年七月，胡適在《現代評論》第四卷八十三期發表〈我們對於西洋近代文明的態度〉一文，全面否定以儒、道為代表的中國文化，肯定西洋的近代文明；認為某些西方學者推崇東方文化，只不過是「一時病態的心理」；並稱頌西方的「新宗教」、「新道德」。〔註34〕

同年八月，常乃德在《現代評論》第四卷九十、九十一期發表〈東西文化問題質胡適之先生〉一文，反對以「東西文化」來區分世界文化。認為世界文化只有發展階段的不同，而無根本的差異，所謂「東西文化」之異，不過是古今文化之異罷了。〔註35〕

民國二十年，陳序經更大膽地提出「全盤西化」的主張之後，引發長期的文化論戰，最能代表當時文化思想界討論的一面倒狀況。陳序經提出關於徹底全盤西化的理由認為：

　　（一）西洋文化，的確比我們進步得多。

　　（二）西洋現代文化，無論我們喜不喜歡去接受，他畢竟是現在世界的趨勢。

到了民國二十四年一月十日，包括：王新命、何炳松、武堉幹、孫寒冰、黃文山、陶希聖、章益、陳高傭、樊仲雲、薩孟武等十教授在上海發表「中國

---

〔註32〕　參見錢穆，《錢賓四先生全集（一）國學概論》，頁382。
〔註33〕　參見錢穆，《錢賓四先生全集（一）國學概論》，頁382。
〔註34〕　參見胡適，〈我們對近代西洋文明的態度〉，《胡適文存》第三冊（台北：遠東圖書公司，1968年），頁6～15。
〔註35〕　參見胡安權主編，《中國文化史年表》，頁884。

本位的文化建設宣言」。宣言大意說：中國有其自身的特殊性、時代性，必須特別著眼於此時此地的需要，此乃中國本位的基礎。必須將中國過去的一切，加以檢討，好的發揚光大，不好的當淘汰務盡。而吸收歐美文化，亦當決定於現代中國的需要，不應全盤西化，連渣質都吸收過來。〔註36〕

同年一月十七日，胡適在《獨立評論》一四二期發表〈我完全贊成陳序經先生的全盤西化論〉，後來又提出「充分世界化」的口號來取代「全盤西化」。

胡適在當時即提出尼采「重估一切價值」的新思潮主張〔註37〕，對舊有文化進行清理門戶的工作，尤其是凸出「反省認罪」的地位，他說：「我們的民族信心必須站在『反省』的唯一基礎之上。反省就是要閉門思過，要誠心誠意的想，……要認清了罪孽所在，然後我們可以用全副精力去消災滅罪。」〔註38〕

在全盤西化的浪潮之下，當時西方所流行的各種學說思想，也被介紹到中國來，如李石曾從法國引進克魯泡特金的「互助論」，巴枯寧的無政府主義，王國維介紹了德國的叔本華和尼采的思想，胡適從美國帶回實驗主義，張君勱從法國引進了柏格森，張申府介紹了英國的羅素等等。〔註39〕

總之，外國有多少主義，中國知識份子，就有多少派別；就像武人內戰之不暇一樣，文人也不斷的互相鬥爭。〔註40〕

後來也有不少知識份子對繁雜紛亂的文化論戰加以檢討。

張君勱說：「我觀察整個中國知識份子時，我發現他們喜歡新奇的思想，卻沒有責任感。」〔註41〕

金耀基則指出：「五四以來，中西文化的論戰，變成了個人追逐虛聲的最佳也最便捷的道路。」〔註42〕

---

〔註36〕參見許蘇民，《比較文化研究史》（雲南：人民出版社，1992年），頁695～696。

〔註37〕參見章清，《胡適評傳》（江西：百花洲文藝出版社，1993年），頁126。

〔註38〕胡適，〈充分世界化與全盤西化〉（上海：大公報星期論文，1935年6月23日）。

〔註39〕參見逯耀東，〈從五四到中國社會史大論戰〉，收在周玉山編《五四論集》（台北：成文出版社，1980年），頁220。

〔註40〕參見胡秋原序，收在姜新立，《瞿秋白的悲劇》（台北：幼獅出版社，1982年），頁5。

〔註41〕參見張君勱，《新儒家思想史》（台北：中國民主社會黨中央總部，1980年），頁606。

〔註42〕參見金耀基，《從傳統到現代》（台北：時報文化出版事業有限公司，1983年），頁31。

　　陳寅恪對科玄論爭與中西文化論戰的變質戲評:「不通家法科學玄學」、「語無倫次中文西文」〔註43〕。但等到錢先生在報上發表〈國史大綱引論〉,他即讚爲近年來少見的大文章〔註 44〕。因爲錢先生即針對假文化論戰以行自我宣傳、爭名奪利的文化亂象,提出針砭,以爲所謂文化認識的問題,唯有真正認識文化演進的真象,才能確切審視文化病,才能對症下藥。而想要認識文化演進的真象,則必須對文化有整體的瞭解,非一二人的私見,或一時的妄作,即可全面推翻。辛意雲先生在紀念錢先生的文字中提到說:

> 我們之所以在全盤西化中一直動盪到今天,基本上是因爲從來不去建立真正的自我,只是不斷放棄自我,去做另外一個人。而錢賓四先生幾乎是在這時代中唯一的一個站出呼籲要看重自我、肯定自我,以作爲重建自我的第一人。賓四先生是唯一不斷呼籲中國人看看鏡子吧!而力排眾議,既不贊成國粹,也不支持西化派,而另闢路徑的人。〔註45〕

這裡所謂的「另闢路徑」即是走向其獨特的文化學研究。

　　實際上,錢先生發表的《國史大綱‧引論》中曾針對本國文化偏見論者,作過系統的批判。並就歷史事實列痛陳國人文化意義迷失的現象,認爲:

第一,視本國已往歷史如外國史,失其切己認識應有的情意。

第二,視本國已往歷史爲無一點有價值之偏激虛無主義者,且無一處足以使其滿意。

第三,以一種淺薄的進化觀,以爲自己站在已往歷史的最高頂點,而將我們當身種種罪惡與弱點,諉卸於古人,乃是一種似是而非之文化自譴。

第四,如果一國家的國民皆抱以上諸觀念,則其所改進,等於一個被征服國或次殖民地之改進,對其國家自身不發生關係。

而這也正是錢先生於抗戰期間,撰寫《國史大綱》試圖從中國通史的說明與重建之中,以破除日益狹隘化的文化偏見。

　　胡昌智先生以爲當時的文化論戰主要有五點特徵:(一)「新」、「舊」對

---

〔註43〕參見汪榮祖,《史家陳寅恪》(台北:聯經出版社,1984 年),頁 38。

〔註44〕參見嚴耕望,〈錢穆賓四先生行誼述略〉,收在陳文瑛主編,《錢穆先生紀念館館刊》創刊號 (台北:市立圖書館,1993 年),頁 12。

〔註45〕參見辛意雲,〈真正的中國讀書人——錢穆先生〉,刊載於《明道文藝》,1991 年 1 月,頁 110。

立的看法，（二）零起點的追求，（三）暴力的宣揚，（四）世界史是單一發展的看法，以及（五）要趕上別人的那種迫切趕與時間壓力感。而這五種因素混雜在一起不可分〔註46〕，導致當時文化論戰傾向於「全盤西化」，而使國人的本國文化意識虛無化。錢先生《國史大綱》的適時出現，不啻振聾發聵，有助於解除國人對本國文化認識的危機，這篇引論的說明即針對前述種種觀念的迷霧。另外，錢先生在《中國歷史研究法》一書中，還從六個方面逐一加以分析廓清：

第一，錢先生指出，文化研究除了運用哲學眼光之外，仍必須根據歷史事實。哲學可以凌空討論，而歷史與文化之討論，則必須有憑有據。哲學僅為文化之一部門，而文化並非即是一套哲學。因此錢先生指出，近人梁漱溟所著《東西文化及其哲學》一書，偏於只根據哲學觀點討論文化，似有不足之處。

第二，文化雖有其共通性，但也有其相異處。不能說天下烏鴉一般黑，一切以西方的文化進展作為標準，如以一鋼琴家之優點要求一網球家，錢先生稱此為「文化抹殺論」。

第三，討論文化不可單看其細小處，必須從大處著眼。如胡適以太監、姨太太、拖辮子、女人裹小腳、麻將、抽鴉片、吐痰等為中國文化的代表，這樣討論文化就太瑣細了，錢先生稱之為「文化的枝節論」。

第四，文化乃一會通合一的總體，不應只就其分別處看。如政治、經濟、思想、學術、藝術、宗教等種種項目，都屬文化的一面，但其背後，則有一會通合一的總體。

第五，文化的發展有一長遠的進程，不能只從近處看。應要看得遠，不可專從一橫切面只看眼前，錢先生稱之為「文化的短視論」。

第六，任何一文化系統，必有其優點長處，也有其短處。討論文化時，不當只挑缺點短處，錢先生稱之為「文化自譴病」。〔註47〕

錢先生認為，近代中國人因為患了以上六種文化認識盲點的病症，以致對自我的認識模糊，促使文化危機一再地惡化。因為中國人已經喪失認識自我的

---

〔註46〕 參見胡昌智，〈怎樣看《國史大綱》？〉，收在陳文瑛主編，《錢穆先生紀念館館刊》創刊號，頁 33。
〔註47〕 參見錢穆，《錢賓四先生全集（三十一）中國歷史研究法》，頁 141～148。

能力，如何重建中國人自我認識的能力，便是錢先生建立文化學首先必須面對的重大課題。

總之，由上所述，可知錢先生基本上是鉅觀的，由整體中國文化發展的立場，徹根徹底回到民族文化的歷史中反省與檢討當代的中國文化危機；以整體共通的大處著眼，就民族文化的大傳統上從事精思，而非斤斤於文化的枝微末節批判文化的危機，因此也避免了對文化發展大方向的迷失，而這種全面普遍的追索問題的態度，看似平常，實質上卻是一件艱鉅的文化再造工程。

## 第四節　錢穆文化學的特色

錢穆文化學的體系博大精深，涵攝面極廣，大要言之，錢先生是以文化、人生與民族三者爲根荄，現象雖可三分，而基本上仍屬同一本體〔註48〕。這個體正是錢先生常提到的「中國歷史文化精神」，以抽象的講法而言即是「道」。

這套錢先生文化學體系之「道」的闡明，對理解其文化學有其一定的意義。在此，本文擬將當代中國學術界對文化的定義擇其要者，與錢先生的看法加以比對，以凸顯錢先生對文化的獨到見解。

在本世紀初，梁啓超曾預言中國二十世紀是一個「過渡時代」，在這樣一個中西文化激烈衝撞、新舊傳統相互並存的時代，中國思想界呈現極爲蓬勃的景象，整個文化思想界充滿了改革、變法、東西文化等大小論戰，不下二十種。到了世紀中期（1949 年），整個中國大陸淪入共產主義的統治，全盤西化達到最高峰。這對某些知識份子，無疑是一個重大的打擊。尤其是避難流亡海外的學者，則繼續不斷地對導致中國文化與實際政治變局的狀況，進行反省思考與研究，甚至對此後主導中國社會的馬克斯的唯物思想進行批判，錢賓四先生便是其中的重要代表之一。

在現代中國學術史的發展上，錢賓四先生當是一爲極重要的歷史人物。尤其是在中國從傳統走向現代化的轉型過程中，錢先生一生不懈地致力於東西文化研究工作，從傳統國學研究，到現代文化人生各方面的比較研究，他都留下了豐碩的著述。其最著名的事蹟，除了在抗戰期間完成膾炙人口、體

---

〔註48〕 參見錢穆，《民族與文化》，頁 1。

例新穎的新國史《國史大綱》之外，即是當中國大陸成立共產政權之際，他在香港赤手空拳地創辦具有中國儒學精神的新亞書院，成爲海外中國文化研究的重鎮。其影響所及，不僅使儒學研究注入一股活力，而且間接促成全世界掀起一股研究儒學的熱潮（這與五四新文化運動高呼打倒孔家店、全盤西化的情形，實不可同日而語）。錢先生當時結合一批流亡學人，共同創辦新亞書院，開始招收許多逃難失學的學生，從錢先生所寫的新亞校歌「艱險我奮進，困乏我多情。」十分貼切的傳達出當時的新亞精神。經過新亞師生的努力，終於獲得國內外學術界的肯定，其所開展出來的新儒學研究，正引起海內外學界熱烈的討論，至今方興未艾。

錢先生在此時期最重要的學術活動，即是建立其文化學的研究。錢先生經由文化學的新創，重新賦予儒學以時代的新生命，余英時先生稱錢先生「一生爲故國招魂」，以說明其學術精神〔註 49〕。深究其實，錢先生的「招魂」工作乃是一種詮釋活動，即所謂以具有「通儒」的眼光〔註 50〕，對中國傳統學術與世界思想潮流進行溝通融會實驗，其最主要工作乃是在這人生充滿矛盾的文化危機時代，回歸孔子儒家的人生信念，因此才有文化學的開創與提倡。

## 一、關於「文化學」的意涵

五四以來，中國學術界展開的諸多論戰，主要集中在針對新舊文化遞嬗的問題，而此文化論戰，不只爭論文化的優劣得失，更要緊的意義便是對於「文化」概念的澄清與再界定。錢先生或旁觀或參與這些論戰，加上不斷的探索反思，逐漸形成對「文化」的完整看法，或許可謂錢穆的文化學具有集大成的性格，所以想要瞭解其文化學的特色，也必須對五四以來諸多具代表性學者關於文化的見解，具備相當的認識，才能較正確的理解錢先生的看法。

---

〔註49〕 參見余英時，《猶記風吹水上鱗》，頁 17。
〔註50〕 昔人稱顧亭林爲通儒，其要件爲：「必須要有匡時救世的心術，要有明體適用的學術，在著述上，要有『綜貫百家，上下千載，詳考其得失之故，而斷之於心，筆之於書。』的具體表現。」語見何佑森，〈拓墾者的畫像——錢賓四先生的學術〉（台北：中華文化復興月刊社，1977 年），以上引文即何先生提到的「亭林的學生潘未次耕曾爲通儒訂下了一個標準。」另外，何先生亦下一結論：「以這個標準衡量亭林一生的行事言論，無人懷疑他是一位通儒；而三百年後的今天，我們如果以這個標準衡量賓四先生，相信無人懷疑錢先生也是一位通儒。」

　　首先，胡適認為先有文明，然後才有文化。他指出：「文明是一個民族應付他的環境的總成績。」「文化是一種文明所形成的生活的方式。」〔註51〕並認為凡文明都是人的心思智力運用自然界的質與力的作品，沒有一種文明單是精神的或單是物質的，以反駁當時以西洋文明為唯物的、東方文明為精神的這種「東方民族誇大狂的病態心理」，進一步指出東西文化的一個根本不同之處，東方乃自暴自棄不思不慮，西方則是繼續不斷地尋求真理。胡適此處所論，若依前文錢先生對文化批判的分類，似乎偏於文化自譴論。胡適自述所以提出如此說法的心態乃著重在「報憂不報喜」，因此他寫新詩自嘲為一隻烏鴉，大清早起來呀呀叫，人家說牠不吉祥。

　　其次，梁啓超則持較認同中國文化精神的看法，他在《什麼是文化》一文中提到：「文化者，人類心能所開積出來之有價值的共業也。易言之，凡人類心能所開創，歷代積累起來，有助於正德、利用、厚生之物質的和精神的一切共同業績，都叫做文化。」〔註52〕

　　而梁漱溟對文化的看法則較前二說更進一層，他在《東西文化及其哲學》中指出：「文化並非別的，乃是人類生活的樣法。」〔註53〕他認為文化包括物質生活、社會生活和精神生活三大領域。並提出人生的三路向，用以說明文化的本質。他以中國文化為例說：「全部中國文化是一個整的（至少其各部門各方面相連貫）。它為中國人所享用，亦出於中國人所創造，復轉而陶鑄了中國人。」〔註54〕

　　到四〇年代，賀麟提出他的文化定義，認為「文化就是經過人類精神陶鑄過的自然」，「文化只能說是精神的顯現，也可以說，文化是『道』憑藉人類的精神活動而顯現出來的價值物，而非自然物。」又說：「文化是名詞，同時也是動詞；化字含有改變的意義。」「所謂文化，乃是人文化，即是人類精神的活動所影響、所支配、所產生的。又可說文化即是理性化，就是以理性來處理任何事，從理性中產生的，即謂之文化。文化包括三大概念：第一是『真』，第二是『美』，第三是『善』，……即是真理化、藝術化、道德化。」

---

〔註51〕　參見胡適，〈我們對西洋近代文明的態度〉，收於《現代評論》四卷八十三期，1926 年 7 月。

〔註52〕　參見梁啓超，《飲冰室合集・文集之三十九》（北京：中華書局，1989 年），頁98。

〔註53〕　參見梁漱溟，《東西文化及其哲學》（台北：里仁書局，1983 年），頁 12。

〔註54〕　參見梁漱溟，《中國文化要義》（上海：路明書店，1949 年），頁 26。

「文化的特徵乃是征服人類的精神，使人的精神心悅誠服。」〔註55〕

以上所略舉四家關於文化的看法，很明顯的胡適接受文化進化論的觀點，傾向於批判中國文化，梁任公則較認同於中國文化精神；相對地，梁漱溟則深刻許多，不但提出文化的三大領域，並運用哲學式論說，把西洋、印度、中國三種文化類型並列比較分析，尤其是他把文化的本質界定為「路向」，試圖從一種意向說的角度，對東西文化的實質作出區分。賀麟則巧妙避開了東西文化異同的爭論，主張文化討論應上昇到文化哲學的領域。

若就本文所欲探討的錢穆文化學理論深入理解，則顯然的錢先生是吸收各家文化討論的優點，如錢先生提出的文化三階層、人生三路向說，明顯地是融合了梁漱溟的觀點而進一步加以改造；而在關於東西文化比較問題則延續並消化了胡適、梁啓超以來的文化論戰問題，進行歷史性溯源式的探討。在文化哲學方面，錢先生則有《湖上閒思錄》、《人生十論》及《晚學盲言》等書專論，這三本書頗足以代表錢先生對文化哲學的灼見。

因此，若從廣闊的文化視野，來探討錢先生關於文化的見解，就可看出其建基於史學的立場，及堅持廣義的文化觀點去界說文化。錢先生在民國三十九年演講《文化學大義》時綜括指出：

> 文化只是人生，只是人類的生活。惟此所謂人生，並不指個人人生而言。每一個人的生活，也可說是人生，卻不可說是文化。文化是指集體的大群的人類生活而言。在某一地區、某一集團、某一社會，或某一民族之集合的大群的人生，指其生活之各部門各方面綜合的全體性而言，始得目之為文化。文化既是指的人類生活之綜合的全體，此必有一段相當時期之綿延性與持續性。因此文化不是一平面的，而是一立體的，即在一空間性的地域的集體人生上面，必加進一時間性的歷史的發展與演進。文化是指的時空凝合的某一大群的生活之各部門各方面的整一全體。文化學是就人類生活之具有傳統性，綜合性的整一全體而研究其內在的意義與價值的一門學問。人生意義有兩大目標，一是多方面之擴大與配合，一是長時期之延長與演進，即中國易經上所謂的可大可久。〔註56〕

---

〔註55〕參見賀麟，《文化與人生》（上海：商務印書館，1947年），頁32。
〔註56〕參見錢穆，《文化學大義》，頁4。錢先生自言其文化學乃根據此一定義之觀點所發展出來的。

錢先生並直接針對此整一全體文化觀作進一步的分剖成物質、社會、精神之文化三階層，游牧商業文化與農耕文化之文化兩類型，以及經濟、科學、政治、文學、藝術、道德、宗教等之文化七要素，實際上是融和了當代所謂的文化進化論、自然決定論、功能學派等當代重要文化學理論於一爐，而去其偏見，自成體系。

另外，錢先生在民國五十七年演講《中國文化十二講》時，進一步提出：「中國人對文化二字的觀念，常把一『道』字來表達。『道』，便是指的人生，而是超出人生一切別相之上的一個綜合的更高的觀念，乃是指的一種人生的共相。」〔註57〕這裡明確指出「道」即是人生，指的是我們共同的人生，是中國人人生的共相，並且回歸中國學術傳統來討論中國人生的共相與人類文化的問題。根據以上的引述可知：

第一，錢先生的文化學，基本上就是指人生之學，也就是「道」學，乃中國傳統講求的「修道」之學。錢先生主張「文化只是人生，只是人類的生活」，只是切近人生的生活，這和中庸上說：「道不遠人。人之為道而遠人，不可以為道。」其立論的基點是一致的。

第二，錢先生特別提出他所指的人生不是指個人人生，而是指集體的大群的人類生活。這與儒家學說的主張是相通的。儒家的主要著眼點乃在於會通人類大群歷史文化之總體，如孟子主張「性善」，而其所謂「性」，乃是指人心之所同然。錢先生在《湖上閒思錄》第一篇〈人文與自然〉中指出：「你若一個人一個人分析看，則人類卻有種種缺點，種種罪惡。因為一個個的人也不過是自然的一部份而已。但你若會通人類大群歷史文化之總體而觀之，則人世間一切的善，何一非人類群業之所造，又如何說人性是惡呢？」〔註58〕這種本諸儒家性善論的主張，不是就自然之性立論，而是將人放置在歷史文化之下、人文化成的性善說觀點，即是人文的觀點，文化學的觀點。

〔註57〕 參見錢穆，《中國文化十二講》（台北：東大圖書公司，1987年），頁5。
〔註58〕 參見錢穆，《湖上閒思錄》（台北：東大圖書公司，1984年），頁2。錢先生此文的結論如下：「近世西方思想，由他們中世紀的耶教教義中解放，重新回復到古代的希臘觀念，一面積極肯定了人生，但一面還是太重視個人，結果人文學趕不上自然學，唯物思想氾濫橫溢，有心人依然要回頭乞靈於中世紀的宗教，來補救目前的病痛。就人事論人事，此後的出路，恐只有沖淡個人主義，轉眼到歷史文化的大共業上，來重提中國傳統天人合一的老觀念。」此文寫於民國三十七年春天的太湖邊，與其最後心聲〈中國文化對人類可有的貢獻〉，立論精神是一致的。

　　第三，錢先生主張「立體的」文化觀，「即在一空間性的地域的集體人生上面，必加進一時間性的歷史的發展與演進」，是具體的在時空凝合下，大群生活各部門的整全，涉及人類大群歷史文化之總體，無疑已涵攝強烈的一元現世精神，而不再另外祈求超世天國的建立，是眞實而具體的人文化成精神的表現。

　　第四，針對錢先生文化學的基本內容與結構，分析其與儒學的關係。先就錢先生所謂文化之共性「文化三階層」而言，以儒家思想爲文化主體的中國文化，亦可以分成精神、社會、物質三部份的「文化三階層」，儒家重視精神生活的主張，可從孔孟遺訓「殺身成仁」、「舍生取義」見出端倪，但儒家並不排斥物質、身生活的價值，無黑格爾所謂「精神戰勝物質」的否定觀念，儒家主張由第一階層自然循序演進到第三階層。其次，就錢先生所謂文化之小異「文化兩類型」，其分類實即中國儒家所強調「夷夏之防」觀念的現代翻版。最後，錢先生在《文化學大義》附錄三中，針對文化七要素之第三階層「文學、藝術、道德、宗教」四要素，主張以道德與藝術作爲將來人類新文化的人生實體，回歸中國禮樂傳統，並批判西方哲學與宗教超越人生之虛無境界。

　　綜合以上四點可以看出，錢穆文化學實質上具有強烈的儒學性格，而此也可以視爲錢先生在目睹西方文化衝擊，帶來的中國文化與世界文化的危機，而根據中國文化歷史的生命經驗，對人生進行全面的反省思考的一項嘗試。本節的第三部份，即是根據其強烈的儒學關懷傾向，勾勒其文化學之大要特色。

## 二、錢穆文化學的特色

　　總的來說，錢先生提出的文化學理論主要包括：文化三階層、兩類型、七要素的說法，也可以看成是錢先生解讀人類文化的一把鑰匙，其所凝煉而成的文化精神幾乎涵藏於先生所有著作之中，由於錢先生以歷史性的、時間性的宏觀角度看待整體文化的問題，若站在這個觀點，或可謂錢先生的文化學也是錢先生之歷史哲學〔註 59〕。而此一套歷史哲學，並不是憑藉抽象的哲

〔註59〕　參見錢穆，《湖上閒思錄》，頁 50。錢先生說：「就中國論中國，中國人自有一套中國的歷史哲學。黑格爾與馬克斯同樣注重在解說歷史，求在歷史中發見定律，再把來指導人生。……至於中國人的歷史哲學，卻並不專重在解釋歷史，而更重在指導歷史，並不專重在發現將來歷史事變之必然性，而更重在

學觀念架空的推演出的歷史哲學，乃是錢先生根據人類文化的歷史進行高度的綜括得來的。若此說不誤，從歷史與文化的綜合面向，再看錢先生的文化學，大致上可以發現其文化學的三個特色：

## （一）直面人生

中國學術自古講求「修道之謂教」，事實即主張實際人生的問題就現實人世的種種加以改進，而不去希冀來世天國理想，因此開展出與西方風格迥異、各具特色的學術與文化系統。如果想要正確地研究任何一種文化，就必須深入此種文化的特殊風格，以求相應而眞實的理解，並建立評判的標準，這也就是爲何錢先生常舉網球家與音樂家的例子的原因，他認爲不能以一個網球家的觀點去評判音樂家的優劣。因此在研究中國學術思想時一再強調，回歸到中國學術傳統遠重要於套用西方學術理論。但是錢先生也並非狹隘的中國文化本位論者，他也非常重視科學，呼籲建立以人文精神爲領導的科學，因此錢先生在面對人類新文化的未來時，特別指出：

> 將來人類新文化之最高企向，就其鞭辟進裏言，就其平實眞切言，決然爲道德的、藝術的，而非宗教的與哲學的（此指西方式的宗教與哲學）。道德與藝術，本身即是人生之實體，而宗教與哲學，則終不免與眞實人生隔膜一層。而道德與藝術之根本淵源，則應直從人心內在要求中覓取，不應在超越人生之虛無境界如宗教與形而上學之所示。〔註60〕

此種直接面對人生之精神在中國傳統文化中，即所謂禮樂人生，簡言之，乃指透過一總體藝術活動，自然呈現人生命內在的情意，使人類大群達到一種痛癢相關休戚與共的整體境界。禮樂人生，乃藝術人生，也是道德人生。此種人生主張正所以用來挽救人類目前偏向唯物主義、唯生主義所產生的文化危機。

余英時先生認爲，錢先生早年以考據及史學見稱於世，但他的考證乃是爲了一個更高的目的服務，即從歷史上去尋找中國文化的精神〔註61〕。就錢先生在《文化學大義》中所揭示的文化精神，即所謂的「文化三階層」，由文

---

發現當前事情之當然性，這便與黑馬兩氏大相逕庭了。」或以此觀點衡量錢先生的思想文化史學，亦具有此種特性。

〔註60〕 參見參見錢穆，《文化學大義》，頁130。
〔註61〕 參見余英時，《猶記風吹水上鱗》，頁25。

化第一階層物質人生上昇發展成第二階層社會人生，再上昇至第三階層精神人生。其中第一階層物質人生具鬥爭性，第二階層社會人生具組織性，第三階層精神心靈人生具融合性，「心」由「物」發展而來，但「心」更可涵攝「人」與「物」，正該以第三階層的「心」指導第二階層「人」與第一階層的「物」，才能使人類文化趨向和平融合的大道〔註62〕，以解救當前偏向唯物鬥爭所產生的文化危機。故可謂「文化三階層」乃錢先生綜合古今文化歷史思想，凝煉而成的歷史文化內在發展趨勢，錢先生主要目的即在於勾勒出歷史文化發展中眞實不虛的事物，即所謂「歷史精神」，常能在未來的歷史中發揮極大的影響力。

或以爲錢先生長於從事極繁瑣的考據工作，實際上正是錢先生凡說必有所據，不作架空高談的學術風範，終究不忘回歸現實人生，並爲之建立人生指導的理論架構，其基本精神乃繼承了中國子學「救弊補偏」的精神。我們可以看到錢先生在建立文化學理論時，即以處理人類文化危機的偏弊作爲問題求解的要務。而在文化即生活的信念之下，解消文化危機的主要因素還是在人生思想問題的解決，因此錢先生在完成《國史大綱》之後，即轉入文化與人生的探討。

根據錢先生對文化的定義，以「文化即是人生」，其精神乃是強調做學問最終當直接面對實際人生，而不是在故紙堆中作聖賢大夢，並以這種態度批判「乾、嘉諸儒蠹故紙堆逃死而稱經學，斯無足道。」〔註63〕唯此當下的實際人生乃涵蓋人類古今歷史文化，並在中國當時反儒教的風潮之下，大力提倡儒家思想作爲現代人生各方面各部門的指導。如此的文化學理論不是在中國歷史之外，而是涵蓋包括整個人類的歷史、整體人生，然而就一般的歷史記述而言，人生的某些部份卻寫不進歷史，如顏子以德行稱，卻沒有大事業，寫不進左傳。因此某些論者即就此狀況，稱錢先生所標舉的文化演進通律在歷史之外〔註64〕，這種看法其實就是站在歷史學的角度批評文化學，而非錢先生歷史與文化合一的論點。至於說錢先生爲何要從史學跨越到文化學的領域？錢先生在《中國歷史研究法》第八講中指出，時代不同，學術研究的重點亦復各有所偏重，他說：

〔註62〕參見錢穆，《文化學大義》，頁20～23。
〔註63〕參見錢穆，《錢賓四先生全集（四）孔子與論語》，頁455。
〔註64〕參見黃克劍，〈現代文化的儒學觀照——評錢穆《文化學大義》〉。

「文化」一詞，亦從西方翻譯而來，中國從前研讀歷史，只要懂得
人物賢奸，政俗隆污，憑此一套知識，可以修己治人，則研習史學
之能事已畢。現在則世界棟通，各地區、各民族，各有一套不同演
進的歷史傳統存在著，如何從其間研究異同，比較得失，知己知彼，
共圖改進，於是在歷史學之上，乃有一套文化學之興起。此在西方
不過百年上下之事，但中國古人實早已有此觀念。

所謂「中國古人早已有之觀念」即是強調歷史學必須納入在關於人生之道的
文化學之內，而且不是偏於人生某一方面，必須包含人生之大全整體。這在
錢先生的文化三階層中有詳細的說明，大要言之，文化第一階層爲物質人生，
包括經濟爲主要因素；第二階層爲社會人生，包括政治、科學等因素；第三
階層爲精神心靈人生，包括文學、藝術、道德及宗教。錢先生以此三階層的
內容涵蓋整個人生整體，並以第三階層精神心靈人生做爲總體人生之指導，
用以對抗文化指導核心下墜於文化第一階層的唯物主義、唯生主義思想，主
張以融合性取代偏於鬥爭性的在當代中國盛行的現代西方文化潮流。

　　錢先生把這種文化與歷史一元、直接面對人生的文化思維與認識方式，
同樣地運用於他對中國學術思想的解讀詮釋。錢先生晚年弟子戴景賢教授曾
謂：「思想史本余平素最喜愛之一項，余上課遂屏息以聽。乃聽講之首日，即
大出意外。先生既非先釋理氣性命諸觀念，亦非先擇先秦、兩漢一時代，乃
竟自生活中食衣住行四事講起。余從不知讀論語孟子莊子老子，尚可有如此
角度，眞可謂大開眼界。」〔註 65〕錢先生文化三階層論，並非意味此三階層
是隔絕的，反而是將第三階層精神心靈的活動，貫串在第一第二階層中具體
地去談，視宇宙人生物質爲一體，不妄作片面的割裂，是力圖彌縫當代學術
分科分治分裂所帶來的文化危機，重還文化整全的相貌，道術爲一，因此也
避免了技術性掛帥思維所導致的人文割裂現象。

　　因此也讓後學者了悟，欲解讀錢先生文化學，必須擴大對文化認識的角
度，具備通識的眼光，融整個宇宙人生，並與時代精神同一脈搏，才能眞正
理解錢先生學術的眞貌，否則就容易掉入錢先生所批判的當代中國文化危機
的泥淖中，而對錢先生苦心孤詣建立的文化學奧義產生曲解，扞格難入錢先
生文化學的奧義。

---

〔註65〕參見戴景賢，〈從學賓四師二十年之回憶〉，收於《錢穆先生紀念館館刊》年
　　　　刊創刊號，1993 年，頁 72。

## （二）破除狹隘的道統觀

　　由於錢先生熱愛中國文化，而對文化學的研究，總站在傳統文化的立場，常被視爲文化保守主義者。若撇開偏見，持平的考察，其實錢先生對中國舊學，具有堅實深厚的根基，因此他才敢於反對潮流和陳說，提出石破天驚的見解和觀點。在中國學術領域裏，他破除了經、史、子、集分割的看法，破除了考據、義理、辭章裂解的作法，破除了今文經學與古文經學、漢學與宋學的長期爭論與對立，破除了程朱理學與陸王心學的門戶之見，破除了宇宙觀與人生論的分離，更通過長期的「莊」「老」通辨，作了隱晦兩千年的大翻案，揭露了兩千年不傳的大秘密。這些都是錢先生勇於據舊開新的具體事實〔註66〕。足見錢先生並非是食古不化，頑固的保守主義者；反倒是位積極的進步主義者，敢於向不合理的陳說舊見挑戰。關於這一點，或許我們可由錢先生對道統的獨特觀點，得到證明。早在民國十六年錢先生寫作《國學概論》第八章〈宋明理學〉時，就指出：「道統之說，自宋儒始，實爲陋見。」〔註67〕另外在民國四十五年所寫〈略論孔學大體〉一文中提到：「『孔子曰可與共學，未可與適道；可與適道，未可與立；可與立，未可與權。』又曰『吾道一以貫之。』自宋明理學諸儒興，然後非可與適道者，即不可與共學，而孔學之規模狹矣。自有清儒，謂惟訓詁考據始可盡儒學之能事，是乃可與共學，而終不能相與以適道，斯孔學之境界淺矣。」〔註68〕錢先生此處指出宋明清儒的狹隘道統觀使儒學規模趨於偏仄，清儒則只見儒學之表層，而無以見出儒學原本涵攝人生全體一體會通的精神。尤其是在民國新文化運動時期學術界之最大毛病有二，其一便是「好爲傳統之爭」，錢先生剀切地指出：

> 言救國則曰當若是不當若彼，言治學則曰當若是不當若彼，惟求打歸一路，惟我是遵。不悟此特自古學者道統成見之遺毒，學固不患夫多門，而保種救國之道亦不盡於一途也。〔註69〕

---

〔註66〕參見郭齊勇、汪學群合著，《錢穆評傳》第一章「文化生命與學術生命」，頁41。另外值得一提的，錢先生不僅對中國思想文化有一套獨特的看法，他對西洋文化歷史、哲學思想以及世界局勢，都有一套完整而精彩的見解，自成體系。

〔註67〕參見錢穆，《錢賓四先生全集（一）國學概論》，頁250。

〔註68〕參見錢穆，《錢賓四先生全集（二十四）學籥》，頁3。

〔註69〕參見錢穆，《錢賓四先生全集（一）國學概論》，頁250。

因此錢先生自始就反對「道只在吾輩」的說法，這種看法很清楚地表現在他拒絕聯名簽署張君勱等人草擬的《中國文化宣言》的這一事件上，錢先生自言「鄙陋所守，乃期於寂寞淡泊之中，闇學潛修，苟有一得，不患來者之不如。……而爭風氣、持門戶者，正將因此張其旗鼓，修其壁壘。夜行疑鬼，則相互呼嘯以自壯。方將拯之，轉以溺之，於彼於此，兩無補益，故不欲多此一追隨者。」〔註70〕後來錢先生在《中國文化叢談》也提到：「諸位不要認為中國文化專在幾個讀書人，或是研究文史哲的人身上，在他們身上的中國文化，實在太淺薄，不能生根。真正的中國文化，具有堅韌性及適應性的，必是深深地印在每一個普普通通的中國人腦中，血液中，是這一個民族這一個文化所產生的一個中國人。」〔註71〕因此從這一角度來看，就不難理解錢先生在界定「文化」時，強調「文化是指集體的大群的人類生活，而不是個人人生。」「文化譬如一大流，個人人生則只如此大流中一滴水。」這與章學誠「聖人學於眾人」的精神是一致的。強調道統不在少數特異之士，而在一個民族的每個人身上，正是儒家「人人皆可以為堯舜」理想的另一種表現。（章氏《文史通義・原道上》云：「聖人求道，道無可見，即眾人之不知其然而然，聖人所藉以見道者也。」）

雖然錢先生學問得力於宋明儒非常多，但他並非不加批判的接受宋明儒的道統觀，甚至從歷史中抉發真相，指出此說出於韓愈抄襲禪宗。錢先生的道統觀以為「整個文化大傳統即是道統」，認為宋明所爭持的道統是一種主觀的道統，或一線單傳的道統，所以是脆弱的，且極易中斷的〔註72〕。而錢先生則是整體全面的道統觀。正如余英時先生所說，錢先生的道統觀正和他對儒學史的發展與擴大的看法相符，以現代的話來說，這是思想史家的道統觀，而不是哲學家的道統觀。〔註73〕

如果再從大思想史的角度觀察，由錢先生所著《中國思想通俗講話》一書，就可以更加清楚的理解錢先生所堅持廣義的道統觀，錢先生認為文化思想不能脫離群眾，而群眾所同則必遠有承襲，中國傳統思想乃蘊藏於廣大群眾之行為中，蘊藏於往古相沿之歷史傳統與社會習俗中。如果思想脫離了大

〔註70〕　參見錢穆，〈答張君勱先生論儒家哲學復興方案函〉，見於香港《再生雜誌》一卷二十二期，1958 年 7 月。
〔註71〕　參見錢穆，《中國文化叢談》，頁 309。
〔註72〕　參見錢穆，《錢賓四先生全集（二十五）中國學術通義》，頁 97。
〔註73〕　參見余英時，《猶記風吹水上鱗》，頁 56。

眾,「既非從大多數人心裡出發,又不能透進大多數人心心裡安頓,此等思想,則僅是少數人賣弄聰明,炫耀智慧,雖未嘗不苦思力探,標新懸奇,獲得少數聰明智慧、喜賣弄、愛炫耀者之學步效顰,但其與大多數人心靈,則渺無交涉。則此等思想,仍必歸宿到書本上,言語上,流行於個別偏僻處,在思想史上決掀不起大波瀾,決闢不出新天地。」〔註74〕而這個與大多數中國人心靈相交涉的道統,便寄寓在儒家思想中,他認為儒家思想是中國民族性之結晶,是中國民族文化之主脈。但並不是儒家思想造成了中國民族之歷史與其文化,乃是中國民族內性之發揮而成悠久的歷史與文化者,而其最重要的一部份,則為儒家思想〔註75〕。由此可看出,錢先生主張先有歷史與人生,才能有所謂的儒家思想及種種理論。孔子思想乃由中國民族長久以來的歷史與文化孕育而成,非孔子一人嘎嘎獨造發明,因此該面對的是整個歷史文化大傳統,而不是某個思想家對文化的改革,也並非單單推翻其中一二人,就可以達到改革文化的目的。近代中國人好談革命,與孔子「述而不作」的態度剛好相反,孔子認為歷史與文化盡屬過去,只能述而不可能改作或妄作。歷史文化現象隨著時間的積累,而更加的豐富,進而形成獨特的文化精神,於無形中影響著未來歷史文化的發展。以這個角度看五四時期之打倒孔家店,或文化大革命與批孔揚秦,為了一時的目的與利益,不惜對歷史事實進行扭曲,其結果往往是文化追求進步與改革的障礙,是忽略了文化在歷史中形成發展,不應該脫離歷史空談文化。

由於錢先生所採取的思想史家的立場,則無怪其不願接受「新儒家」之頭銜〔註76〕。這裡也很清楚看出錢先生之所憂,乃在憂「道之不行」,而不是在憂自己是不是新儒家,這一憂慮具體表現在他所觀察到關於中國「士階層」

---

〔註74〕 參見錢穆,《錢賓四先生全集(二十四)中國思想通俗講話》,頁3。
〔註75〕 參見錢穆,《錢賓四先生全集(十八)中國學術思想史論叢(二)》,頁1。
〔註76〕 余英時先生認為「新儒家」在今天至少有三種不同的用法:「第一種主要在中國大陸流行,其涵義也最寬廣,幾乎任何二十世紀中國學人,凡是對儒學不存偏見,並認真加以研究者,都可以被看成「新儒家」。這樣的用法似乎已經擴大到沒有什麼意義的地步了。第二種比較具體,即以哲學為取捨的標準,只有在哲學上對儒學有新的闡釋和發展的人,才有資格取得「新儒家」的稱號。在這個標準之下,熊十力、張君勱、馮友蘭、賀麟諸人大概都可以算是『新儒家』。第三種是海外流行的本義,即熊十力學派中人才是真正的『新儒家』。此外有私淑熊氏之學而又為熊門所認可者,如聶雙江之於王陽明,當然也可以居『新儒家』之名而不疑。」以上引文參見余英時,《猶記風吹水上鱗》,頁59。

的淪亡，這才是他的「先天下之憂而憂」〔註77〕錢先生眞正想恢復的是中國現代智識份子「士」的精神，直接面對人生，並確實身體力行，爲學與做人合一，所以錢先生晚年講學還特別提到：「外邊有人說我是什麼史學大師，又是什麼國學大師。我哪裡只是研究史學，其實我最喜愛的是文學。我哪裡是要當什麼大師，其實我心裡眞正想做的是要做一個現代中國的士。」〔註78〕這裡已經觸及《國史大綱》的史心，胡昌智先生在《歷史知識與社會變遷》一書中提到，《國史大綱》顯然是站在知識份子的立場，說明對中國歷史的認同〔註79〕。錢先生以中國爲四民社會，而「士」之一流品，爲中國社會所獨有。因此他在思考中國歷史中之社會變遷時，即以各時期士的動態作爲探求的中心〔註80〕。而儒家思想之所以成爲中國的道統，即在其提倡「人人皆有士君子之行」，是歷代士君子共同爲中國文化大業盡心盡力，形成一條民族與文化共同共由的大道。

　　因此，如果回到孔子所謂「人能弘道，非道弘人」的基本認識，知識份子該直接體現此文化精神，是去明道行道，而不是挾「道」以自重的集體宣言，更不是以「道」爲絕對的眞理。現代德國哲學家鮑勒諾夫指出，「非眞理性不是指這種或那種錯誤的意見，他比這還要糟。因爲他表明的是一種以獨據眞理而不聽從理性勸告的人的內心情緒。」〔註81〕這可與錢先生上面所提到的「夜行疑鬼，則相呼嘯以自壯」的心態相映證。因此，不當以「道統」爲少數人獨佔的眞理，而該是道統爲中國文化下的中國人共同的理想信念。

〔註77〕　錢先生在《錢賓四先生全集（三十）國史新論・中國社會演變》中提到「今天則問題更嚴重，已非智識份子得救與否的問題，而將轉落到並無眞正的中國智識份子存在的問題。這已走進了唐末五代時情況。如何來再教育再培植一輩眞正的中國知識份子，來挽救中國的厄運，當前的中國，已和北宋初年相仿。這將成爲中國得救與否之唯一該先決的問題。」參見《錢賓四先生全集（三十）國史新論》，頁38。關於這個論題，余英時先生有專文討論，〈中國知識份子的邊緣化〉，收於《中國文化與現代變遷》（台北：三民書局，1995年）一書中。

〔註78〕　參見阮芝生，〈素書樓散記〉，收於陳文瑛主編，《錢穆先生紀念館館刊》創刊號，頁94。另外值得一提的，其實這裡就透露出錢先生的看法，「士」精神之培養，主要仍須仰賴中國文學藝術的澆灌。（錢先生在《中國文化史導論》第九章論述：「唐、宋以下文學藝術的發展，有代替宗教之功能。」）

〔註79〕　參見胡昌智，《歷史知識與社會變遷》（台北：聯經圖書公司，1988年），頁249。

〔註80〕　參見《錢賓四先生全集（三十）國史新論》，頁69。

〔註81〕　參閱鮑勒諾夫，《人文科學的客觀性與眞理的本質問題》，見《哲學譯叢》，1962年，第二、三期。這可以作爲門戶之見所產生弊病的另一說明。

　　綜合以上所論，錢先生所論「道統」即整個文化傳統，而此文化傳統的發展是有生命性的、有延續性的，是全體性的，即錢先生所謂「文化大生命」，不是像傳衣缽式的貨品，可以隨便替換或隨時消失中斷的。由此也可看出錢先生對全盤西化論調的看法了，或者可以說，全盤西化論與傳衣缽式的道統論者的內在精神是一致的，都是比較接近文化播遷論。而錢先生從史學的立場，把儒家看成一個不斷與時俱新的活的傳統，一方面因儒家把人生視為一體會通的整體，而另一方面也因為儒學入世的性格而有其與世推移與變化的功能，兼具守舊與開新兩種特性使得儒學能夠不斷地溝通與擴展，歷久而常新，才能成為活的道統。而其最重要的樞紐，則在於智識份子「士」階層的復活，中國傳統道統才有延續的可能；相對而言，只要這個文化大傳統繼續存在「活著」，只要時機一到，便能引發「士」階層的生機了，或許這可以作為錢先生「守先待後」道統觀之一新解吧！

## （三）揭開「天人合一」的神秘面紗

　　雖然錢先生以為中國文化的危機，必須回到中國文化的根本上探索危機的癥結，但其並非是狹隘的文化保守論者。錢先生從事文化學研究的初始動機，乃在於促進東西方文化之相互瞭解與認識。他曾提出增進東西雙方人相互瞭解其對方文化之三項原則，錢先生以為：

> 第一，要促進東西雙方相互瞭解其對方之文化，應該把東西雙方的
> 　　　思想體系，先作幾個清晰的比較。
> 第二，這一種比較，應該特別注重他們的相異處，而其相同之點則
> 　　　不妨稍緩。
> 第三，應該從粗大基本處著眼，從其來源較遠牽涉較廣處下手，而
> 　　　專門精細的節目，則不妨暫時擱置。如此始可理出一頭緒，
> 　　　作為進一步探討之預備。〔註82〕

因此錢先生在論述東西文化的差異性時，首先就其根本源頭的分歧點加以指明，由於各民族自然環境的不同，產生相異的生活方式，也影響到文化精神發展的趨勢。而中國古人也有類似的觀點，如孟子也謂「居移氣，養移體。」中庸所謂「天命之謂性，率性之謂道」，都是強調在不同情境生活下，各有不同的調適而產生相異的文化型態。因此錢先生簡捷地提出文化兩類型作為比較說明的一個參考，把富有神秘色彩的「天人合一」思想來源歸於農業文化，

---

〔註82〕參見錢穆，《靈魂與心》（台北：聯經圖書公司，1981年），頁1。

並相對於游牧商業文化。農業文化大體上比較偏於自給自足、安定保守的；而游牧商業文化則相對地傾向於需要向外依存、流動進取的，這是客觀比較相對性，而非主觀單面絕對性。由於農業文化的生產方式，一半是自然，一半是人力，逐漸形成其「天人合一」的宇宙觀及人生觀；而游牧商業文化則偏於天人對立，富工具感。又認為農耕民族與其耕地相連，膠著而不能移，生於斯，長於斯，老於斯，祖宗子孫世代墳墓安於斯。因此其心中乃不求空間之擴展，唯望時間之綿延。絕不想人生有無限向前之一境，而認為當體具足，循環不已。這種文化特性常見為「和平的」，其所想而祈求的，則為「天長地久，福祿永終。」〔註83〕

或許可謂錢先生的文化學思想理論體系的核心之一，即建構在此文化兩類型的差異上。這文化類型的差異，用春秋的筆法而論，乃所謂的「嚴夷夏之辨」以夷夏文化的具體差別乃在生活習慣與政治方式的不同。錢先生用現代化中性的講法即「文化兩類型」，這是錢先生的「執其兩端」。因此由錢先生的理論看來，所謂「天人合一」的思想不是天人感應式的神秘經驗，也不是聖人應天命而生的神話，只是自然地理環境經過歷史演進，逐漸影響人類生活文化而形成的特有的思想與生活的方式。由此進一步探本溯源而有「靈魂與心」的分判，及認為中國文化發展偏向道德的看法。

這「天人合一」的思維模式與生活方式，乃直接導源於自然環境之下的回應與調適，自然孕育而成，或可謂此即中國文化天命之性。錢先生認為中國文化之趨嚮，為一種「天人合一」的人生之藝術化。從孕育中國文化的自然地理著眼，「中國文化乃由一大地面融合凝結，向內充實，而非向外展擴，其知識之獲得，亦同樣為全體之綜合與會通，而非由某一點或一部份直線引伸推演擴大。」「中國人常重人生實際經驗之綜括與會通，往往看不起抽象的由一個概念演繹或偏於形式方面的邏輯和理論。因此中國人之思想，似乎只像是一種紀錄，具體而綜括的紀錄。」〔註84〕由於農業文化這種發展性格，錢先生稱此種文化為內傾性文化，因文化內傾而偏向政治與道德的發展，宗教與科學則非其所長，這在中國歷史的發展上可以得到印證。〔註85〕

錢先生在其晚年最後心聲〈中國文化對人類未來可有的貢獻〉一文中，

---

〔註83〕參見錢穆，《中國文化史導論》（台北：商務印書館，1994年），頁3。
〔註84〕同上書，頁233～235。
〔註85〕參見錢穆，《文化學大義》，頁50。

仍不忘一再讚揚農業文化「天人合一」思想，再度指明西方人天人對立思想是導致人類文化的危機的主因，因為他們是離開了人來講天，尤其在今天科學愈發達，愈易顯出它對人類生存的不良影響。錢先生深信「天人合一觀」乃中國文化思想的總根源，並認為一切中國文化思想都可歸宿到這一個觀念上〔註86〕。例如孔子為儒家所奉稱最知天命者，以其提出「仁」的思想，奠定了中國思想現世一元、天人合一的基本路向，到了中庸融合儒道兩家思想，更發展出致中和、萬物並育而不相害的「性道合一」、「天人合一」思想。避免了天人對立、相互爭勝所衍生的種種問題，足堪為今日世界文化面臨諸種困境，解決的一個範例。

因此或可以認為由農業文化涵蘊出的「天人合一」思想傾向乃錢先生論東西文化「一以貫之」的大綱領，不管就「靈魂與心」、外傾性與內傾性、客觀外在與主觀內在、富強動進與安足靜定、和合性與分別性等多種執其兩端的論述，都可統合在「天人合一」這個中國古老的思想信念上，這也是中國傳統人文思想的精華，可以提供世界文化發展的偉大貢獻。

錢穆文化學的體系極其龐大，一言以蔽之，錢先生不離事而言理，不離人生現象討論文化，是把關於「現象即本體」、「功夫即本體」的主張，運用到他的文化學體系中，形成了文化、人生、民族三者融通合一的大思路。由於融人生、功夫與現象、本體為一，以致對文化所有領域，都有所觸及，牽涉既廣，則非有恢宏器識，難以通究。這也是錢先生被視為當代「通儒」的主因。本文只能略舉其中犖犖大者，與當代其他主要人物對文化的看法相互比較，以概略見出其集各家之長的特色，再者，文中略述直面人生、破除狹隘的道統觀、揭開「天人合一」的神秘面紗等三大特色，指出其學術精神建構在現世人生一元，直接面對人生的基本路向，並由此再發展出凝合時空大群的人生觀，以破除狹隘的道統觀。第三，由錢先生的著述中，探索他從自然歷史文化中，歸納其揭櫫的文化指導精神，即所謂「天人合一」思想的根源。

經過這三方面所進行的論述，可知錢先生之文化學乃有本有源之學，不論是文化的功能、傳播、進化或自然決定論等觀點，他都能以「天人合一」的道統觀融為一爐，自成體系。所謂「統之有宗，會之有元」。大體而論，其文化學乃繼承了中國傳統學術經世致用的精神，統之於中國文化大生命，會之於自然地理環境中力行實踐所形成的「天人合一」思想。

---

〔註86〕參見陳文瑛主編，《錢穆先生紀念館館刊》創刊號，頁1～5。

# 第三章　錢穆文化學理論的建構

　　基本上，前章探索錢穆文化學創立所因應的時代問題及錢先生本人受此時代刺激力圖掃除並批判遮蔽文化真相的迷霧的成就，或許可謂前兩章偏重錢先生建立其文化學之前的「破」，而本章則重在錢先生因襲損益之後的建立。

　　限於學力不足，加上現代學術界對於錢先生思想的研究尚在萌芽階段，所能憑藉關於對錢先生思想的學術研究亦不多，因此本文所從事的工作乃是從閱讀錢先生有關文化學的著述之中，嘗試加以歸類、整理其文化學理論的核心。

　　基本上，本文認為錢先生的文化學思想與他對中國傳統的詮釋是密不可分的。其文化學思想乃由其對中國文化傳統的理解凝煉而成為他批判現代人類文化的主要依據。因此，研究其文化學的理論建構，不僅可以理解其文化學的精神大要，更有助於我們進行對中國傳統文化的再理解。尤其是近一百年來，中國古典的訓練正處於日漸式微的過程中，且在一片西化的聲浪下，中國傳統遭受到極大的誤解，錢先生對中國文化的反芻，簡單精要，卻字字珠璣，重要的是指引現代人正確理解自己文化的路向。

　　錢先生把文化當作一套凝合時空的人生具體存在，並用中國自古流傳下來的古老觀念——「道」，作為此具體存在的抽象代稱。本章第一節即試圖剖析錢先生對「道」的存在現象的基本觀點及其在文化學中的應用。而對於文化存在現象的掌握則取決於對文化意義的理解與認識，因此於第二節轉論錢先生對文化認識源頭的探源工作，相信此也合乎錢先生文化學理論建構過程的實情。第三節則是探討錢先生文化學理論的主要核心依據，即由第二節對

「靈魂」與「心」兩大觀念的加以分判，說明錢先生匠心獨運所提出的中國
傳統文化所建構的「凝合時空於現世一元」的人心觀，作爲其新創文化學理
論的主要依據。最後，第四節則由錢先生的著述中提出「道德精神」爲其文
化學中最重要的文化精神，說明此一「道德精神」乃承接於「凝合時空於現
世一元」的人心觀而來的。

以上分四部份發展，其脈絡基本上仍是遵循錢先生《文化學大義》一書
之內在理路，我們如果進一步深刻思索，可以發現錢先生在此書中的出場，
氣勢非常雄偉壯觀，恍如莊子大鵬鳥凌空俯瞰，看到了人類文化的整體大同
（如文化三階層、七要素），分辨了人類文化發展之小異（文化兩類型），莊
子鯤鵬等比喻或可象徵人類文化演化的歷程〔註1〕。本文就文化的大同方面，
而有關於文化整體、人心一元（針對文化三階層）、文化精神（針對文化七要
素）等討論；就文化的小異，有關於文化認識的源頭（針對文化兩類型）的
探討。錢先生自稱此種方法爲「由小異發揮大同」〔註2〕、「集異建同」，作爲
人類文化當下發展的指導原則。

下文即本諸上述四方面簡略的敘述線索，分別進一步闡述，以掌握錢先
生文化學的基本思想。而這些只是本文經由解析其文化學內在理路的發現，
相信由此一詮釋路線可以迅速掌握錢先生文化學思想的基本內涵，並且可以
據此理解線索，進窺錢先生對中國文化學術傳統的現代詮釋。

## 第一節　整一全體的「道」
### ──「宇宙現象，一連續比較而已。」

「道」這個觀念是錢先生文化學中最重要的觀念，也是中國思想史上最
重要的觀念。「道」具有極抽象的特性，又包含涵蓋一切的涵義，錢先生關於
「道」的詮釋遍及於其所有關於文化學的著作之中。本文在此嘗試將之區分

〔註1〕錢先生在《文化學大義》中指出，其文化學的眼光「好像坐飛機，凌高俯瞰」，
參見《文化學大義》，頁31。另外，錢先生註解莊子時，引屈大均之言解釋「莊
子之學，貴乎自得。鯤鵬之化，皆以喻心。」參見錢穆，《錢賓四先生全集（六）
莊子纂箋》，頁8。關於以上所論，乃參考余英時先生的觀點，他說：「曾國藩
『體莊用墨』，錢先生則是『體儒用莊』。他想通過《朱子新學案》而重建現
代儒學之『體』，通過《莊子纂箋》而重顯莊生之『用』。」參見余英時，《猶
記風吹水上鱗》，頁28。
〔註2〕參見錢穆，《文化學大義》，頁24。

為兩方面，加以解說。

在正式進入對「道」的探討之前，首先必須瞭解錢先生所謂「萬物莫不有理」的觀點。

錢先生認為宇宙事物，莫不有理，他於民國七年完成《論語文解》，在〈序例〉提到：「往余讀莊子養生主，庖丁為文會君解牛，『依天理，批間郤，恢恢乎游刃餘地。』心好其說。以為宇宙事物之會成，莫非有理，斯莫不有間。得其理，入其間，凡事物之會成，皆有以解其所以然，而後乃不為事物跡象所困，而有以深識其中，而離合運用之。」〔註3〕似乎錢先生認為事物跡象皆可以「理」而深識其內在所以然的原由，唯其如此才不會為其外表跡象所迷惑。所以在哲學思維上，錢先生精心運思結構了一套「得其理，入其間」以解事物所以然的獨特宇宙事物觀。

同年，他在《惠師公孫龍》一書中，解釋惠施「歷物十事」，就試圖建立他對宇宙本體的看法。錢先生說：

> 事同有時變，物同有形位。時變同有古今，形位同有內外，此為小同；有古今內外故有異，此為小異。宇徙為宙，宙化為宇。一久而分萬所，故見宇。一所而異萬久，故見宙。無所則無久，無久則無所，故宇宙一體而不可析，析之者，乃世之言思然也。故宇之與宙也實同，特所從言之異也。〔註4〕

錢先生以時變、形位說明事物的同異，實際上即是強調事物宇宙時空整體的看法，事物在時空中動變而有古今內外，而時空為一體，即當代哲學家懷德海時空論所謂的「空──時」觀，而對事物的看法則近乎「事素」（event）的看法。換句話說，錢先生對「空──時」之內發展中的說法是「有機的整體論」。而此有機整體的表現，即是所謂的「道」。

# 一、對「道」的現象之描述

## （一）宇宙現象，一連續比較而已

錢先生以為「道」的運行乃宇宙運行之現象，錢先生說：

> 宇宙現象，一連續比較而已。連續故見有事，比較故見有物。自一物之連續而總言之曰「事」，自一事之比較而析言之曰「物」。物無

---

〔註3〕參見錢穆，《錢賓四先生全集（二）論語文解》，頁5。
〔註4〕參見錢穆，《錢賓四先生全集（六）惠施公孫龍》，頁17。

非事，事無非物，故事之與物也實同，特所從言之異也。事與宙皆
言其時變，物與宇皆言其形位。捨宇宙無事物，捨事物無宇宙。
故事物之與宇宙亦同，同無内外，同無古今，是謂「畢同」。析其
畢同者而有宇宙事物之異；析其宇宙事物而有古今内外之異。古今
内外之間，又各自有其古今内外之異焉。循此而至於「畢異」，此
之謂「大同異」。是亦所從言之異也。至此而宇宙事物之本體明
矣。〔註5〕

民國七年，錢先生並以同一理論解文章之道，他說：

其實文章之道，固莫匪排對爲用之變者道。夫事物之相綴屬聯必有
其分理之可言。分理至不同，析言之，則亦惟縱橫而已矣。縱者事
理，橫者物理，是謂位間。事者物之連續，物者事之比較。此宇宙
之大例。凡事物所莫能外者，於文亦然。〔註6〕

錢先生由惠施公孫龍的名家宇宙觀，加以分辨，提出如何合乎當代哲學宇宙
觀的看法，誠然有見，不讓於西哲懷海德（Whitehead）對事物、空時的學說。
而其文化學理論的建構亦不能外乎此事物、時空之大例。近代中國文化論戰
各家爭論不休，最容易犯的毛病，即在於忽略了事物、時空的這層解釋，導
致憑空想像各取一事一時現象，據以爲討論的憑藉，而漠視文化作爲一連續
整體的前提。

## （二）宇宙萬物只是一事

錢先生認爲，中國思想家並不如西方注重在探討宇宙之本質及其原始等
問題，而只重在宇宙内當前可見之一切事象上。因此「宇宙萬物只是一事，
徹始徹終，其實是無始無終，只是一事。」此「一事」即是上面所提到的「連
續比較」，有時又稱之爲「動」，此「動」之變化又可稱之爲「易」〔註7〕。意
即宇宙萬物，不過是一連續變易的一事。由於持此種變動化易的事象論，中
國古代的思想家便不特別堅持上帝創物的看法，而形成所謂即現象即本體的
思維特色。文化現象脫不了在連續變易中的「事物」而呈現。換言之，不僅
「宇宙萬物只是一事」，所有的文化現象亦只是此「一事」而已。這便是錢先
生融會中國思想所提出對「文化」之現象的簡要描述。

---

〔註5〕參見錢穆，《錢賓四先生全集（六）惠施公孫龍》，頁18。
〔註6〕參見錢穆，《錢賓四先生全集（二）論語文解》，頁96。
〔註7〕參見錢穆，《湖上閒思錄》，頁37。

## 二、「道」的功能與特性

　　前面提到錢先生對「道」的看法是延續著中國思想的脈絡來談的，因此關於此有機整體連續之「道」的功能與特性，錢先生也多參考中國古人的講法，尤其是老莊及大易、《中庸》的「性道合一」的觀點。因此要瞭解錢先生所提出「性道合一」作爲中國文化之特色，就必須先從錢先生論「道」之功能與特性中來尋找。

### （一）道之無始無終

《湖上閒思錄》云：

> 此道莫之爲而爲，所以不論其開頭。此道又是無所爲而爲，所以不論其結束。沒有開頭，沒有結束，永古永今，上天下地，只是一動。〔註8〕

「道」是「莫之爲而爲」，又是「無所爲而爲」的，無終始。道只是宇宙中之一動。

### （二）道之至健、至誠、生生不已

《湖上閒思錄》云：

> 此動不息不已不二，因此是至健的，同時是至誠的。……這一個道的不息不二至健至誠，也可說是這一道之內在的性，也可說是其外表的德。〔註9〕

又云：

> 這一個道，有時也稱之曰生，天地之大德曰生。……生生不已便是道。……但天地間豈不常有衝突，常有剋伐，常有死亡，常有災禍嗎？這些若從個別看，誠然是衝突、剋伐、死亡、災禍，但從整體看，還只是一動，還只是一道。從道的觀念上早已消融了物我死生之別，因此也無所謂衝突、剋伐、災禍、死亡。這些只是從條理上應有的一些斷制，也是所謂義。……每一物之動，只在理與義與命之中，亦只在仁與生與道之中，衝突剋伐死亡災禍是自然，從種種衝突剋伐死亡災禍中見出義理仁道生命來，是人文。〔註10〕

換言之，道只是生生不息不已不二之動，泯物我死生之別，但落入到人文現

---

〔註 8〕　參見錢穆，《湖上閒思錄》，頁 38。
〔註 9〕　參見錢穆，《湖上閒思錄》，頁 39。
〔註 10〕　參見錢穆，《湖上閒思錄》，頁 40。

象中，便是由此真實存在的人生中，以整體的態度，在「種種衝突剋伐死亡災禍中見出義理仁道生命來」，而種種生衝突，不是道；必須由此之中見出「義理仁道生命」的價值，才稱爲人文，才是道。

## （三）道之循環往復

《湖上閒思錄》在論「善與惡」一文中提到：

> 在中國傳統思想裡，似認爲此動並非一往直前，而係循環往復。惟其是循環往復，故得不息不已，又得有所成就。而並可爲人所認識與瞭解。〔註11〕

錢先生似乎認爲中國思想裡，論道之動的現象，不是一個一去不返的直線運動，而是「循環往復」「有所成就」「並可以爲人認識與瞭解」。這種說法與老子所謂「反者道之動」的說法相近，強調「道」是宇宙萬物的變動，在本身有所化成而可被人作爲法則性的認識與瞭解的一種「循環往復」。錢先生在同一文中又說：

> 我們稱此變異中之恆常，在此不息不已的變動之中，這一個較可把握較易認識的性向而謂之善。善只是這個動勢中一種恆常的傾向。〔註12〕

錢先生這種說法與易經所謂的「一陰一陽之謂道，繼之者善也，成之者性也。」相近，強調一反一正，往復循環，繼續不斷便是善，而在此往復循環繼續不息中便形成了性。若加上前文，錢先生對「道——宇宙現象之連續動變」的描述性看法，或許可以進一步的說錢先生論「道」實具有二種意義：

> （一）道爲一凝合時空之事物現象，錢先生認爲「此種動與易，則只是一現象。現象背後是否有本體，中國人便不再注意了。」〔註13〕如此可說現象即本體。
>
> （二）道具有循環往復、至健至誠之規律的意義，即是此道「內在的性，也可說是其外表的德」，如此可說功夫即本體。

而這兩種意義相互爲用，由「道」衍生出內在之「性」與外表的「德」。如此解釋與西方人動輒主張上帝、靈魂、和實體，似乎也不陷入唯物與唯心二元、二分之爭。錢先生著重在「道」的現象上分析，因此「道」表現爲整一全體

〔註11〕參見錢穆，《湖上閒思錄》，頁41。
〔註12〕參見錢穆，《湖上閒思錄》，頁43。
〔註13〕參見錢穆，《湖上閒思錄》，頁38。

的存在現象，此一存在現象為其文化學首要理論基礎，任何離開此一凝合時空的整一全體現象而單從片面分解，都將導致文化學討論意義的喪失，而成為文化圈外之論說。換句話說本章標舉出「道的整體性」，作為其文化學理論建構之首要工作。

總之，「道」的整體性是錢先生文化學所著眼最重要的特性，將之運用到文化學的理論中，由「道」的整體現象表現，落實到文化表現的主體「人」，其整體表現即是「民族」的所有活動。表現在「人生觀」的講求，形成追求至健至誠、不朽的人生境界。而從這個觀點出發，便可以看到現代多種研究文化型態上的不同及缺失，諸如：

1. 傳統與現代的絕對二分法，造成傳統與現代的對立與衝突，引發文化研究上許多假象問題，而把當前的問題諉過於古人。
2. 偏重於個別的、一時的現象，忽略了長期的、大群的人生，如莊子所言道「留動而生物」(《莊子・天地篇》)，只執著個別一物之動，卻忽略了「道並行而不相悖，萬物並育而不相害」(《中庸》)。

由此可知錢先生在討論文化問題時，特別注重文化認識，尤其是重視文化的整一全體，形成一種無可替代的特性。在「道」這一連續比較的存在現象中，在人文世界中便表現為生生不息的善性了。

## 第二節　文化認識的源頭──「靈魂與心」的分判

早期人類各地文化因地理因素之阻隔而獨自發展的各具特色的文化系統，近兩百年來由於東西方交通日益便利，使得人類文化相互融冶，而有逐漸融為一爐的傾向，但挾船堅炮利的西方強勢文明，在與本土文化良性的互動融冶之前，卻發生了極嚴重的文化衝突，引發慘烈的戰爭，促使本土的與弱勢的文化的生存發展遭到極大的威脅，鑑於霸道文化的傾銷與伴隨著武力的傳輸方式，引致的抗拒與傾軋，錢先生認為必須建立一種全新的文化觀以取代過去重視優勝劣敗進化論的文化觀，錢穆文化學理論即應運而生。文化之整體觀成為錢先生文化學理論建構之首要工作，雖然東西方各有一獨自發展的「道」的大傳統現象存在，東西文化如同兩大河流經過長時期分流而歸於一趨，尤其是現今世界交通更密集頻繁，東西方人生合流的情形更清楚可見，雖然仍在試探交會合流的最適當方式，距東西方文化合一的理想境界尚遙遠，但不可否認的未來人類文化生生不息的趨向大同。

　　文化道統的存在，乃是一種凝合時空的現象，雖說目前文化有漸趨合流的現象，但並不能因此否定各文化先前的獨特的流程，因此在進行文化相融之前對文化道統的認識，最便捷的方法莫過於直探源頭，濬其源，以求文化能深遠的發展。這也是錢穆文化學所採取的研究路線。張蔭麟先生在〈論中西文化的差異〉一文中也是持此種看法，他說：

　　　　文化是一發展的歷程，他的個性表現在他的全部「發生史」裡。所
　　　　以比較兩個文化，應當就是比較兩個文化的發生史。〔註14〕

對文化發生史歷程的探究，只在使文化能源遠流長。而錢先生分辨了文化發生的物質外緣問題之後，直探本根，指出文化發生的內在本質，即是回到促使文化興起發展的主動者──「人」的「靈魂」與「心」，作為文化發生的初始起點，加以討論，也就是對文化認識與發生的源頭上，進行東西文化的分判，不像胡適以文化自譴式地稱「東方乃自暴自棄不思不慮，西方乃繼續不斷追求真理。」其論斷偏於籠統，既不能區分出兩者之間的特色，也不合於歷史事實。錢先生真正的由「靈魂與心」的分判入手，其初始動機則在於促進東西方文化之相互瞭解與認識，不專重在判斷文化外顯現象的優劣。

　　由於文化離不開人生，而人生之指導在於思想，故錢先生文化學著重在探討東西方的思想體系，即東西雙方對自身文化獨特的認識方式與理念──即「靈魂」與「心」的形上領域。錢先生認為，靈魂與心的基本分辨乃在於「心由身而產生，心不能脫離身獨立存在而另有一個心；靈魂則是肉體以外之另一東西，來投入肉體中，又可脫離肉體而去。」從這個角度而言，「西方思想是從靈魂學開始的」，因此可說，「西方哲學史大體上是一部靈魂學史」，即以超越的、可出入肉體的「靈魂」為其認識系統之核心。而「東方哲學史則大體上是一部心靈學史，從心理學開始的」；因此，東方的認識系統乃以「心」為其核心。〔註15〕

　　除了內在因素之外，造成這兩種不同認識系統的外在因素，經錢先生的研究指出乃在彼此文化形成的地理環境〔註16〕，這就牽涉到整個人類文化發生的歷史地理對文化形成的影響，換言之，理論的、抽象的說，不離身存在的心是「凝合時空」的存在。具體的說，人心含藏在身體之中，真實具體的

---

〔註14〕參見張蔭麟，〈論中西文化的差異〉，引自周陽山編，《文化傳統的重建》（台
　　　　北：時報文化出版公司，1982年），頁151。
〔註15〕參見錢穆，《湖上閒思錄》，頁107～108。
〔註16〕參見錢穆，《文化學大義》，頁29。

在歷史、地理的時空中呈顯。

由錢先生從人類的心靈以「凝合時空」發展出文化學的理論，可以發現錢先生以在「時──空」中存在的心靈活動，展現爲人身的生存、活動、人生理念作爲構成其日後論述東西文化異同之最嚴密的理論憑藉。本文即一此說法闡述錢先生的文化學認識論。

## 一、「凝合時空」論

錢先生以身心「凝合時空」的論點與前文提到錢先生以宇宙事物爲一連續比較之現象，在時空中互相凝成一體的看法，基本上是一致的。只不過文化是具體的存立在地理環境中，在人文歷史的延續上形成文化的大業。或有人以爲這個說法近似文化的地理決定論，如梁啓超在《地理及年代》一文中論證歐洲的「分立」是由歐洲的地理環境所造成的；中國的「統一」亦是因中國的地理環境所造成的〔註17〕。不過他所要傳達的是指出此一文化地理決定論是當時解釋文化現象的趨勢，及地理環境對文化決定的重要意義，此並非決定文化的單一因素。錢先生重視歷史、地理或時空的看法，基本上繼承了這種觀點，並進一步發揮成爲整個文化學說明文化存立的基本架構，更注重文化的傳統性、綜合性與融凝性，錢先生認爲「人類生活之每一部門，每一方面，必然互相配搭，互相融洽，互相滲透，而凝成一整體。」〔註18〕因此東西文化在其文化形成的初期，即因地理環境的差異，發展出風格迥異的文化類型。

## 二、文化兩類型

錢先生即以人在「凝合時空」架構下，發展文化事業的觀點，分析了東西方農業與游牧商業兩大文化類型的說法，以爲：

第一，西方以游牧商業文化爲主，在思想上發展出以靈魂爲主的思想認識歷程，此歷程偏於天人對立。東方則以農業文化爲主，在思想上發展出以心爲主的思想認識歷程，其歷程偏於天人合一的表現型態。

第二，西方以靈魂爲主形成天人對立的文化特徵，其文化發展傾向於外向的表現，根據錢先生的考察：游牧商業起於內不足，內不足則需向外尋求，

---

〔註17〕 參見劉邦富，《梁啓超哲學思想新論》（湖北：人民出版社，1994 年），頁170。
〔註18〕 參見錢穆，《文化學大義》，頁 5。

因此而為流動的、進取的；又因游牧文化發源在高寒的草原地帶，商業文化發源在濱海地帶以及近海之島嶼，其所憑以為資生之地者不僅感其不足，且深苦其內部之有阻害，於是產生強烈的「戰勝克服欲」，而其所憑以為戰勝與克服之資者，也不能單恃其自身，於是而有深刻的「工具感」。草原民族之最先工具為馬，海濱民族之最先工具為船。不如此就無法克服其外在自然環境而獲得生存。所以草原濱海民族其對所處之環境自先即具敵意。此種民族，其內心深處，無論其為世界觀或人生觀，皆有一種強烈的「對立感」，其對自然則為「天」「人」對立，對人類則為「敵」「我」對立，因此形成其哲學心理上之必然理論為「內」「外」對立，於是講求「尚自由」、「爭獨立」，此乃與其戰勝克服之要求相呼應。所以此種文化之特性常見為「征伐的」、「侵略的」。由此展現為重視「空間擴展」、「無限向前」。另外游牧商業民族又富於財富觀，若以數字計，則轉成符號，由物質的轉成精神的，因此其企業心理更為積極。其整體文化精神則為「富強動進」。〔註19〕

第三，東方以「心」為天人合一為主表現為文化的特徵，其文化發展傾向於內向的表現，相對於西方游牧商業文化。農耕文化發源於河流灌溉的平原，農耕可以自給，無事外求，且必須繼續一地，反覆不捨，因此屬靜定的、保守的。又農業生活所依賴者有三：氣候、雨澤、土壤，此三者皆非由人類自力安排，而好像冥冥中已有為之安排佈置妥帖，唯待人類之信任與忍耐以為順應，乃無所用其戰勝與克服之志。所以農耕文化之最內感為「天人相應」、「物我一體」，及要求「順」與「和」，其文化特性為「安分守己」、「和平為重」。又因農耕民族與其耕地相連，膠著而不能移，生於斯，長於斯，老於斯，祖宗子孫世代墳墓安於斯。因此其心中乃不求空間之擴張，唯望時間之綿延。不想望人生有無限向前之一境，而認為當體具足，循環不已。此外農耕之財富觀，則唯重生產，而生產有定期，有定量，較少新鮮刺激。且生生不已，源源不絕，又因粟米布帛也不能多藏，因此其生業雖常感滿足而實不富有。其整體文化特色為「安、足、靜、定」。〔註20〕

由以上三點論述可知：重「靈魂」與重「心」的文化差異，外顯而呈現為游牧商業文化與農業文化之差異。此兩種不同的文化類型，一演變為外傾型的文化，一演變為內傾型的文化，錢先生認為其最主要的原因在於客觀的

〔註19〕參見錢穆，《中國文化史導論·弁言》（台北：商務印書館，1994 年），頁 2～4。
〔註20〕參見錢穆，《文化學大義》，頁 29；及《中國文化史導論·弁言》。

自然環境的不同，而引生出生活方式的不同。其次是由於生活方式的不同，而引生出種種觀念、信仰、興趣、行爲習慣、智慧發展方向，乃及心理上、性格上之種種不同。

這種以自然地理塑造人類文化路向的初始因素，逐漸發展爲哲學思想上的重大突破，一發展爲「靈魂」的思維系統，一發展爲「心」的思維系統。或以爲文化發展的路向常經由一種突然躍昇完成，在美國當代社會學家帕森思（Talcott Parsons）的著作中稱之爲「哲學的突破」，而存在主義哲學家雅斯培也認爲古代文明經歷了一個「樞紐時代」，才進入高級文化階段〔註21〕。錢先生則直接歸諸於在自然地理因素之下，人心相應於自然而發展並孕育出人文的程序，不同於西方以經歷了「哲學的突破」與「樞紐時代」才發展出高級的東方文化形式的說法，錢先生這種考察和比較的方式是很值得稱道的，因爲他並沒有僅僅從抽象的哲學觀念出發，而是從自然環境到生活方式到行爲習慣、觀念型態，到心理、性格，再到文化精神的發展線索說明東方文化，大體上符合他自己關於文化結構由外層到內核的發展序列，也符合文化史發生發展的客觀事實〔註22〕。並歸結到文化最高層的思想心理差異，即靈魂與心的分辨。對文化發展是以歷史漸進的，而非以突變的方式，說明「人文化成」的文化現象。

## 三、文化危機與文化兩類型——兩種單向度文化的相互衝擊

以上對農業與游牧商業文化的區分，基本上合乎錢先生「從現在找問題，從過去找答案」的方法，而錢先生進一步的探究此兩種向度文化發生在今日之危機的最大原因，在於此兩種單向度文化之相衝撞，一爲暴風雨式的悲劇，一爲和平美景的喜劇，兩者相互撞擊，產生一幕幕人類文化之悲喜劇。〔註23〕

因此，探索目前人類文化危機之產生淵源，而當溯源到人類文明初起的四大河流域，農業文化與游牧商業文化自始即互爲敵體，中國自古即有「夷夏之防」，最主要的區別即在生活方式的差異。經過錢先生的改造，形成其現代文化學的重要理論，並由此發展出一系列相對照的文化比較觀。例如「靈魂與心」、外傾性與內傾性、客觀外在與主觀內在、富強動進與安足靜定、和

〔註21〕 參見余英時，《士與中國文化》（上海人民出版社，1987年），頁29。
〔註22〕 參見郭齊勇、汪學群，《錢穆評傳》，頁297。
〔註23〕 參見錢穆，《文化學大義》，頁30。

合性與分別性等多種執其兩端的論述。也因而更突顯出文化危機產生的原因,在於相異文化的路向與性質之相衝擊所造成的,其中自然包括思維方式的差異。

　　幾年前風靡一時的《河殤》思潮,在論述中西文化時,所採行的海洋文化與內陸文化、藍色文化與黃色文化的區分,也是旗幟鮮明地運用「地理決定論」的文化學說,但卻忽略了文化是一種整體化活動,文化是一條流,不是一個點或面;此種流向具有一種潛能,不是被地理因素決定了命運的固定型態,《河殤》作者同樣患了中國近代談論文化之通病,把中國當成一個失去主動能力的等待被化的對象,如此「文化」就變成「物化」了,從而把人類的文化史理解為將被西方文化否定和取代中國文化的歷史〔註24〕。這種觀點即是忽略了文化內在意向性的功能。

　　對照《河殤》的說法,在回顧錢先生終生辛勤締建的文化學理論,重新思索當代中國文化的出路,當更能體會錢先生的一番苦心與真知灼見。

# 第三節　「溫情與敬意」──人心現世一元的認識觀

## 一、「溫情與敬意」的意涵

　　經由以上論述可知,錢先生強調文化的整體觀,很顯然是由世界各民族的文化都是從各種不同的生活與地理環境所孕育出來的文化認識,不同的環境與生活方式便決定了該文化的性格與趨向。而所有的文化是動進發展的,所以才能綿延不絕,若是一個文化喪失了調適與應變,不再具有自我修正的活力,而又必須面臨自然的、文化的挑戰。因此,文化現象便出現短命與長命不同的命運,在文化走不通或遇到外來文化的衝擊的時候,即產生所謂文化危機,常造成文化病變,甚至文化因此而死亡。近代德國史賓格勒著《西方之沒落》即持任何文化都逃不了生、老、病、死的過程,這是西方人對文化遇到文化危機時不知窮變通久之道,所持的悲觀論調,主因即在對於文化認識之偏差所致。錢先生指出史賓格勒之人類文化之通例,就無法說明中國文化成長的現象及過程。錢先生認為,中華民族可大可久的存在經驗,已成為人類文化之奇蹟〔註25〕。而此一「奇蹟式」可大可久的文化經驗則立基於

〔註24〕參見張再林,《弘道》(陝西人民教育出版社,1991年),頁158。
〔註25〕錢穆,《民族與文化》,頁9。

文化認識之源頭時期，擺脫了「靈魂」觀念，採取人心現世一元的認識觀，經過孔子思想的提昇，到了孟子「性善論」的確定，此一套以儒學爲本的「溫情與敬意」文化認識系統才眞正建構成型，兩千多年後，錢先生發揮其精義，融貫其精神於「經、史、子、集」的詮釋，並創爲「文化學」的研究。阮芝生先生在紀念錢先生的文章中曾提到：「錢師愛中國，愛中國文化（愛亞洲、愛人類要排在後面），不僅在講學時表現出這種精神，在著書中也是一樣。以影響最大的《國史大綱》爲例，開宗明義地指出國人應對本國歷史懷抱一種『溫情與敬意』，這話非常有名，正反意見都有。」〔註26〕其中大都從史學角度評論，本文嘗試從文化學的角度，進行一番省察。

　　根據上節「靈魂與心」的分判，很顯然的錢先生所採用此種對比式的探索，其目的在於透過歷史的考察，更明確凸顯出中國式文化認知思維的特色，因此在方法上採取「執其兩端」，避免「攻乎異端」的偏頗，所以在認識中國歷史文化時，錢先生主張必須存有「溫情與敬意」爲先決條件，必對自己的文化有深刻關懷的溫情，及崇高的敬意，才會加以認眞的去從事理解。因此才提倡回復人心現世一元的認識觀，主張將個人小我生命擴大到文化的大生命之中，如此所做的文化努力才有著力點。即所謂「必先認識，乃生情感」的「溫情與敬意」的觀點，這對於今日，不肯虛心認識自身文化，所造成的中國文化危機，不啻爲一聲振聾的警鐘，發人警醒。此種說法是提倡唯心、重情、內傾性的文化認識態度，重視的是對文化自我個體生命情意的培養，錢先生在面對「文化」時，也是懷著「溫情與敬意」，也只有此種途徑才能呈現現世一元的人心，「道」才不遠人，錢先生說：

　　　　諸位不要懷疑我太看重中國文化，我是中國人，我當然看重中國文
　　　　化，我不會看重你比我更看重。我的生命是我的，你的生命是你的，
　　　　中國文化是中國的，西洋文化是西洋的。〔註27〕

這裡可以看出錢先生強調文化認識的主體，以及主體生命之不可替代性。更不能拋棄或鄙夷自我的文化，而徒羨他人的文化。

　　或許有人會以爲，錢先生提倡由「溫情與敬意」的態度，研究中國的文化，並非理性的態度。但是對自我存活其中的文化本身反省與研究，事實上

---

〔註26〕參見阮芝生，〈素書樓散記〉，收於《錢穆紀念館館刊》創刊號，頁94。
〔註27〕參見錢穆，《從中國歷史來看中國民族性及中國文化》（台北：聯經出版事業公司，1987年），頁18。

也很難以「冷酷的理智」，視己為物的加以剖析。更何況錢先生只是強調必須以「溫情與敬意」的態度進入無怨無悔，心甘情願的對自己文化的深入理解，是認識活動「必先認識，乃生情感」的實情，而非謂不作理智客觀的認識與自我批判。故欲解讀其文化學思想勢必對自身文化心存「溫情與敬意」，才能進行研究、分析、討論及評價。

這種以「溫情與敬意」關懷自身文化的態度，更深一層便是由切己出發對人心人性有一整全的掌握與理解，才能更深刻理解其以「天人合一」為中心的文化學體系。換言之，要瞭解認識自身文化必先對之有溫情與敬意；同樣的對自身文化有溫情與敬意，也必先對其有認識，這種說法，似乎是一種循環。海德格爾在其名著《存在與時間》中指出：「理解的循環，並非一個由隨意的認識方式活動於其中的圓圈，這個詞表達的乃是此在本身的生存論的先行結構。」〔註28〕即是說明理解不可能是客觀的，不可能具有客觀有效性，理解不僅是主觀的，理解本身還受制於決定他的所謂「前理解」。一切解釋者必須產生於一種先在的理解，解釋的目的是為了達到一種新的理解。海德格爾把理解看成人的存在方式本身，因此，理解就不是去把握一個事實，而是去理解一種存在的潛在性與可能性。理解不是為了尋求新的知識，而是為了解釋我們存在其中的世界〔註29〕。即所謂「入乎其中，出乎其外」，「前理解」乃是一不可避免的經驗背景，而理解活動則是有時間性的生命經驗歷程，此歷程立基於自我的前理解與理解能力，從而展開理解視野的擴增活動，「溫情與敬意」便是這種「此在」的展現。

對於錢先生「天人合一」的解釋，事實上是基於「溫情與敬意」的前理解上，才成立的。而由「天人合一」的理解，進而建立起「人心現世一元觀」，由此可見錢先生文化學理論，自始至終都有一貫的認識，一致的理論性意義。以下即本此看法進一步對錢先生「人心現世一元」的看法，加以闡述如下。

## 二、「人心現世一元」認識觀的發展歷程

錢先生對文化三階層發展的說法，基本上認為其本源發源點是「心」，他

---

〔註28〕Matin Heidegger. Being and Time. The Camelot Press Ltd. Wouthampton. 1962. p. 195.

〔註29〕參考王岳川，《後現代主義文化研究》（北京：北京大學出版社，1992年），頁30。

在民國四十四年〈心與性情與好惡〉一文中提到：「我積年來，總主張人類一切理論，其關涉人文社會者，其最後本源出發點在『心』。」〔註30〕人本此心靈的活動才逐漸展演積累外顯爲人類文化，因此要探索人類文化的發展，必須先針對人心的活動作一番徹底的研究。

茲依照錢先生著作年代之先後，大致上，將其由心靈活動而展現爲人類文化，並提出其人心現世一元觀的說法，次第說明如下：

第一階段爲民國十二年編寫《論語要略》時期，此階段就人心之功能立說。

錢先生在編寫《論語要略》時，就融合西方舊心理學之知情意三分說與中國「智、仁、勇」三達德相對照，以說明人心的功能。在解說《論語子罕》篇「子曰知者不惑，仁者不憂，勇者不懼」時，錢先生提到：「以今日心理學三分法言之，則知當知識，仁當情感，勇當意志。而知、情、意者之間，實以情爲主。情感者，心理活動之中樞也。」〔註31〕這種以「情」爲人心理活動中樞的看法，與一般強調理智優位的說法迥異。並以儒家的「仁」來說明「情」，認爲人心之最先基礎必建立在情感上，若人心無眞情感，則理智與意志，均將無從運使，也將不見理智所發現與意志所到達之一切眞價值所在。錢先生把「智、仁、勇」三德配上此三分說，則以「智」屬理智，「勇」屬意志，「仁」則屬情感。若把「仁」之德來兼包智與勇，則人心中也只有「情感」更宜來兼包理智與意志〔註32〕。這個說法雖然簡略，但卻正式提出以情感作爲人心認識之最主要功能，是爲「溫情與敬意」的張本。

第二階段爲民國二十九年《國史大綱》時期。

到了《國史大綱》著作時，錢先生在序言中，開宗明義標舉對國家大群歷史文化的「溫情與敬意」，並秉此批判偏激的虛無主義、淺薄狂妄的進化觀以及似是而非的文化自譴說〔註33〕。試圖批判對自我文化否定、鄙夷的態度，

〔註30〕參見錢穆，《人生十論》，頁45。
〔註31〕參見錢穆，《錢賓四先生全集（十八）中國學術思想史論叢（二）》，頁197。
〔註32〕參見錢穆，《錢賓四先生全集（二）四書釋義》，頁86。
〔註33〕參見錢穆，《錢賓四先生全集（十八）中國學術思想史論叢（二）》，頁197。
關於意志、智慧、情感三者，錢先生在民國六十二年《雙溪獨語》中，曾進一步分析，他說：「凡屬有生，同亦有心。一是其求生之意志，二是其營生之智慧，三是其樂生之情感。……此亦爲自然順序，但自人類展演出群體，展演出人文歷史以後，其謀生之事，既與蟲魚鳥獸大異，而人與人間之心靈生活，則已融成一大生命。尤其是樂生懷生之情感方面，乃更遠超於其他生命之上而到達一新境界。」「自情感發生智慧，再由智慧建立意志。此等意志，

並呼籲喚醒建立對本國文化學術的自我意識。錢先生正是以「仁」作爲人心認識的核心,無此民胞物與的仁心、物我一體的情感,而在偏激、否定的情緒激擾下,理智以否定的方式,意志以頑固的「擇惡」批評自我的文化,因此流於虛無、狂妄的文化否定態度,致使對自身文化不能也不肯相應的理解。錢先生適時提出「溫情與敬意」的主張,正是針對上述的態度而來,以此態度重新面對民族文化的「歷史材料」,才能產生眞正的「歷史智識」。錢先生亦根據這一套歷史智識,對中國近代史學進行批判。

第三階段爲民國三十七年春天在太湖邊寫作《湖上閒思錄》時期。

在掃除情緒的拘障之後,錢先生緊接著就人心存在的現象加以分辨,如就「物質」、「知覺」、「記憶」、「人心」、「精神」、「語言文字」等敘述其文化學的術語概念,作哲學性的思維與解釋,作爲其人心現世一元觀理論建構的基礎,亦即著重在這些術語名詞的共同性,由中國文化的歷史發展資料中抽繹出主要的意涵,在《湖上閒思錄》第二篇〈精神與物質〉一文中,錢先生對造成文化產生、發展的心靈活動,分別加以說明。〔註34〕

## (一) 知　覺

關於人類的心,是如何發達完成的呢?他首先談到「知覺」,他說:

> 人類最先應該只有知覺,沒有心。換言之,他和動物一般,只能接受外面可見可聞可觸捉的具體的物質界,那些可見可聞可觸捉的外面的物質離去了,他對那些物質的知覺也消失了。必待另一些可見可聞可觸捉的,再接觸到他的耳目身體,他才能再有另一批新的知覺湧現。因此知覺大體是被動的,是一往不留的。

由此可知錢先生對「知覺」的解釋,近似感知活動中的感覺,是被動的,與物質界的有無相互生發,是人與外界接觸的基本。

接著他談到「記憶」。

## (二) 記　憶

關於「知覺」如何轉成「記憶」,他說:

> 必待那些知覺成爲印象,留存不消失,如此則知覺轉成了記憶,記

---

乃非大自然求生意志一語可盡。於是人文社會乃有種種理想,種種建設。由情感而智慧而意志,其順序乃與自然生命恰成一倒轉。」(參見該書,頁284～285) 可見錢先生所持的觀點乃是歷史人文的觀點。

〔註34〕參見錢穆,《錢賓四先生全集(二十七)國史大綱(上)》,頁19。

憶只是知覺他以往所知覺,換言之,不從外面具體物質來產生知覺,
而由以往知覺來再知覺,那即是記憶。記憶的功能要到人類始發達。
人類記憶發達了,便開始有了人心。……心可以知覺他自己,便是
知覺他以往所保留的印象,即是能記憶。

這裡對「記憶」功能的說明,接近經驗主義初性觀念的描述,並以此為辨識
時的參照概念。這種說法稍嫌簡略,但主要是在一般常人的常識活動上,說
明記憶在人的辨識與對自我意識覺醒與創造心靈活動的意義。顯然已觸及人
類內在的精神現象。所以錢先生說:

記憶是人類精神現象之創始。

## (三)語言和文字

錢先生認為固然在一般辨識活動中,記憶扮演一個重要的角色,但人類
要把他對外面物質界知覺所產生的印象加以保留,而能不斷地回憶與記念,
更重要的則是在於人類發明使用語言、文字這種工具。他說:

語言的功用,可以把外面得來的印象加以識別而使之清楚化深刻
化。而同時又能複多化。……譬如你有了許多東西,或許多件事情,
不能記上帳簿,終必模糊遺忘而散失了。人類因發明了語言,才能
把外面所得一切印象分門別類,各各為他們定一個呼聲,起一個名
號,如此則物象漸漸保留在知覺之內層而轉成了意象或心象,那便
漸漸融歸到精神界去了。也可說意象心象具體顯現在聲音中,而使
之客觀化。文字又是語言之符號化。

由於有了聲音(語言)與文字符號的記載,使得心的功能更加長進。錢先生
綜論「語言和文字」:

人類用聲音(語言)來部勒印象,再用圖畫(文字)來代替聲音,
有語言便有心外的識別,有文字便可有心外的記憶。換言之,即是
把心之識別與記憶的功能具體客觀化為語言與文字,所以語言文字
便是人心功能之向外表暴,向外依著,便是人心功能之具體客觀化。

從以上所述可知,由知覺(心功能的初步表見),慢慢產生語言文字,再由語
言文字慢慢產生心。錢先生曾以此觀點,去註解孟子「知言與養氣」章與性
善說,以為孟子性善論的重要功夫,在於知言養氣,亦是看重語言文字之形
成人心。故孟子之論知言,其實即心學也〔註35〕。錢先生在〈再論靈魂與心〉

---

〔註35〕參見錢穆,《湖上閒思錄》,頁 6~9。

一文也提到：

> 中國人重心靈生活，故知重語言文字，勝過其他一切。既曰同聲相
> 應，又曰聲教訖於四海。此聲字即指語言。既曰書同文，又曰文
> 章文化文教。中國人認爲凡人類一切心與心相通，而成爲人文社會
> 之種種建設，其本皆從人類有文字來。就語言論，流通之廣，莫如
> 中國語。就文字論，傳播之久，亦無如中國字。……由於語言文字
> 而影響及於人心，中國人心量寬大，西方人心量狹小。由於語言文
> 字相通，故心與心亦易相通，遂使中國如一人。不僅空間上同時能
> 使中國如一人，即時間上三千年來文字如一，更使三千年相傳之中
> 國人如一人。〔註36〕

錢先生對語言文字在文化的存續、發展的意義與功用上，十分看重。並以語
言文字傳播與溝通的觀點，說明「天人合一」的人文化意義，並沒有以任何
神秘的意義去闡述天人合一的意義。

至於思想呢？先有思想而後產生語言文字呢？還是先有語言文字才產生
出思想來呢？思想活動在錢先生的著作中究竟如何解釋？

## （四）思　想

依錢先生的看法，人類因有語言文字始發展出思想來。錢先生：

> 當你在記憶，便無異是在你心上默語。有了記憶，再可有思想。……
> 人類的思想，也只是一種心上之默語，若無語言，則思想成不可能。
> 思想只是默語，只是無聲的說話，其他動物不能說話，因此也不能
> 思想，人類能說話，因此就能思想。依常識論，應該是人心在思想，
> 因思想了，而後發爲語言和文字以表達之，但若放遠看他的源頭，
> 應該說人類因有語言文字始發展出思想來，因你有思想，你始覺
> 證到你自己像有一個心。

這種視思想爲默語，思想即語言，但強調就常識而論，人必須學習語言、文
字，才能在心靈中加以運作與思維。藉助於語言文字之功，使生理學上的腦
運轉，並創作發明，而進化爲精神界的心。

## （五）人　心

錢先生認爲一切人文演進，皆由這個能運用語言思維的心發源。並把「語

---

〔註36〕參見錢穆，《錢賓四先生全集（二）四書釋義》，頁166。

言文字」比作電線與蓄電機，他說：

> 因有語言與文字，人類的覺知始相互間溝通成一大庫藏。人類狹小
> 的短促的心變成廣大悠久，人類的心能，已跳出了他們的頭腦，而
> 寄放在超肉體的外面。儻使你把人心功能當作天空中流走的電，語
> 言文字便如電線與蓄電機，那些流走散漫的電，因有蓄電機與電線
> 等而發出大作用。這一個心是廣大而悠久的，超個體而外在的一切
> 人文演進，皆由這個心發源。因此我們目此為精神界。

錢先生既認為人類的心屬於精神界，而且「記憶、思想，本是寄託在語言文
字上，本是從語言文字而發達完成，那麼語言文字是人類共通共有的東西，
並不能分別為你的和我的。」因此人類的心也不能強分你我，或為我所私有。
人類不分賢愚，皆能形成他的心。錢先生說：

> 所謂心者，不過是種種記憶思想之積集，而種種記憶思想，則待運
> 用語言文字而完成，語言文字不是我所私有，心如何能成為我所私
> 有呢？只要你通習了你的社會人群裡所公用的那種語言文字，你便
> 能接受你的社會人群裡的種種記憶和思想。那些博覽典籍，精治歷
> 史和哲學的學者們，此處且不論，即就一個不識字的人而言，只要
> 他能講話，他便接受了無可計量的他的那個社會人群裡的種種記憶
> 和思想，充滿到他腦子裡，而形成了他的心。

根據錢先生這個觀點來看人心、精神與文化現象並不是自然界先天存在的東
西，而是在人文社會中由歷史演進而來的。但如果僅就個人而言，則這些文
化現象，確有超小我的客觀存在，但在進入人心之後，則形成人群共同的精
神現象。

　　除以上就人心的分析之外，錢先生在本書（《湖上閒思錄》）「經驗與思維」
一文中，特別提出儒家以人心之愛敬作為統一思維所產生出的對立，使能愛
敬與所愛敬，能所主客內外合一，體用無間，錢先生說：「若由純知識的探討，
則彼我死生自成兩體對立。加進了情感，則死生彼我自然融會成為一體。實
則此一體，非有情感，則無可經驗。而兼有了情感，則自無主客之分了。」
錢先生認為只有中國儒家特別強調在經驗中必兼情感，而思維亦緊貼在情感
上，才能成為中國文化之大宗。〔註37〕

　　而在此書書末，錢先生則再一次強調「價值觀與仁慈心」在人文科學中

---

〔註37〕參見錢穆，《靈魂與心》（台北：聯經出版事業公司，1981 年），頁 121～123。

的重要性，他說：

> 所貴於人文科學者，正在其不僅有智識上的冷靜與平淡，又應該有
> 情感上的懇切與激動。這並不是說要喜怒用事，愛憎任私。只是要
> 對研究的對象，有一番極廣博極誠摯的仁慈心。牛頓發明萬有引力，
> 不必對一切物具仁慈心。達爾文創造生物進化論，也不必對一切生
> 物有仁慈心。但將來人文科學界倘有一位牛頓或達爾文出世，他也
> 為人文科學驚天動地創造新則律，那他非先對人類本身抱有一番深
> 摯純篤的仁慈心不可。〔註38〕

錢先生認為以儒家重視情感與價值等理論所開展出來人文科學將成為東方對
西方回敬的禮物〔註39〕。這件禮物在錢先生在《文化學大義》中所創建的文
化學理論中，呈現出了雛形。

第四階段為民國三十九年建立文化學理論時期。

此時錢先生經由演講整理成《物與心》一文及《文化學大義》一書，提
出文化三階層「物、人、心」說，而統貫於「仁」為人類歷史文化之最高認
識，故「仁」實包含其文化三階層之三大範疇「存在、安樂、崇高」，這三階
層的關係在於由物質人生中孕育出社會精神人生，即存在可以孕育出安樂與
崇高，但存在並不能決定安樂與崇高之趨詣與內容。反過來說，精神世界乃
融攝人與物的世界，以完成生命之崇高，崇高則是融攝安樂與存在而達成的，
不是否定了安樂與存在才達成的〔註40〕。錢先生認為在文化第一階層物世
界，人心傾向於鬥爭性，其特性是外傾性的，向外鬥爭的；第二階層人世界，
人心傾向於組織性，其特性是內傾性的，向內團結的；第三階層心世界，人
心傾向於融和性，此階層的境界則達到內外一體，物我交融的，古與今的時
間性的隔閡融和了，自然界與人文界的壁障也同樣融和了〔註41〕。人文演進
的特質正在於人生目的與道德的水準逐步提高，錢先生反省了當前人類文化
危機正在於偏重於第一階層的鬥爭性，因此提出以第三階層的融攝精神批判
以物階層、鬥爭性的看法解釋文化現象，從而批判了黑格爾的辯證法與馬克
斯的唯物史觀，然後積極規畫出一條人類文化演進上達遞升的通律與正道。
錢先生在此處根據人類歷史文化所歸納出來的人文真理，目前雖未為普遍理

〔註38〕參見錢穆，《湖上閒思錄》，頁 152～153。
〔註39〕參見錢穆，《湖上閒思錄》，頁 152～153。
〔註40〕參見錢穆，《文化學大義》，頁 17。
〔註41〕參見錢穆，《文化學大義》，頁 20。

解與接受，相信將來必能成爲提供人類創建人文科學的重要參考。

第五階段爲民國四十四年寫作《心與性情與好惡》時期。

乃從人心回歸到人的究極性，即人性問題，提倡根據人心人性人情，作爲建立合理的文化結構之參考。

關於基本人性包含人心、人性、人情三者的探討，錢先生從中國人性論的發展歷史，兼融古今，簡略地分成三方面說明：

## （一）以孟子「人心之同然」爲性

錢先生除了兼採當時傳入中國的西方心理學的三分說，對於人性問題則更進一步深入中國思想史中去考察，大體上錢先生完全贊成孟子所謂「人心之同然」即是性〔註42〕。他認爲此「人心之同然」不僅要在千萬億兆人之心上求，同時也要在億兆人在歷史之中的存在上去求「歷史心」與人心共同積累所完成的文化現象中去求「文化心」。

## （二）參考王安石「性情合一」說

前面所提到的「人心之同然」，不是一種超然、在人之外的同然，必須是在現前個體心中體現的同然，尤其是看重現前個體心的情感的成分勝過理智與意志，而情感主要指的是人心之好惡。關於人心好惡，錢先生則贊成王荊公的說法，「喜怒哀樂未發於外而存於心，性也。喜怒哀樂發於外而見於行，情也。性者情之本，情者性之用，性情一也。若夫善惡，則由中與不中也。」〔註43〕這是從情之發用存於心，見於行上，說明性情一本的意義。

## （三）程朱的歷史心與文化心

此外，錢先生認爲明清理學家如船山論性，主張從人性之日生日長處，而習齋則主從氣質中見理，亦如船山之意，主從心上見性。錢先生認爲他們最主要目的是要糾正程朱的偏見，可是卻誤解了程朱。錢先生認爲程朱以理氣的關係說明性的問題：「理可以逐步發現，卻非逐步完成，性亦然。」錢先生說：

> 程朱論性，便從歷史心與文化心之積累大趨中見；程朱論理，亦從歷史心與文化心之積累開悟中得。歷史文化積累得更大更久，便是人而天。而歷史文化遠從邃古洪荒開始，則只是天而人。惟人類當

〔註42〕參見錢穆，《錢賓四先生全集（十八）中國學術思想史論叢（二）》，頁197。
〔註43〕參見錢穆，《錢賓四先生全集（十八）中國學術思想史論叢（二）》，頁197。

　　　　前的個體心，仍與歷史心、文化心大體相通，故一切理性方面之認
　　　　識，不該忽視現前之個體心。但陸王一面，則不免太重視了人類當
　　　　前的個體心，而忽略了人類所積累而有之歷史心與文化心。〔註44〕
可見錢先生兼採程朱與陸王學說，兼融個體心、歷史心與文化心三者，以避
免產生戴東原所說的「以理殺人」、以意見殺人的流弊。

　　綜合以上所述，錢先生從人性論在中國歷史上發展的各階段說法中，加
以綜合歸納，提出自己對於人心的基本看法，乃立基於人心之好惡，主要即
依照陽明學說，人人盡得憑其自己良知即自己好惡來尋求天理，認識天理與
肯定真理而實踐之，即所謂「思想人權」。再融合孟子提倡「人性之同然」與
程朱提出之歷史心與文化心的說法，但亦不抹殺人類現前之「個體心」，如此
才能見人心之大全整體，所謂「吾心之全體大用無不明矣」。

　　簡略地分成五個階段，對錢先生所建立的一套文化認識觀作一巡禮，可
知錢先生所謂「溫情與敬意」實仍得回歸中國傳統講求的作人的道理中探求，
由此可知，要凝聚成「溫情與敬意」之前理解的意象環境，不是一件簡單的
工作。必須經過一番訓練教化，如《論語》上指明的「弟子入則孝，出則弟，
謹而信，泛愛眾，而親仁。行有餘力則以學文。」即是一套注重當下行為與
知識的訓練，經由情感的發生與認識、語言文字形成的人心，而又回歸人性
人情，以作為由個人自然生命進入群體文化生命的準備。

　　雖然錢先生自謙地說：「我雖對以往思想史上的各家各派，有意兼採互
融，但我並不想把自己的意見刻意要來與前人的意見組織成一完整的系統。」
〔註45〕但我們從他的著作中，約略可以看出錢先生繼承孔孟心性一元的精
神，再由程朱「文化心」、「歷史心」，貫通陸王偏重「個體心」，逐步完成他
博大精深的文化三階層體系。

　　大體而言，錢先生的文化學即是從基本的人心人情立論，推其理想境界，
即是張載所謂「為天地立心，為生民立命，為往聖繼絕學，為萬世開太平」
的精神，錢先生的現世人心一元理論便是從「為天地立心」的角度進行重建
文化認識的工作。而這裡嘗試建立的「心」乃是就人當下具有的人心人情立
說，而非外於當下的人心人情，另有一價值標準存在。

　　錢先生認為由於東方人在很早時期就已捨棄如西方的靈魂觀念而另外尋

---

〔註44〕參見錢穆，《錢賓四先生全集（十八）中國學術思想史論叢（二）》，頁203。
〔註45〕參見錢穆，《錢賓四先生全集（十八）中國學術思想史論叢（二）》，頁196。

找人生的永生與不朽的價值〔註 46〕。對於人生的不朽價值的觀點，中國人的
主要看法便是如叔孫豹提出人生三不朽的見解，孔孟儒家為主流的中國學術
思想主要便是以叔孫豹提出的立德、立功、立言三不朽論，回到人的立場，
歸結到人心內在心性的基點上，與人心發用於行為的歷史、文化上去看待人
的不朽性問題，完全擺脫靈魂外在的二元思想傾向，獨立建構出一套現世人
心一元的價值思維。由此種思維系統所發展出來的文化系統，經過兩千多年
不斷地「充實而有光輝」、「大而化之」的過程中，形成豐富的生命經驗，這
也是中國史學特別發達的重要原因。

# 第四節　「性道合一」的文化精神

　　本節延續以上的論述，從宇宙事物發展秩序的建構，經由靈魂與心的分
判，可知錢先生逐步建立人心一元的認知，確立了中國學術思想獨特的文化
精神。他的主要見解我們可以由錢先生的著作中經常出現的名詞，如「文化
精神」、「歷史精神」、「文化生命」、「歷史生命」等，表現這種特重「精神」、
「生命」的見解，這也使錢先生學術著作在當今學術界獨樹一格，這也是錢
先生論學最重要的中心主旨。

　　基本上，錢先生論學的特色在於他採取史學觀點，以事實作根據，不憑
空立說，因此他所重視的文化精神，亦是由歷史文化中產生。就人類大群而
言，文化精神乃凝合時空而成；但就個人而言，個人生存於此文化大天地之
中，則文化精神轉成先驗存在，個人生命只成為文化生命大流中之一滴。

　　透過錢先生所使用術語可知，基本上錢先生認為文化是一大生命，而此
大生命的過程，以中國古語而言即是「道」，歷史就是這一大生命過程的記
載，他以孟子所言「所過者化，所存者神」作為說明這生命過程的化與神，
認為過去、現在、未來一切都在發展中融冶為一，化為一體的文化現象，即
為「化」，卻又一切像是自然而然的「存在」，甚而不可分辨，以為本然如
此，所以說是「神」〔註 47〕。而文化精神的「化」、「神」過程，具體的存在
文化中的每一分子上呈現，因此說是「性」，「性」是從自然而來，中庸所謂
「天命之謂性」，由此「性」所率性展現出來的人文化成之道，才叫做「文
化」。換句話說，錢先生在此似乎以「天命之謂性，率性之謂道」的看法，說

〔註46〕參見錢穆，《靈魂與心》，頁 7。
〔註47〕參見錢穆，《錢賓四先生全集（二十九）中國歷史精神》，頁 10。

明文化生命的展現與發展過程。對此一文化生命的發展現象，錢先生在文化
學理論的建構中又賦與文化發展兩大目標，一是多方面之擴大與配合，一是
長時期之延續與演進，即《易經》中所謂的「可大可久」。文化生命在時空中
凝合、發展並日漸積累，才成爲一切文化的具象表現，此即《中庸》言「悠
久所以成物也」，唯有於悠久的積累成物中，才見其精神，無悠久處則只有氣
化，見其鬼相。〔註48〕

總之，錢先生根據中國歷史經驗反省得知，中國文化之所以可大可久，
乃在於「性道合一」，即認爲「人生一切大道必是根源於人性，違逆人性的
決不是人道」〔註49〕。正因持這種經由各代積累悠久成物，而表顯在各當代
人的活動與文化現象觀點，因此錢先生認爲，一部中國史，便活在今天我們
中國人身上。其中復活的樞紐便在人心當下，即透過人心之文化認識而存
在。

文化之所以能凝成文化精神，首要條件是歷史中存在的文化透過時空凝
合成一大現在的生命，而此一當下的生命體涵攝了長時期與特定的廣大空間
之中，某一大群人之所有活動與行爲。

## 一、文化是一大生命

錢先生的這套整體民族生命共同體，主動的人文化成的說法，與當代中
國文化的發展，似乎有些不同。新文化運動以來，「中國文化」變成一個被「化」
的被動對象，不論是歐化、美國化、俄化，甚至是國粹派，中國文化本身的
自主地位，似乎隱隱然褪去。剛開始維新變法階段，西化尚需披上傳統的外
紗，如康有爲所採「用夷變夏」，還託名孔子改制；國粹學派則根據斯賓賽的
社會進化理論來研究中國古代的歷史文化。〔註50〕

到了梁漱溟先生提出文化的路向以界定文化的性格，文化的研究才眞正
開始意識到中國文化獨特的主動化成性格。錢先生則直接以文化爲一大生
命，尤其是此「文化本身，亦如生命般，須得時時活動前進。最怕生機遏塞，
精神渙散。」〔註51〕而不是自斷生機，成爲被動的死物。史賓格勒寫的《西

---

〔註48〕參見錢穆，《錢賓四先生全集（十八）中國學術思想史論叢（二）》，頁182。
〔註49〕參見錢穆，《中國文化十二講》，頁10。
〔註50〕參見余英時，《歷史人物與文化危機》（台北：東大圖書公司，1995年），頁
　　　　191。
〔註51〕參見錢穆，《文化學大義》，頁61。

方的沒落》，以生、老、病、死解釋文化現象，他認為文化的生命有五十年、一百年、三百年、六百年四種，這種說法，基本上偏於悲觀的文化論調。另一文化人類學家克魯柏雖否定文化的生老病死的必然定律，卻認為愈有「高度價值的文化類型」，其生命也愈短促。這不免患了忽略了文化活力的歷史性的存在現象，不足以解釋目前仍存在的大文化，如西方文化、印度文化、中國文化等都擁有悠久的歷史，卻不一定都是短命的。究其實正因為中國文化走上了現世一元的道路，而中國文化的內傾性格發展出特別重視道德與藝術的文化生命型態，因此才發展出講求「可大可久」的文化觀，以至於成為現世歷史最悠久、地域涵蓋面最廣大的文化實體。

## 二、文化生命在空間中展現的文化精神類型

　　對於錢先生的這套文化觀，當代美國一位女人類文化學家露絲・班乃迪克（Ruth Bemedict）在其名著《文化的類型》（Patterns of Culture）也提到：

> 一個文化，正如一個人一樣，多少是一種思想與行動都一致的類型。每一文化之內，都存在著一些特徵性的目的，而不必然為其他型態的社會所共有。每一民族都一步一步地凝結他們的經驗，以為這些目的服務，同時他們各種性質不同的行為也愈來愈趨向一種一致性的型態，以應付這些驅動力的急迫要求。……這種文化的類型化是不容被看作無關緊要而加以忽視。正如近代科學已在很多方面所強調的一樣，全體不僅是他的各部份的總和，而是各部份的獨特安排與交互關係的結果，這結果最後產生了一種新的實體。

另一位文化學家克魯柏對班氏此說頗表贊同。余英時先生認為文化人類學因受材料限制，對於文化整體或類型的討論未能更進一步。錢先生的文化學研究對於文化的地理背景之深刻觀察剛好補足此一缺點，把文化類型的產生歸因於地理環境的影響，但在文化路徑發展之後，該文化中的人的心理因素，遂逐漸取得領導地位，因而形成了一個民族文化的特殊精神〔註52〕。余先生的說法正好指出了錢先生對文化學看法的另一主要特色，即重視文化的地理背景，或空間要素。

　　因此，錢先生以為文化作為一自然所孕育出來的產物，經過時間性的歷程與空間性的擴展，便發展出各種類型不同的文化性格，對於文化的這種發

---

〔註52〕參見余英時，《文明論衡》（台北：九思出版公司，1979年），頁107～108。

展各殊的現象，在錢先生的文化學中解釋認為是由於文化七要素搭配的互異所產生出來的。也就是說，文化要素的不同搭配，自然孕育出相異的文化精神。而所謂的「文化精神」即包含著貫串過去、現在、未來的文化指導精神。當一個文化走到輝煌燦爛時，正是在此一種文化中各要素調配得當，其表現出來的文化精神就極富於生命力。反之，當此文化出現危機時，就表示此諸文化要素搭配出現了問題，文化必須進行內部調適與向外吸取新生的養分，引發生機，才能渡過文化危機或滅亡的難關。

　　錢先生進行文化學研究時，就特別注意文化精神對文化本身的影響，除了學術研究之外，甚至在他作全球旅行時，亦不間斷地、有意識地從事實地考察，並著重在文化影響下的社會變遷現象，在錢先生所寫的〈從中西歷史看盛衰興亡〉一文中，就可以看到錢先生希望運用他親眼目睹的現象，作為他比較中西文化思想的實際驗證。他在《中國歷史精神》中，提到中西方的文化精神，便是依據他深刻地省思自我的中國文化，與對西方文化的觀察，再從中西歷的演變一面尋求其對不同文化精神特徵的理解，他說：

　　　近代的西方有三大精神：
　　　（一）個人自由主義精神，淵源於希臘，亦可稱為希臘精神。
　　　（二）團體組織精神，或叫做國家精神，淵源於羅馬，亦可稱為羅
　　　　　　馬精神。
　　　（三）世界精神，或叫做宗教精神，亦可稱為希伯來精神。
　　　此三種精神配合成為今天的西方。英國、美國以宗教精神調和國家
　　　組織與個人自由的衝突；蘇維埃只有一種國家精神，抹殺了個人自
　　　由，並將國家精神昇化到帶有宗教的色彩。〔註53〕

而關於中國文化精神，錢先生說：

　　　有人問中國的文化精神是什麼？我認為中國文化精神，應稱為「道
　　　德精神」。中國歷史乃由道德精神所形成，中國文化亦然。這一種道
　　　德精神乃是中國人內心所追求的一種「做人」的理想標準。乃是中
　　　國人所向前積極爭取蘄嚮到達的一種「理想人格」。〔註54〕

錢先生所謂的「道德精神」以最簡單的分析，包括兩個要素：一是春秋時代叔孫豹的「三不朽」說，一是孟子的「性善論」。錢先生認為此兩個論題互相

---

〔註53〕參見錢穆，《錢賓四先生全集（二十九）中國歷史精神》，頁141。
〔註54〕同上書，頁142。

配合便能發揮出中國道德精神的最高涵義〔註 55〕。根據此點，錢先生用來解釋中國的歷史文化，他認為中國歷史上、社會上、多方面各色各類的人物，都是由這種道德精神而形成。甚至如政治的、經濟的、軍事的、教育的、各項事變及各種制度，其所達到的各種境界，其最終原因亦歸結為此種道德精神為最後解釋〔註 56〕。並依其對中西方文化特徵的理解認為，西方文化發生的危機，歸因於上述代表西方三大精神的互相衝突。而中國文化之衰落，則是由於其自身道德精神墮落所形成的。錢先生從文化三階層的角度分析近代西方的文化病：

> 希臘哲人的思想，常從個人人生直透道宇宙萬物，還從宇宙萬物直落到個人人生，中間忽略了群體團結的一階層。……猶太民族是一個流離播遷吃盡苦楚的民族，輪不著他們來預聞到大群政治社會的一切措施。……羅馬人的法律政治，確有大成就，但羅馬文化又透不過第二階層，進不到第三階層。……到了近代科學興起，……使宗教信仰發生動搖，……因新科學而發明新機器，大工廠大企業，走向組織，又與個人自由的嚮往相衝突。法律平等，而經濟不平等，政治自由，而產業不自由。為要解救此一困難，只有向外征服，屬行帝國主義殖民政策，侵略外面來和解內部，這又回頭來與耶教博愛精神世界主義相牴觸。〔註 57〕

這些都是近代西方的文化病。至於中國文化在三階層的發展上，錢先生認為是比較完整而健全的，其所以產生文化病的主因是：

> 中國自滿洲政權控制全國一百多年，到達乾隆嘉慶年間，其第三階層裡的最高領導精神，由漸經過塞而頹唐，而腐爛，而迷惘失途，第二階層政治社會機構，亦多走失樣子，與原有最高精神脫節。……而西力東漸，另來一新刺激，內部的來不及調整，外面的又急切無法抵抗，同時也無法接納融化，這才造成此最近一百年來尷尬混亂的局面。〔註 58〕

由此可見，錢先生針對中西雙方文化，皆能提出其文化特色及其文化病痛所在，痛加針砭。國人如能參考錢先生文化學的思想精粹，將不至於造成近代

---

〔註 55〕同上書，頁 150。
〔註 56〕同上書，頁 142。
〔註 57〕參見《文化學大義》，頁 56～56。
〔註 58〕參見《文化學大義》，頁 61。

中國人盲目西化，又一再喪失了眞正認識自身文化病痛所在的機會。

根據以上將錢穆文化學理論所做內在理路的解析，或許可以簡單的將錢先生文化學理論的核心歸納爲三句話，即「人心一元，現世不朽，道德性善」，此三者形成錢先生文化學的中心思想。本論文即秉此說法解釋其對人生觀與民族論問題的主要依據。

總而言之，本章雖將錢先生的文化學分爲四部份討論，實則此四者實爲一體，基本架構仍循錢先生文化三階層、兩類型、七要素的文化學內在理路而來，在順序上把文化兩類型往前移，以凸顯文化認識源頭的重要性；關於文化三階層所述人類文化演進上達的歷程，基本上是指人心演進上達的歷程，錢先生所言極精簡，因此必須回歸其相關著作探尋關於「人心」的看法，進行比較並探究其理論根據。關於文化七要素方面，本文以錢先生所強調的「文化精神」，作爲文化七要素所拼搭出的花樣呈現，凸顯出文化豐富多變的生命性。

大體而言，錢先生認爲文化乃一大生命，此一生命由文化三階層、兩類型、七要素鎔鑄而成，有天命的部份，也有人生的部份，錢先生認爲「天人合一」思想的文化觀，將成爲人類未來世界文化的歸趨〔註 59〕。如《大學》所主張，人類歷史文化之發展立基於個人之修身、齊家、治國，擴爲可大可久之天下平。人可以透過「性道合一」、「天人合一」的存養功夫（如中庸所謂「修道之謂教」），可證成人與萬物、人與道爲一體。「道」爲一眞實不虛的存在實體，道之大原出於天，人之「修道」的意義，當如孟子所謂的盡心知性、盡性知天的步驟，由己而天，由盡心而知性知天。錢先生文化學終極旨意在完成知天之學，由人類社會發展的文化理想奠基於個人的修身、齊家、治國，而終究擴展爲可大可久之平天下的文化理想，落實在人間世的實現。

〔註 59〕 見錢先生晚年〈中國文化對人類未來可有的貢獻〉一文，頁 3。

# 第四章　錢穆文化理論之應用

## 第一節　不朽的人生觀

　　本論文第三章建構文化學理論的過程及其文化學的重要意涵，落實到實際人生運用上，即是表現在理想人生觀的確立。錢先生所嚮往的人生觀顯然是以儒家思想為主要參考憑藉，但錢先生並不是一味地復古守舊，而是先建立文化學理論，進行中西文化與現實、歷史的客觀比較批判，精心思考考察所得到的成果。再將文化理論應用到人生觀價值的建立與人生理想的重建與追求。

　　經前文解讀錢先生著作的發現，錢先生的文化學理論其實與其人生觀的見解密不可分。根據以上採行的解讀觀點，探討錢先生如何秉持其文化學的觀點，本章亦從文化整體的觀念切入，首先面對現代人生及如何重建現代中國人的人生觀。其次，則討論錢先生在現代各種人生觀危機的衝擊下，如何把深染現代文化大潮的「無限向前」、充滿焦慮不安的人生，帶回到「溫情與敬意」、「人心現世一元」的歷史性人生中重新安頓。最後，則說明錢先生提倡「不朽」的人生觀，作為他倡立文化學理論在人生方面所追求「天人合一」的意義與價值的理想，這些都是錢先生文化學理論的人生實踐，也是其文化學理論最重要的一環，唯有透過人生真正的實踐才是文化學理論之真正完成。

　　在說明錢先生的人生觀理論之前，應當先瞭解人生觀思想對錢先生從事學術研究有極大的影響，錢先生在《人生十論·自序》中提到：「我從這一門

裡跑進學問的，卻不輕易把這一門隨便來直告人。」〔註1〕雖然錢先生的學問由此入門，但他早年為學極博實，不尚空談人生，乃以考據成名，直到中年以後，才又回歸到人生義理上。換句話說，錢先生之所以不肯直截了當的、簡單概括人生觀，主要是他認為必須回到文化、歷史中，先瞭解中國人人生觀的真實底蘊，從事確證與檢驗的工作，以避免流於支解與不相應的偏頗。

本文以下在說明錢先生有關其文化學理論應用於中國人不朽的人生觀之建立，嘗試從以下兩方面論述。一、先說明錢先生當時所面臨的人生觀危機現象；再以本文觀點敘述錢先生所建立的新人生理論，探究他解除現代人生危機的關鍵。

## 一、錢先生對現代人生危機的說明與批評

近代中國人所經歷的東西文化衝突與人生觀流喪的危機，主要有以下幾種：早在 1895 年，嚴復以「物競天擇，適者生存」的進化論思想為基礎，率先提出「鼓民力，開民智，新民德」的主張，為中國近代走向現代化新人生觀的建立，打開一條新路。接著，梁啟超提出「新民說」，以作為他對中國國民性適應新時代來臨的建言。由這二位早期啟蒙人物用心，在「新民」的內涵看來，大致上可謂「新民」之說，實質上的真正意義是在外來文化的衝擊下，中國人的人生觀開始變動。

五四時代，胡適所領導的「中國文藝復興」，乾脆高舉「歐洲中心主義」的旗幟，進行以夷變夏，喊出「打倒孔家店」的口號，西化儼然成為中國人的宗教，胡適甚至宣佈傳統的價值觀為「人死觀」，稱傳統文學為「死文學」，美其名曰為傳統文化進行改造工程，所以不僅要整理國故，更要改變中國人的價值信念，發展到今天多元文化價值觀點盛行的時代，由於早年強烈的文化自譴更造成當代人生價值的迷失。如一般青年誤解了新文化運動的意義，而轉趨於墮落放縱生活者，日益增多，陳獨秀在《獨秀文存》卷二〈青年的誤會〉一文中有很深的感慨，他說：「教學者如扶醉人，扶得東來西又倒，現在青年的誤解，也和醉人一般。」〔註2〕

錢先生便是在這股風潮之下，站在比較文化的立場，重新詮釋中國傳統思想，尤其是孔子思想，他以為既然已經生在現代的中國，中國傳統文化已

---

〔註 1〕參見錢穆，《人生十論》，頁 4。
〔註 2〕參見錢穆，《錢賓四先生全集（一）國學概論》，頁 382。

先天存在，而且確然與其他多元文化不同而並存，中國人的人生觀，事實上已成為目前多元文化中的一個主型。而多元文化同時並存，並相互的比較，漸漸的多元也趨向大同，這是現代文化發展的必然趨勢。固有的文化傳統唯有透過現代人生的洗禮，與其他文化進行溝通、比較、擴大，才能真正彰顯其意義與價值。因此，不該心存自我鄙視，而應該真誠的自我批判與反省本身文化與人生觀危機的根源，並與西方文化比較之後，作最佳的選擇與調整。

關於現代中國人人生觀的危機，錢先生以為可以從長遠的歷史文化中觀察，也可以從現代人生的弊病中尋找。茲依此分成兩方面說明人生觀危機的問題。

## （一）人生路向的分歧

錢先生在《人生三路向》一文中，對中西人生觀比較之後，提出了三種人生觀，作為他探討多元人生觀之間溝通對話的初步。此三種人生觀的形成，大體而言是本於人心的嚮往，而人生亦只是此一嚮往的實踐。而群體人生的此一嚮往乃人生之大同，個人或不同民族因追求路向的不同而有小異。錢先生將人類都有追求其理想價值的大同之中的小異分成三種，第一種是近代西方向外追求的人生，此種人生觀由於精神向外尋求而在宗教上安排了一個上帝，在科學上發明了機器，這些外面安排逐漸形成一個客體，獨立於人生之外，甚且反過來阻礙人生之向前發展。此種人生觀實是相應於游牧商業文化所發展出來的人生觀，偏向於靈魂觀的思維方式。〔註3〕

第二種印度佛教向內追求的人生觀，此種人生觀依舊有一個遼遠的嚮往，只不過把向外的塗飾改為向內的洗刷，努力把人生外在面遺棄與擺脫，最終則形成一大脫空的境界，佛家稱此為一如不動，錢先生認為，如此擺脫了外面一切，將有找不到己心的困惑。在如何補救此一弊病上，錢先生在〈人生三路向〉一文中指出如何以中國禪宗補印度佛教之弊，他說：

> 你若將外面一切塗飾通統洗刷淨盡了，你若將外面一切建立通統拆卸淨盡了，你將見本來便沒有一個內。你若說向外尋求是迷，內明己心是悟，則向外的一切尋求完全祛除了，亦將無己心可明。因此禪宗說迷即是悟，煩惱即是涅槃，眾生即是佛，無明即是真如。〔註4〕

這便是把印度佛教「終極寧止的境界，輕輕的移到眼前來」，而有「立地可以

---

〔註3〕 參考本論文第二章第二節。
〔註4〕 參見錢穆，《人生十論》，頁6。

成佛」的說法，因此錢先生認為「中國禪宗的嚮往即在當下，他們的嚮往即在不嚮往」。〔註5〕

　　第三種儒家的人生觀，錢先生認為此種人生觀乃是禪宗的態度加上一種嚮往，既不偏外也不偏內，也不停在當下，而是依著中道前進，又隨時隨地有所止。錢先生認為儒家思想之所以不同於禪宗的態度，乃因為儒家比禪宗更積極有為，他說：

> 儒家思想不會走上宗教的路，他不想在外面建立一個上帝。他只說人性由天命來，性善，說自盡己性，如此則上帝便在自己的性分內。儒家說性，不偏向內，不偏向心上求。他們亦說食色性也。飲食男女，人之大欲存焉。他們不反對人追求愛，追求富。但他們也不想把人生的支撐點，偏向到外面去。他們也將不反對科學，但他們不肯說戰勝自然，克服自然，知識即權力。他們只肯說盡己之性，然後可以盡物之性，而贊天地之化育。他們只肯說天人合一。他們有一個邀遠的嚮往，但同時也可以當下即是。他們雖然認有當下即是的一境界，但仍不妨害其有對邀遠嚮往之前途。他們懸至善為人生之目標，不歌頌權力。他們是軟心腸的。但他們這一軟心腸，卻又要有非常強韌而堅定的心力來完成。〔註6〕

因此，錢先生認為儒家的人生態度，可看成是中國禪宗態度加上一種嚮往。但此種人生觀並不是十全十美，亦可能產生流弊。因為儒家此種人生觀之通俗化，形成一種現前享福的人生態度，必須福德兼備才是真福，否則容易沈溺於現實之享受。尤其到了近代「和西方的權力崇拜向外追求的新人生觀結合，流弊所見，便形成現社會的放縱與貪污」。〔註7〕

　　錢先生在《人生十論》中提出他的看法，他認為：

> 如何像以前的禪宗般，把西方的心人生觀綜合上中國人的性格與觀念，而轉身像宋明理學家般把西方人的融合到自己身上來，乃是現代人關心生活與文化所該努力的。〔註8〕

根據第三章的理論，當前中國人此種人生觀傾向於人心一元的思維方式，因此同樣注重現世人生之現前享福，卻不幸如錢先生所言「和西方的權力崇拜

---

〔註5〕 參見錢穆，《人生十論》，頁6。
〔註6〕 參見錢穆，《人生十論》，頁6～7。
〔註7〕 參見錢穆，《人生十論》，頁8。
〔註8〕 參見錢穆，《人生十論》，頁8。

向外尋求的新人生觀相結合」，同時卻失去其文化精神產生注重心性修養的道德精神，因此產生了此種「人欲橫流的世紀末的可悲現象」。〔註9〕

　　想要矯正此種人生觀的危機，必須重振中國的文化道德精神。文化危機首先反應在人生路向的誤入歧途，導致現世人生的擾攘不安。錢先生文化學對於人生觀問題的主要貢獻即在於指出此不安的所在，並提供一條可以思索解決的參考之道。錢先生所希望的解決之道是像歷史上禪宗及宋明理學家融冶和會佛釋的方式，希望把西方向外追求的人生觀融合到中國人自己的性格與觀念中，以一元的人生觀代替二元的人生觀。錢先生所嘗試要做的是件艱鉅的文化融冶工作，他由此指引出當代中國人一條共同努力的道路，這需要同時代的人不斷的努力，畢竟文化與生活本身即是一大群人長時期的生命經驗，也必須由文化中的每一分子共同經營與完成。

## （二）科學對人生觀的衝擊

　　近代科學革命與近代西方文化的急速變遷同時發展與興起，對西方人的人生價值也與中世紀千年來的看法不同，而最重要的特徵為人性的覺醒，如笛卡爾所說「當改變思辨哲學為實用哲學，使大自然皆為人用，人儼然為宇宙之主宰」。按理說，人為宇宙的主宰，則近代科學亦即是人類之實用哲學〔註10〕。但很不幸地，達爾文的物種進化原理卻被運用到人文社會，造成種族競賽，爆發世界性的殺戮戰爭。

　　此外，科學發展對人生觀的衝擊，莫過於近代心理學的發展，尤其是把研究動物心理的成果應用到人類心理，如英國哲學家羅素所言，近代西方心理學界的兩大發現，一是俄國心理學家巴布洛夫所創立的「制約反應」學說；一是奧國醫生佛洛依德的「精神分析」之潛意識學說。錢先生批評這兩種學說，巴布洛夫的「制約反應」學說乃證明人心是不由自主的，而佛洛依德的「精神分析」之潛意識學說則說明人心是不能自知的。而且「制約反應」拿狗來作試驗，心理學家告訴我們人也如狗，自己對自己不能自主。精神分析把病人來作試驗，心理學家告訴我們人也如病如狂，自己的一切，自己意識不到。」〔註11〕將這兩種學說不當的應用，結果對人類整體的文化發展，造成莫大的衝擊。

---

〔註9〕　參見錢穆，《人生十論》，頁8。
〔註10〕　參見錢穆，《文化學大義》，頁88。
〔註11〕　參見錢穆，《民族與文化》，頁172。

　　如近代的希特勒與共產黨即利用「制約反應」發展出一套控制群眾心理的手段，而資本主義社會則以之應用為宣傳廣告工具，提倡消費，二者都是利用人類心理上之弱點來達成目的。依錢先生的觀點看來，心理學之所以被如此不當的利用而產生的弊病，主因在過分偏重科學的成就，而視人為科學的工具與對象，而不知人是目的而非工具。偏離了歷史文化長期演進與整體發展的方向，「僅從個人行為著眼，則人生只是獸生之變相。」〔註12〕

　　此種過度揄揚自然科學，而抹殺人文的思潮與風氣，氾濫到人文界，造成馬克斯的唯物史觀假科學歷史觀之名橫行於世，加之被有心政客的利用，而帶給當代人類社會與文化、人生的災難。

　　因此，錢先生有感於這種假科學之名，帶給當世人生理想的變化，在〈中國文化與科學〉一文中指出，近代西方即因科學發達，宗教沒落，產生世俗至上的趨勢，如求富、求強、好爭、好色等世俗至上的傾向。這一趨向到今日已弊害大顯，用中國古語來講，即所謂的「天理淪喪，人欲橫流」。而「科學所重在研尋物理，求能有所發明，有時反而卻會增長世俗人欲方面之滋長與罪惡。」〔註13〕可見科學的發展，本在增進人類的幸福，但人不加節制，與批判的選擇，使人欲過度放縱，反造成人生整體價值的衝突，人生的理想淪喪，形成人生觀的危機。

## 二、建立新的人生觀

　　錢先生在文化學理論中即嘗試針砭這種人類心靈的時代通病，倡議建立新的人生觀以克服現代人生的虛無處境。

　　首先，依據本文所建構對錢先生文化學的理解進路，錢先生對「靈魂與心」的分判上，主要採行「天人合一」的觀點，並捨棄「靈魂」觀念而直採「心」的思維系統。錢先生在文化兩類型的區分中，顯然較推崇農業文化孕育出的「天人合一」的思維方式。並進而以「文化心」作為人生觀發展的主軸，以道德精神為人生觀的終極目標。

　　簡要的說，錢先生建立新人生觀的主要工作，有破有立，在消極的破上，乃在破除現代唯物傾向的現代人生觀。但其主要工作重點在於積極的提揭儒家思想的精義，以與現代人生相會比較，以期由對傳統的重新理解，真正走

---

〔註12〕參見錢穆，《文化學大義》，頁120。
〔註13〕參見錢穆，《世界局勢與中國文化》（台北：東大圖書公司，1979年），頁324。

出一條新的人生路向。從這個觀點，再省察現代中國思想的研究，發現當代中國人一味依西方科學的發展，建立所謂科學的方法論，卻偏離了中國學術本身所開展出一切以實際人生實踐爲依歸的中國科學精神，如此一來，強調以推概爲主之科學方法論有淪爲解剖分析「故紙堆」的「洋考據」，造成科學與中國人生不相應的危機。所以余英時先生指出此危機所形成的風氣：

> 從社會到高等學府以至中央研究院，都瀰漫著一股空氣，即認爲人
> 文研究大抵是一些「空談」，無補於「國計民生」，屬於可有可無的東
> 西之列。由於禮貌的緣故，自然沒有人肯公開地說這種話，但是這一
> 心態隨時隨地都不自禁地流露出來，是人人可得而印證的。〔註14〕

這一方面固然是現今社會以「急功近利」爲實際人生發展的指導思想，但另一方面何嘗不是相對於科學，人文學研究顯得太過於薄弱，又偏離了人生實踐，對整體人生產生不了領導作用，所造成的人生危機。

　　錢先生早就看到隱藏其中的這種危機，因此從他精深的史學轉向文化學研究，錢先生認爲：

> 我所講的這一條路，我認爲乃是將來做學問上的一條大路。我認爲
> 我們此下做學問，必該講文化。從前人做學問，文科、理科、工科
> 各自分別，此下做學問，最重要的是生活，是生命，是文化，是各
> 民族的自救之道。〔註15〕

所以錢先生以文化學的講求作爲現代人生生活的指導，尤其注重「心生活」，惟其如此才足以談如何建立新的人生觀。

　　至於如何「過心生活」呢？簡單講，即以「心生活」一元的人生觀調和靈魂觀的人生觀割裂人生爲二元的危機，因其背後常有無限向前的精神，督促著人心走向神或走向物。而錢先生文化學理論採取以現世人生爲絕對一元，捨棄前世與來生的依託，追求現世人生的不朽，這種人生以人心對當下的自覺認知，與不斷的思索，人生現實的問題，並謀求解決爲主，此即爲「過心的生活」。以下即就四方面考察錢先生如何把文化學理論應用於人生觀各方面，作爲指導人生實踐過心的生活。

## （一）認識生命──身生命與心生命

　　錢先生認爲人的生命包括兩個最重要的方面：身生命與心生命。身生命

〔註14〕 參見余英時，《歷史人物與文化危機》，頁218。
〔註15〕 參見錢穆，《從中國歷史來看中國民族性及中國文化》，頁19。

是狹小的，僅限於各自的七尺之軀。而心生命是廣大的，如夫妻父母子女兄弟，可以心與心相印，心與心相融，共成一家庭的大生命。推而至於親戚朋友鄰里鄉黨社會國家天下，可以融成一人類的大生命。而且身生命極短暫，僅限於各自的百年之壽。心生命則悠久長存天地之間。如孔子的心生命兩千五百年常存，乃存在後世人心裡〔註16〕。根據第三章「人心一元，現世不朽」，人心一元主要是透過語言文字傳達，使人的感情、思想互相流通而融冶為一。錢先生所說的心並非指肉體心臟之心，而是指個人能走出肉體生命表現精神活動的個體心，更重要是能融通個體人類精神活動、現象，而整體的歷史心文化心，由過去於現在復活，由現在通向未來而仍存在，這就是錢先生所謂凝合過去、現在與未來為一體的一大現在之現世不朽，也就是心生命的不朽。由此可以看出整個人類生命的演進，實是一大生命，因此可以說：「中國一人，天下一家。」

錢先生認為馬克斯最大的錯誤在於以經濟層面決定人生整體，錢先生說：

> 人身除了雙手之外，還有一件東西異於其他動物，那就是人的一張嘴。馬克斯見手不見嘴，知其一，不知其二。他思想的偏狹，這一點也是很可笑的。〔註17〕

錢先生此處所說人的一張嘴，即是用語言來溝通形成廣大悠久人心的關鍵。馬克斯之錯誤即在於太看重身生命，以身生命限制心生命，忽略了心生命之廣大融通。

當在身生命和心生命發生衝突時，錢先生引孔孟遺訓，「殺身成仁」、「捨身取義」，即是叫人要能犧牲身生命來完成護衛其心生命〔註18〕。可見錢先生在身生命與心生命之間，和孔孟儒家一樣，更強調更重視心生命。

## （二）人生路向與歸宿

由前文所述可知，錢先生重視心生命的世界觀發展出的人生路向，基本上乃是依循著儒家的人生路向，錢先生借用孔子「仁」的觀念指出：

> 當人類心生活問題開始代興的時期……有的引導心向神，有的引導心向物……只有中國孔子，他不領導心向神，也不領導心向物，他

---

〔註16〕參見錢穆，《靈魂與心》，頁153。
〔註17〕參見錢穆，《人生十論》，頁41。
〔註18〕參見錢穆，《靈魂與心》，頁156。

開啓人心一條新的趨向……他引導心走向心，叫人把心安放在人心裡。他叫各個人的心，走向別人的心裡找安頓，找歸宿。父的心，走向子的心裡成爲慈，子的心，走向父的心成爲孝。朋友的心，走向朋友的心成爲忠與恕。心走向心，便是孔子之所謂仁。……如此一人之心可以化成一家心、一國心、天下心、世界心與宇宙心。同時心也可以寄寓在一家、一國、天下、世界與宇宙中，如此心即是神，而且即是物。心與神，與物，合而爲一，乃是心之大解放，也是心之大安頓。〔註19〕

這一條人生道路，即是前面理論之個體心融通成社會心、歷史心、文化心。

由於此現世人心所造成的世界，成爲一眞實不虛、當下存在的世界，不寄託於遙遠的前世與來生，因此人生現世的「三不朽」就成爲中國人自春秋時代叔孫豹提出以後相傳的人生信仰，此「立德、立功、立言」人生三不朽經過孔子點化，變成了人人可行的仁孝諸德，以「立德」爲第一位，「立功」次之，「立言」最難。錢先生認爲：

現在我們都把中國古人這一次序顛倒了，大家都要求知識，都要發揮自己一套思想理論，要做一個人中最難的立言者。認爲不得已而思其次，才到社會上做事，去立功業。『立德』則被人人看輕了，認爲沒有關係，不值得重視。人人可能的不重視，卻重視那不可能的，實是顛倒了。唯其太看重了不是人人可能的，於是要向外面爭條件，爭環境，怨天尤人，而結果還是自己作不了主，徒生痛苦，增不滿，把一切責任都推向環境，說環境不好。〔註20〕

這種顛倒順序的三不朽論與中國文化精神所重視的道德精神背道而馳，才會造成現今人生的許多衝突與不安，而找不到歸宿。因此，在人生路向與歸宿的問題上，錢先生指出應該以孔子所開啓的「心走向心」，作爲人生路向與歸宿的指標，並提出道德精神作爲解說安排叔孫豹人生「三不朽」的先後次序，以避免人生在實現善的理想根基未穩，就進入「立功」與「立言」的追求中，產生更多的紛擾。

### （三）自由問題的探討

事實上，以三不朽作爲實現人性的目的，即是提出人追求善的理想價值。

---

〔註19〕參見錢穆，《人生十論》，頁94。
〔註20〕參見錢穆，《中國文化十二講》，頁32。

一般而論，自然生物演進有兩大目的，在求其生命之維持與延續。到了人類，除了求生存之外，還有其他更高的目的。

根據錢先生文化學三階層，每一階層都一特別的目的的說法，第一階層在求生存，第二階層在求安樂，第三階層在求崇高。人生的目的與意義在三階層中逐漸發展擴大，使人在文化人生中真正獲得充分的自由。因此當人類生活演進出「心生命」時，人類才產生出歷史文化，當人類追求較高的人生目的時，有時甚至犧牲身生命來完成護衛心生命，即孔孟所謂「殺身成仁」、「捨生取義」，這是重視道德精神的文化所特有的表現，在許多宗教中也有類似的情形產生，都可視為為人類道德精神之發揮。

由這個觀點，錢先生批判近代西方所追求的「個人自由」，他認為，「自由的本質，無終無極。這本是在天國神界裡的理想，現在要在有限的地面人界中求實現。」〔註21〕但與其他的文化真理相比較，如基督教之「愛」，佛教之「慈」，孔子之「仁」，「自由」就顯得空洞而不具任何內容。〔註22〕

「自由」觀念要獲得新生，就必須擺脫「靈魂」無限向前追求的精神，回歸現世人心一元的歷史文化世界。所以錢先生以中國的觀念糾正穆勒「個人自由應以不侵犯他人自由為限界」，錢先生說：「個人只有在投入歷史文化的長期人生之動進的大道中，而始獲得其自由。」〔註23〕

因此近代西方以「個人自由」為精神淵源所開展出來的民主政治，在錢先生文化學思想中仍然受到批判。因為民主政治的最高法律為「少數服從多數」，其最後精神只是一個尊重個人權力意志自由伸舒的精神。而同一精神也促成了極權政治的興起，而且把個人權力意志徹底集中象徵化在某一個人身上〔註24〕。基於「個人自由」，卻發展出民主與極權兩種截然不同的政治型態，

〔註21〕 參見錢穆，《文化學大義》，頁89。
〔註22〕 參見錢穆，《文化學大義》，頁116。
〔註23〕 參見錢穆，《文化學大義》，頁102。
〔註24〕 參見錢穆，《文化學大義》，頁90。錢先生晚年在《雙溪獨語》一書中再次批判當前的民主政治，他說：「近代西方，政治上由革命轉歸選舉，每三五年一選舉，等如政府一革命。只是由鬥爭軍事轉入和平競選，此亦是人道一大進步。但選舉必爭多數人投票，少數反而要聽命於多數，其結果所至，如當前之所謂民主政治，乃不期而逐步轉成為多數政治。此種政府則又將不勝其弊。若再推廣孟子所言，鄉愿士愿之外，又將出現政愿。政治上一領袖，須得多數人說他是一好人，在其內裡，乃變成了一庸人。庸人握大權，乃可變為一惡人。因其沒有了個性，無志氣，無性情，一惟聽命於多數。……多數只是一自然，不是一文化理想。……然人類文化演進，主要乃在由多數中展演出

同樣成為當代人類的最大對立，阻礙了人類文化的進步。相對於此，錢先生認為由中國傳統文化重視現世人心一元的文化所開展出來的政治結構，既不偏於民主政治，也不偏於極權政治，而是重視道德精神的賢人政治或士人政治，將是比較理想的政治型態。〔註 25〕

## （四）提倡聖賢心理學

除了以上錢先生在批評中提倡心生命、三不朽之說，以為建立人生觀的基石之外，錢先生又針對現代人生觀的危機與科學對現代人生的衝擊，提出他的看法：

> 當今世界潮流，全部人生，幾全為工商貨利所主宰、所驅使。人盡陷於物質要求的深井中，理智亦徹底功利化，藝術文學，全變為商品，若一切必待投入市場，乃始有其意義與價值。於是乃失其內在的至純無雜心，而代之以市場求售心。一切都追求時代化、大眾化、通俗化、外在化，不貴內心自得，循至個人本初具有之一顆心靈，為藝術文學之真源泉者，亦湮沒窒塞，不復萌生。則全部人生終必淪胥以盡，更何論於道義。〔註 26〕

這是極其沈痛的批判，而且如前文所述，人的內在心性方面又遭受現代科學心理學的影響，如巴甫洛夫的「制約反應」學說，證實了人心的不自主；佛洛依德的「潛意識精神分析」學說，證實了人心的不自知。再加上科學的新發展，物質上的各種引誘，使得人心更加危殆不安。

面對這樣的危機，錢先生呼籲建立新人生觀的另一基石──新的人文心理學，這是一種超個人心理學，「須求其超越動物心理，與原人心理，而著眼在人文演進以後之歷史心理與文化心理。要將對於此種心靈功能之探索，亦

---

少數來。心靈發展，無論情感理智意志，其有價值有意義者，皆不在多數。多數之情感，惟有冷漠與狂暴，多數之理智則為愚昧，多數之意志則為自私。必於多數中展演出少數，乃能深情遠慮大公，乃能領導群眾以向前。」參見該書（台北：學生書局，1982 年），頁 311～313。

〔註 25〕湯恩比在與池田大作的對談中高度讚揚中國的政治，認為是人類未來世界一統的希望，他出，「中國人比世界任何民族都成功地把幾億民眾，從政治文化上團結起來。他們顯示出這種在政治、文化上統一的本領，具有無以倫比的成功經驗。……將來世界統一是避免人類集體自殺之路。在這點上，現在各民族中具有最充分準備的，是兩千年來培育了獨特思維方法的中華民族。」參見湯恩比、池田大作，《展望二十一世紀》（台北：駱駝出版社，1987 年），頁 294～295。

〔註 26〕參見錢穆，《雙溪獨語》，頁 324。

成為一種實證的科學，應該使此種心靈現象，在歷史與文化之真實演進中指出其客觀化、普遍化之具體事狀與真實意義」。〔註27〕

關於行為學派心理學的缺點，錢先生指出，此派行為心理學者之注意點，仍偏重在個人行為上。若抽離歷史文化之長期演進與整體蘄向，而僅從個人行為著眼，則人生仍還是獸生之變相，心理仍還是生理之旁支〔註28〕。要避免使人生誤入歧途，只有回歸歷史文化中尋找基本人性，以「歷史心」、「文化心」充實「個體心」之不足。面對現代科學時代，錢先生稱此種新的人文心理學為「聖賢心理學」，乃是根據中國傳統的心性之學進一步發展而來，也正是錢先生的文化學理論之最高原則，錢先生指出：

> 中國古代孔、孟、老、莊，他們著書立說，無不對人類心性有一番深湛的透悟與瞭解。到後來，隋唐時代中國佛學三宗及天臺、華嚴、禪所講，以及宋明儒所講，把他們所講之涉及人心方面的，其實這些都是他們所講的最主要部份，把來和西方近代心理學相比，這裡實可發現甚大的不同來。〔註29〕

錢先生經由比較指出，中國人傳統所講的心性之學，正是要把人人心上的潛意識融化了，不使人在心底下有沈澱，有渣滓，有障礙，有隔閡，有鬱抑。如所謂靜坐，居敬功夫，無念，存天理去人欲等等功夫。錢先生說：

> 至少靜坐有功夫，能使你從前潛藏在心底下的，自己跑出來重現在你靜中的意識上，你內心深處一切骯髒、齷齪、卑鄙、陰險都呈現了，讓你可看到你平日內心之真面目。你能看到就好了。日常潛在的東西都翻起來，翻起來就化了。〔註30〕

這就是錢先生所謂的「聖賢心理」，只是使內心絲毫不潛藏有什麼髒東西，乾乾淨淨，潔潔白白，光明正大，培養到一個內外合一美滿完整的人格。如此才能把內心一切人欲全都化了，心境保持光明、快樂，便能使心能自知、自覺、自主，擺脫西方心理學所指出的人心不自覺、不自主的困境。

總而言之，錢先生在對中西文化衝擊帶給中國人生理想價值改變的真實狀況，從科學、文化、政治、經濟等等角度，逐一省察之後，提出重建當代中國人人生觀的建議，即發展心生命觀，恢復傳統的三不朽論，並在傳統的

〔註27〕 參見錢穆，《文化學大義》，頁125。
〔註28〕 參見錢穆，《文化學大義》，頁126。
〔註29〕 參見錢穆，《民族與文化》，頁173。
〔註30〕 參見錢穆，《民族與文化》，頁174。

心性之學基礎上，精研新人文主義的「聖賢心理學」，作爲建立新人生觀的磐石。錢先生的建議不僅切中時弊，他的建議不只是當代中國人生出路的明燈，更是人類全體生命發展的一個指標。錢先生的洞見，值得世界上關心文化與人心出路的人士，加以重視。

# 第二節　可大可久的民族論

　　文化、歷史、民族是錢先生文化學理論關懷與發展的三大面向，而統歸於他的文化學核心理論之中，他自國人過去的歷史經驗中檢討，其目的是要在現世實際應用中找根據。本章第一節，即是敘述他在人生觀重建中的主要狀況，另一方面的主要應用，應當算是他的民族論。

## 一、錢先生所面對的民族危機

　　本論文第二章曾提到近代中國文化所遭逢的三大危機，首先即是民族危機，曾就民族界線與文化大統與中國近代民族危機作一簡單分析，並曾提到自從第二次世界戰後，「啓蒙」劣勢文化的心態普遍受到質疑，「西方文化中心論」逐漸爲「多元文化」所取代，因此世界新文化的發展趨勢正是建立在此多元文化、多種民族共存的觀點之上，各民族理當走上各民族文化的路，各個文化都該享有其獨特文化的生活。這是經過二次世界大戰之後，世界的改變，但中國人卻未能忘懷次殖民地的心態，到了 1949 年以後，中國大陸宣佈「一面倒」，使得民族界線與文化大統一起遭到漫滅的厄運，這個厄運產生的主因即在於文化認識不清與民族認同偏差所致。

　　西方帝國主義雖已解體，毛澤東仍繼續走「次殖民地文化」的老路，從學德國和日本到學英美，轉向學習蘇聯。追根究柢，在於忽略了文化整體的生命及民族性格的獨特性，在這個「一馬之是期」的時代，毛澤東殘殺了中國幾千萬人民，其殘酷勝於任何帝國主義的侵略。余英時先生認爲：「中國百年來的悲劇正是在於爲了救國，反而陷入了『亡天下』的險境。」〔註31〕造成此一悲劇之部分原因，正因爲漫滅了民族界線與文化大統。馬克思的唯物思想在中國文化的斷絕時期正好填補這一思想空白，以經濟生活的一般大同性塑造一個民族的文化爲意識型態，以外力扭轉，否定相異民族與相異文化之存在的事實。這就造成中國現代最大的民族文化的衝突與危機，在距離「世

---

〔註31〕參見余英時，《猶記風吹水上鱗》，頁 28。

界大同」尚遙遠的階段，就強以文化的大同性驅逐文化的相異性，基本上就
忽略了「認識時代」與區域文化差別的重要性。資本主義席捲全球，造成全
世界的文化危機，共產主義踵其後，依舊唯物傾向，更加深了世界上各劣勢
民族文化的危機。

　　從康有爲到文化大革命期間所採取「以夷變夏」等各種手段，只圖急切
的改革，完全忽略了民族相異性與文化大統，直接走上「向西方尋找眞理」
的路，在「速變、全變」的急迫壓力與新舊衝突的矛盾心理之下，無法處理
自己存在的問題，正當努力吸收消融並重新詮釋西方最新思想之際，即以全
面批判自我、否定自我，來達到「速變、全變」的目的，這個「自我」在此
即是指民族文化的大我而言，因此才有五四時期發出把象徵傳統的線裝書丟
進茅糞坑的口號，傳統與現代正式決裂。此時急迫的功利性已完全取代了眞
理性，民族文化的危機便全面性地爆發了。正因爲看到此種危機，錢先生在
民國十七年寫成的《國學概論》書末特別讚揚孫中山的《三民主義》，以民族
主義爲總綱領，強調恢復民族自信心。因此，錢先生在總結未來學術發展趨
向時，提出「民族精神之發揚」與「物質科學之認識」兩大目標，作爲他對
中國未來學術趨向的看法。錢先生以這個標準看中國現代思想界，發現「近
五十年來，中國亦並無所謂思想界。」〔註32〕只有孫中山一人，「他不僅堪當
這一百年來近代中國唯一的一個思想家，而且無疑地他仍將是此後中國思想
新生首先第一個領導人。」〔註 33〕這不僅是對孫中山思想的高度肯定，也是
針對民國以來思想界嚴厲的批判。從這些地方都可以尋出錢先生文化民族論
思想依循的軌跡。

　　錢先生從思想史的眼光指出孫中山思想的特色，以爲：

> 自晚明以下，思想界早有由宋明返先秦之蘄嚮。宋明思想比較太偏於
> 個人內心的格、致、誠、正，而輕忽了人類共業之修、齊、治、平。
> 又總不免多量夾雜進佛、老之虛與靜的想像。晚明諸老，始竭力要
> 挽回到動與實，挽回到修齊治平之大共業的實際措施。這一傾向，
> 爲滿洲二百多年的高壓政權所摧殘。直到中山先生，才始重行上路，
> 而又匯進了世界新潮流，來形成他博大無比的思想系統。〔註34〕

---

〔註32〕參見錢穆，《錢賓四先生全集（二十四）中國思想史》，頁 268。
〔註33〕參見錢穆，《錢賓四先生全集（二十四）中國思想史》，頁 268。
〔註34〕參見錢穆，《錢賓四先生全集（二十四）中國思想史》，頁 271。

另外錢先生也指出近五十年來中國思想界的毛病：「一面是專知剽竊與裨販西洋的，而配合不上中國之國情與傳統；一面是抱殘守缺，一鱗片爪地攔撿一些中國舊材料、舊知識，而配合不上世界新潮流與中國之新環境。」〔註 35〕只有中山思想具有貫通中西、融會古今的大氣魄、大眼光。這在錢先生所有著作中都可以看到這種看法，從早年的《國學概論》到晚年〈三民主義統一中國之我見〉一文，前後立場一致。

　　從文化民族危機的觀點來看，錢先生可謂是當代文化民族論的先知先覺者，作爲一個中國傳統讀書人，在這個危機的時刻，他服膺顧亭林先生所說的「天下興亡，匹夫有責」〔註 36〕，挺身而出，爲這個時代鳴不平，創立了融合民族、歷史、人生爲一體的文化學理論，針對此一民族文化危機，作一探源式的探究，力圖重建文化民族的認識，以解除此日益深化的民族危機，並以此作爲將來世界民族融合與文化交流的先導。

## 二、重建文化民族認識理論

　　由本論文的立場，錢先生文化學的立論是以「民族」爲主體，此「民族」即其文化定義中之「某一大群」，乃表現文化之主體。但錢先生對於此「某一大群」之血統、宗教、風俗習慣等，並沒有作過細的區分，其目的是要從文化學的角度看民族問題，而不是從民族學的角度看文化問題。從這個角度而論，認識此文化即是認識此一民族，欲認識此一民族則必先認識其歷史文化傳統。此一文化主體在時空中經歷的活動創造了其文化，也形成了其富有特色的人生觀，再經由此種文化人生融凝此一民族，但並不是每一種文化皆具有後一種融凝一民族的功能，依錢先生意見，人類史上唯獨中華民族與中華文化具有此項特色，並使此文化民族逐步綿延擴展，日久日大，乃人類文化之奇蹟〔註 37〕。其關鍵原因即在於中華民族所孕育出一套獨特的文化，這套世界上獨有的文化體系，即是錢先生認爲中國文化民族理論對將來世界文化交流與民族融合可有的貢獻所在。

〔註35〕參見錢穆，《錢賓四先生全集（二十四）中國思想史》，頁 269。
〔註36〕錢先生在《文化與教育》一書之自序中自言：「髫齡受書，於晚明知愛亭林，於晚清知愛湘鄉。」由此小細節，也可佐證錢先生關於人心活動以情感爲主，用以運使智慧與意志的看法。尤其幼年情感之喜愛顧亭林、曾湘鄉之爲學與作人，及長發而爲民族、歷史、文化之學問探究與人生實踐。參見錢穆，《文化與教育·序》（台北：三民書局，1976 年），頁 1。
〔註37〕參見錢穆，《民族與文化》，頁 4。

　　本章節即打算應用前文所建立錢先生文化學理論，重新解讀錢先生關於民族與文化一體不二之現象，探討他何以能開展出異於西方的民族理論，並且循此而認識二次戰後新時代新文化的趨向。何以中華民族可以長生不老？錢先生如何詮釋此一民族發展到今天「可大可久」的眞實現象？這些問題的釐清與說明都是進一步理解錢穆文化學的重要工作。

　　對於錢先生所重建的文化民族的認識，依錢先生的著作，大致可循以下三步驟加以說明。

## （一）文化與民族之關係

　　大致說來，錢先生「可大可久」的文化民族論，約略包括以下幾個重點：

第一，文化只是人類集體生活之總稱，文化必有一主體，此主體即民族。

第二，民族創造了文化，再由文化來融凝此民族，這是錢先生文化民族論之兩大步驟，尤其是以文化融凝民族的主張，爲其文化民族論最大的特色。

第三，由第二點進一步推擴發展爲重視由此文化來融凝此民族，因此不重視「民族」此一觀念，這一說法可由中國古史上並無「民族」之名稱，而「民族」一語乃是近代譯自西方，可以證明中國古人本無鮮明的民族觀。

第四，民族觀與國家觀之不鮮明，乃由於其背後還有一「天下觀」，此「天下觀」乃是作爲文化的「道」的意義，經由人之修齊治平一以貫之而成的。〔註38〕

有了以上對錢先生文化民族理論之簡單瞭解，再回頭對「民族」與「文化」二個觀念與關係上作深一層的思考，當可更加正確的瞭解錢先生的文化民族論。

　　基本上，目前民族學的研究，都著重在人類學領域問題探討上，包括人種、使用工具等等，而對民族歷史的考察，也與考古學有相當密切的關係。但錢先生並非從人類學的觀點探討民族與文化的問題，而由其特定的「文化

---

〔註38〕錢先生在〈中國文化對人類未來可有的貢獻〉一文之文末，再一次提到「天下觀」，他說：「『天下』二字，包容廣大，其涵義即有使全世界人類文化融合爲一，各民族和平並存，人文自然相互調適之義。」

學」觀點而討論。

在中國古代文獻上對「民」與「族」這兩個概念均有闡述，但將他們合成「民族」一詞使用，據今人考證，最早出自 1899 年梁啓超的《東籍月旦》一文〔註 39〕。然而，錢先生認爲「民族」一詞，乃是近代譯自西方。《易經》上：「觀乎人文以化成天下」，即表示中國自古原自有一套人文觀與天下觀，但本無鮮明的民族觀及堅強的國家觀〔註 40〕，此一「天下觀」，來自於此一人文觀，從個人到家庭、國家、天下，必須透過修齊治平等人生大道的講求，以致達到「中國一人，天下一家」境界的「天下觀」，這種「天下觀」並不特別注重民族血統相異的區分，而是以文化與生活方式作爲民族的界線，因此並無民族不同的區分，而只有華夏與夷狄的區別。在此所看重的文化與生活方式，依本論文的論點主要是指以農業文化爲主所發展出來的人心現世一元的文化取向，其文化精神乃寄託在中國古語所謂的「道」之內，其中人與人之間相處之道，自孔子始稱之爲「仁」〔註 41〕。由於注重此人己的一體感，發展出「天下大同」、「天下一家」、「中國一人」等觀念。由此方面看來，錢先生的民族理論正是建構在他的文化理論之上。

雖然在理論上有「天下一家」的文化民族理想，但是錢先生也明白文化民族的發展完成，必須經過一段歷史時期，必須在歷史時間的發展上，才能講求文化民族在當今世界的完成。爲達成「天下一家」的理想，也就應該「認識時代」與世界局勢錢先生認爲「今天我們是一個由合而分的世界，聯合國到今天還像個小孩兒，剛才出生下地。要等待聯合國長大成人了，那麼我們才能看出新世界一個大概的情形。」〔註 42〕因此當前文化問題的種種條件不足，發展時程未到，只能從「民族」著眼，由人生各方面求改進。這即是《禮記禮運》篇所謂「小康世界」，未達到「大同世界」的境界。《禮記禮運》篇把理想的人生社會分爲兩級，到達治國階段的僅是「小康世界」，必待到達平天下階段，才是「大同世界」。而在治國階段「小康世界」的人，終不免爲己爲私，化不盡家族觀與國家觀。必到平天下階段，那時並不是沒有家族、沒有國家，而是爲己、爲私的觀念化了，變成爲公、爲眾，才算是眞正到達人

〔註 39〕參見覃光廣、馮立、陳樸主編，《文化學辭典》（北京：中央民族學院，1988年），頁 269。
〔註 40〕參見錢穆，《民族與文化》，頁 4。
〔註 41〕參見錢穆，《民族與文化》，頁 11。
〔註 42〕參見錢穆，《從中國歷史來看中國民族性及中國文化》，頁 1。

—87—

生理想境界〔註43〕。欲達此一境界，由本論文前述的觀點，乃是建構在此「人心現世一元」的觀點與價值上，必待個體心化成了歷史心、文化心、天下心，即由人人之明德親民、止於至善，透過修齊治平之道的講求才能達成。所以錢先生的文化民族理論著重於在當今情勢之下的民族問題層面，爲實際應用的下手處。「人心現世一元」，以文化論民族的說法，只視爲人類共同期望的理想。錢先生說：「要等世界各地區各民族都能自救，到了那時，各民族各文化慢慢兒會合調和起來，或許會併成一個所謂『世界大同』。這個境界，天下太平。不是今天，我想還遠。」〔註44〕總之，文化民族論就成爲錢先生文化學理論應用來對於民族自我放眼天下的首要工作。

## （二）民族性格的形成

其實從前文第三章錢先生對文化兩類型的簡單區分中，就已透露出「小康世界」與「大同世界」分別代表文化發展的不同階段意義。小康世階段的文化主張正應看重多元文化的文化交流與自然發展，不應隨便漫滅了民族界線與文化傳統，反而更應看重不同民族界線與文化傳統下塑造出的民族性格。而所謂的民族性格的形成正是在歷史文化中所孕育而成的。

錢先生關於民族性格、國民性格的看法，也是採取史學的觀點，以本文的觀點而言即是從歷史心、文化心的角度，而又不忽略個體心的狀況下，由某一大群體共同融成的，他所採用的仍是中國古老講法，即《中庸》上所說的「天命之謂性，率性之謂道，修道之謂教。」〔註45〕以爲普遍群體民族性格，是由此民族的每一份子的共同參與、實踐與教育而逐漸摶成的。因此他探討文化問題時也自然由國民性著眼，較早時期有《民族與文化》一書，晚年回新亞書院演講時，又是從歷史的眼光探討這個問題，其講題即訂爲《從中國歷史來看中國民族性及中國文化》，當今由於世界大通，各文化也在隨時流通變化，因此他講文化的民族性也不同於古人，錢先生以爲，文化乃一整體，此整體中含有大同小異，基本人性乃其大同，人性的趨向則由於地理歷史環境的影響，而產生了小異。除了以地理因素闡明民族性格的差異性之外，錢先生又以他早年提出的中西「內傾性」與「外傾性」文化異同的觀點。應用到國民性格傾向表現上則爲「和合性」與「分別性」，應用到中西歷

〔註43〕參見錢穆，《錢賓四先生全集（二十四）中國思想史》，頁104。
〔註44〕參見錢穆，《從中國歷史來看中國民族性及中國文化》，頁16。
〔註45〕參見錢穆，《從中國歷史來看中國民族性及中國文化》，頁17。

史上則表現爲「情之向內融合」與「力之向外衝擊」〔註 46〕之差異。一重「情」，一重「欲」；重「情」的偏向記憶過去，重人文；重「欲」的偏向希望未來，重自然〔註 47〕。在這種成雙成對的比較中，錢先生並未區分出更多種文化的性格，此因錢先生從事差異性的對照與比較之目的在於增進對本國文化性格的瞭解，所重在文化認識。在相異文化比較下，因此一對照而反省到自己的缺失與優點，才能爲本身文化的未來趨向，加以綢繆，而不在評判文化高下。

若由錢先生所進行文化民族性格的對照研究，就比較容易瞭解近百年來中國討論文化問題的各派的偏頗所在。如本位文化論者不瞭解中西文化的本質及性格，其文化認知偏差，盲目地拒絕一切西方文化的挑戰。全盤西化論者亦忽略了文化類型與民族性格的差異事實，而只基於功利觀點的考量，遂有意無意地抹殺文化精神與民族性格，以爲西方文化可以毫無選擇地全部搬到中國來。折衷調和論者之錯誤則在於忽視了文化的整體性與生命性，把文化當作是可以任意剪裁，截長補短，而不知文化必須在各民族的心靈中孕育、滋長。

在文化比較之下，錢先生以爲「和合性」是中國民族性格的重要特質，是在民族融合與文化融合的歷史過程中，自然孕育形成的「集體潛意識」，藉由語言文字、生活習慣等方式，已經放射到每一個中國人的思維與生活行爲之中，成爲中華民族與文化的風格〔註 48〕。把此種「和合性」的民族性格放到本文的理解脈絡中，可以看到錢先生兼顧到文化的整體性、民族發展的時空背景，及其所孕育出的「人心現世一元」人生觀以造成此種「和合性」的特質，這正是中華民族文化可大可久之最重要因素，也是錢先生經過「通古今之變，明天人之際」，所提出來的「文化心」。因此在現代化過程中，如果忽視了由幾千年來所凝聚的文化精神，錢先生所說的「文化心」、「歷史心」，在民族這個文化主體所形成民族性格，將導致現代化過程中的障礙。簡單講，這個「和合性」一體會通「格致誠正修齊治平」的人文人生，包含著先天自然與後天人文之合一〔註 49〕。也是這個民族之所以可大可久的重要原因，可以作爲摶成世界文化的基本體，《大學》所謂「物有本末」之大本，在這個可

---

〔註 46〕參見錢穆，《錢賓四先生全集（二十七）國史大綱（上）・引論》，頁 47。
〔註 47〕參見錢穆，《湖上閒思錄》，頁 12。
〔註 48〕參見郭齊勇、汪學群，《錢穆評傳》，頁 61。
〔註 49〕參見錢穆，《從中國歷史來看中國民族性及中國文化》，頁 21。

大可久的文化基礎上，走上世界大同的理想境界。

## （三）民族衝突與民族融和

　　民族之融和與衝突乃伴隨著文化交流與衝突而來，從錢先生文化兩類型的分類中，可知文化交流與民族融和隨著時空演進，逐漸展演交織成一部人類的文化史，尤其是在二十世紀人類經歷兩次世界大戰之後，帝國主義衰落，民族主義抬頭，世界各民族紛紛獨立建國，脫離了西方中心之帝國主義牢籠，展演出世界新趨勢，一是「民族共存」，一是「文化交流」〔註 50〕。目前人類這一世界趨勢，逐漸從以前的「攻乎異端」、「走歸一路」的進化鬥爭路線，走上了比較緩和的道路、融合了外傾性與內傾性兩種單向度性文化之中間路線，所謂的「中道而行」，這個主體即是由民族來進行，其進行過程中產生一連串的民族融和與民族衝突。

　　根據人類以往的歷史經驗，錢先生認為，同一文化也不一定能融成為同一民族，如西歐，可說是同一文化，但如拉丁族、條頓族、斯拉夫族等種族，常因種族壁壘分明引起許多糾紛〔註 51〕。這就是因為太過於重視種族主義，造成許多種族偏見、種族歧視、種族隔離等，如被認為現代種族主義鼻祖的十九世紀法國社會學家戈賓諾，在其代表作《論人類各種族的不平等》一書中，認定「高等種族」一定能統治「低等種族」。德國哲學家尼采把人類分為「強者」和「弱者」，前者為有統治本能的「老爺種族」，後者為有服從本能的「奴隸種族」。這些理論為希特勒加以發展，成為法西斯種族主義的理論基礎，造成二十世紀最大的屠殺悲劇〔註 52〕。這是二十世紀活生生的歷史教訓。

　　由於西方文化性格偏於「分別性」，在民族與文化的發展上，趨向於眾脈分張，這正是西方民族的天性所致，也造成本世紀之民族競賽，相爭相鬥，歐洲文化因此衰落，無法再維持獨霸的局勢。而中華民族之民族性格偏於「和合性」，這正是目前世界趨勢中的多元文化、民族共存及文化交流，所需要的文化特色。面對目前東西文化之衝擊與融和的情形，考諸中國歷史上的例子，錢先生在《中國文化史導論》中提到：

　　　　封建制度直到春秋時代，依然還在進展。各個封國自己漲破了他原

---

〔註 50〕參見錢穆，《民族與文化》，頁 67。
〔註 51〕參見錢穆，《中國文化十二講》，頁 57。
〔註 52〕參見覃光廣、馮立、陳樸主編，《文化學辭典》，頁 269。

來方百里方七十里的封疆，像蜜蜂分房般，更向四圍近旁展伸。西
周時代是天子封建諸侯，春秋時代則變成諸侯封建大夫。……如此
各諸侯封疆日擴，農耕社會及城郭文化的區域日闢，游牧部落以前
散漫雜居在平原草澤地帶的，現在漸漸趨迫漸漸榨緊而退入山岳地
帶。直到戰國，大強國只有九個乃至七個，七國加宋與中山爲九。
他們還沿襲西周乃至春秋以來封疆的舊觀念，在相互國境上，各自
築成幾條長圍牆。而在他們的內部，幾乎到了雞犬相聞，農田相接
的規模。游牧部族逐步退避，才慢慢變成『內中國而外夷狄』的局
面。將來秦始皇統一六國，把北方三國秦、趙、燕的向北圍牆連接
起來，變成中國史上之所謂萬里長城。其在中國內部的一切圍牆，
則全部撤毀。而一切游牧部落逗留在長城以外的，同時也成立了一
個匈奴國，與長城內農耕城郭文化相對抗。這幾乎又是上古黃帝、
神農東西相抵的形勢，只不過現在換成南北相抗而已。〔註53〕

中國古代重視「夷夏之防」，最主要即是區別開「農業文化」與「游牧文化」
兩種不同的生活方式。依錢先生意見，將來世界文化亦當建立在農業文化的
基礎上，錢先生在《文化學大義》中提到：

農業是人類最基本最主要最正常的生業，以前如此，以後仍將如此。
因此農業文化，亦將是人類文化中最基本最正常的文化。而此一文
化，先天的有其弱症。在古代，易受游牧文化之蹂躪。在近代，則
易爲商業文化所摧毀。近代的商業文化，即等於一種新的游牧文化，
此層在斯賓格勒的書裡早說過。而中國文化，則是世界各地區各民
族農業文化中發展得最悠久的，因此也是最完成最標準的。它在以
往歷史上，已經歷受好幾次游牧文化之侵凌，而終於屹立存在。現
在則又需受一番新歷練，新試驗，看其能否抵得住現代新游牧文化
之侵凌而依然完好，依然持續。〔註54〕

因此中國文化在此次文化危機中，如何轉化爲良性的契機，導世界文化進入
和平的共存共榮，具有決定性的關鍵。

綜觀此一文化危機下之民族衝突與民族融和諸問題的產生，其中主要原
因，依本文詮釋，在於文化認識的差異，如中華民族與文化之摶成關係，在

---

〔註53〕　參見錢穆，《中國文化史導論》，頁60。
〔註54〕　參見錢穆，《文化學大義》，頁70～71。

早期乃由多種民族與文化逐漸結合而成華夏民族文化，其形成架構基本上是建立在大地面、大型農業的基礎上，發展為重視「和平」的農業文化。在人生觀方面，逐漸從商代濃厚宗教觀念轉向注重現世人生的「倫理」，尤其到了春秋時代叔孫豹正式提出人生三不朽的觀念，已經完全擺脫靈魂再世、輪迴的觀念，此一觀念乃是摶成此一文化民族最重要的綱領，把人生之永生與不朽完全寄放在現世人生，兩千多年來此一觀念開展出與西方世界發展迥異之文化風格。其民族理論亦偏重在此人心現世一元的「道」的現象世界之中，所發展出來的文化民族性格偏向「和合性」，即是前面提到的「情之向內融合」，而較不重視相異性的鬥爭。表現在民族界限的區分上，首重文化與生活方式的差別，而不特別看重民族血統的差異，五千年來得以摶成一中華民族。錢先生特別提到「天下」二字的觀念，他說：「『天下』二字，包容廣大，其涵義即有使全世界人類文化融合為一，各民族和平並存，人文自然相互調適之義。」〔註55〕

實則此「天下」二字之涵義乃凝合古今時空，包括文化、人生、民族三者融合為一體，目前中國文化之「天下觀」，亦當拓廣至全世界，為將來人類大群相處，提供一和平遠景。錢先生晚年在《雙溪獨語》一書中曾特別提到：

> 歷史上羅馬蒙古大英帝國，皆未能一天下。富強之極，終歸失敗。
> 唯中國民族一以溫和仁厚為本，而綿延最悠久，擴展最廣大。遠起
> 羅馬帝國前，仍留在大英帝國後。雖親遭蒙古帝國之蹂躪踐踏，但
> 終由中國民族來護持了蒙古民族。〔註56〕

也只有在各民族各自文化平等發展的基礎上，慢慢調和起來，往文化大同的方向趨近。從這種「天下觀」所展演出來的人心現世一元的認識觀，錢先生發揮此種文化精神，懷抱「溫情與敬意」的歷史眼光，在《中國文化史導論》一書中，針對中國歷史上民族融合的現象，分成四個時期：

> 第一期：從上古迄於先秦。這是中國民族融合統一的最先基業之完
> 成。在此期內，中國民族即以華夏族為主幹，而納入許多別的部族，
> 如古史所稱東夷、南蠻、西戎、北狄之類，而融合形成一個更大的

---

〔註55〕錢先生在〈中國文化對人類未來可有的貢獻〉一文之文末，再一次提到「天下觀」。

〔註56〕參見錢穆，《雙溪獨語》，頁125。

中國民族,這便是秦、漢時代之中國人了。亦因民族融合之成功,
而有秦、漢時代之全盛。

第二期:自秦、漢迄於南北朝。在此期內,尤其在秦、漢之後,中
國民族的大流裏,又融匯許多新流,如匈奴、鮮卑、氐、羌等諸族,
而進一步融成一個更新更大的中國民族,這便是隋、唐時代的中國
人了。這又因民族融合之成功,而有隋、唐時代之全盛。

第三期:自隋、唐迄於元末。在此期內,尤其在隋、唐以後,又在
中國民族裏匯進許多新流,如契丹、女眞、蒙古之類,而再進一步
形成明代之中國人。這裏第三次民族融合之成功,因而有明代之全
盛。

第四期:自滿洲人入關至於現代,在中國民族裏又繼續融合了許多
新流,如滿洲、羌、藏、回部、苗、猺等,此種趨勢,尚未達一止
境。這一個民族融合之成功,無疑的又將為中國另一全盛時期之先
兆。〔註57〕

從以上的分期敘述中,首先可以看出中國民族常在不斷吸收,不斷融和,及
不斷的擴大與更新之中。其次,由於中國民族的主幹大流,永遠存在,並且
沒被繼續不斷地所容納的新流所吞滅或衝散。因此可以證明中國民族是秉有
堅強的持續性,同時又具有偉大的同化力量。無疑地,這種特性與力量來自
於中華文化重視人心現世一元,對實際人生充滿「溫情與敬意」、重視道德的
文化精神。

錢先生在《中國歷史研究法》一書第八章「如何研究文化史」中,更本
著「溫情與敬意」的情懷,針對人類未來文化提出終極性的樂觀看法,錢先
生說:

世界文化之創興,首在現有各地區各體系之個別文化,能相互承認
各自之地位。先把此人類歷史上多采多姿各別創造的文化傳統,平
等地各自尊重其存在。然後能異中求同,同中見異,又能集異建同,
採納現世界各民族相異文化優點,來會通混合建造出一理想的世界
文化。此該是一條正路。若定要標舉某一文化體系,奉為共同圭臬,
硬說惟此是最優秀者,而強人必從,竊恐此路難通。文化自大,固
是一種病。文化自卑,亦非正常心理。我們能發揚自己文化傳統,

〔註57〕 參見錢穆,《中國文化史導論》,頁22。

正可對將來世界文化貢獻。我能堂堂正正做一個中國人，才有資格
參加做世界人。毀滅了各民族，何來有世界人？毀滅了各民族文化
傳統，又何來有世界文化？〔註58〕

錢先生在這裡所提出「集異建同」的觀念，比一般所謂「察異觀同」更爲深
刻。錢先生認爲未來世界文化的前景，應該建立在保留各民族文化的優點，
發揚各文化獨特的文化傳統，平等地互相尊重，絕不可因文化偏見而抹殺其
他文化的個性。由此可見錢先生文化學不只針對當前世界文化危機的問題，
更能進一步第提出終極性的解決方案。

　　另外，錢先生在《文化學大義》一書第八章「世界文化之遠景」，也關注
到未來人類文化發展，並作了樂觀而終極性的看法，錢先生說：

西方文化之重更新生，勢必引出此兩百年來西方向外侵略帝國主
義與殖民政策之轉向與停止。……而世界其他個民族，凡屬從前
有歷史有文化傳統的，亦可回頭得一反省，得一蘇息復生之生
機。〔註59〕

將來之新世界，將以各地之文化新生，代替以往之西方文明之傳
播，再將以各地文化新生中之相互交流，代替以往西方文明傳播中
之經濟摩擦。……鬥爭性的世界史，將漸轉爲組織性之世界史，然
後由於各地域各民族之各得從新完成其秩序與組織，而轉進到世界
之大融和。〔註60〕

這是錢先生文化學之終極關懷，從這些地方更能體會到錢先生的用心，也是
錢先生文化學最獨特的特色。

　　總之，經由上述可知錢先生建立可大可久的文化民族理論，其終極關懷
亦是針對現代人類文化危機，而提出人類當前所能解決因應之道。在文化整
體上，注重民族的融和，並提揭中國農業文化所開展出來的文化特色，作爲
人類未來文化發展的重要參考。而將來人類文化民族要通往可大可久的境
界，中國文化「人心現世一元」的思維方式，仍將是一份寶貴的文化經驗，
這也是錢先生提供現代人類文化發展最迫切而珍貴的文化理論。

---

〔註58〕參見錢穆，《錢賓四先生全集（三十一）中國歷史研究法》，頁 152。
〔註59〕參見錢穆，《文化學大義》，頁 83。
〔註60〕參見錢穆，《文化學大義》，頁 83～84。

# 第五章 結論——文化危機與錢穆文化學的價值

## 第一節 全球的西方化及其危機

　　如前文所述，中國近代文化危機的產生，除了中國文化本身的問題之外，最主要還是由於西方文化衝擊所帶來的危機。錢先生的文化學即在此文化巨變下所產生的，因此必須放到近代全球西方化的大潮流中來省察，以作為進一步理解與評價錢先生文化學之時代意義的憑藉。

　　關於造成全球的西方化及其危機的主要因素，本文站在東方文化的立場，作如下的省察。

　　西方自文藝復興以來，思想上產生所謂「由靈返肉」運動，把中古偏向神世界的無限向前精神轉向現實人生，遂誕生了西方近代文明。這一股極強大的入世思潮，包括近代西方科學精神、個人自由、民主政治、及資本主義等思潮〔註1〕，此種文明的開端的確對人類社會帶來了許多幸福與光明，然而到了近現代發展為資本侵略、帝國殖民、共產極權等高抬獸性、迷失人性的進化競賽，尤其是經過兩次人類史上最大的殺戮戰爭，更徹底地暴露出西方文化的危機。關於人類文化危機，早在啟蒙時代盧梭就對這充滿自信的文化表示懷疑，在十九世紀時代學者中如卡萊爾、馬克斯、布克哈特及尼采等人已預言其端倪。西方人所謂「crisis」，原指重大的疾病、問題發生，需要解決

---

〔註1〕參見錢穆，《文化學大義》，頁88。

之意，一個危險與轉變關頭之意〔註2〕。胡秋原先生在其《西方文化危機與二十世紀思潮・前記》中提到：

> 「西洋文化危機」之說，是第一次世界大戰末期西方學界即有人提出的。二次大戰後，我所接觸的西方人的書，到處是一片「危機」之聲。不僅政治經濟危機，還有社會學危機，史學危機，而且也有科學危機，因而整個西方文化，西方生活和西方人類的危機。「危機」一詞成為口頭禪了。〔註3〕

可見文化危機已經成為人類二十世紀首要解決的工作。

　　近兩百年來的世界，幾乎是以西方文化為主流，在西方人的控制領導過程中，導致原來非歐民族文化制度逐漸解體崩潰，並直接促成全球的西方化，但是由於西方文化本身深刻的矛盾衝突，在兩次世界大戰之後完全暴露出來，即使經過兩次大戰仍未能完全化除危機，反而因科技的日新月異，使全球籠罩在核子危機、生態危機等等新的危機，可見病根仍在，以致病象不斷地翻新，除非根本從整個文化問題上求出路，開展出新的領導世界的文化，才能根本解決文化危機問題。

　　值得注意的，此種著重於對物鬥爭的資本主義文化，不僅提昇了全球人類文化的進展，也造成全球文化危機，甚至爆發自殺式的戰爭。若從世界史的角度，第二次世界大戰後來演變成開闢世界新文化的戰爭〔註4〕。正呼應了危機與轉變之契機的說法，隨著世界新文化的來臨，人類學術必將有一番新的風貌，尤其是因應人類文化危機而興起文化學研究將更為蓬勃興盛，以作為導引人類文化未來發展的指標。

　　從文化上來探尋病因，首先忌諱的是搬弄各種學術名詞、各種主義，作字面上條理歸納的功夫，卻不見文化內在精神衝突之所在。其次則是爭論文化優劣，尤其是今天後冷戰時代，文化多元論以取代歐洲文化中心的進化論，此調已不多彈。尤其是隨著冷戰的終結，產生了新的文化危機，由於「啟蒙心態」普遍遭到懷疑，以往被奉為金科玉律的社會進化論、極端實證論、現代化理論，已由文化多元論所取代，而文化多元化和懷疑論及虛無論的合流，卻形成各式各樣的相對主義，以至於失去任何共同的標準，造成意義與價值

〔註2〕參見胡秋原，《西方文化危機與二十世紀思潮・前記》（台北：學術出版社，1981年），頁3。
〔註3〕參見胡秋原，《西方文化危機與二十世紀思潮・前記》，頁3。
〔註4〕參見錢穆，《從中國歷史來看中國民族性及中國文化》，頁10。

的嚴重迷失。因此，需要從文化與歷史上尋找眞正的病根，對症下藥。否則
病象不斷翻新，儘管解決的手段可以更形豐富，卻造成目的的極端貧困。尋
本追源，從現代世界中找問題，由過去歷史文化中找答案，正是錢先生文化
學建立的最重要憑藉。

　　人類文化發展至今，尚未發展出完美無缺點的文化，文化發展過程中常
會產生許多文化病痛與文化危機，導致文化的衰落，甚至滅亡。探尋文化病
痛與文化危機的產生原因，往往來於此一文化的優點與特色。目前主導人類
文化的西洋文化，正以其科學與工業的繁榮興盛見長，卻也直接導致全球能
源匱乏、環境污染、生態失衡、核戰威嚇等危機。如何促使此危機產生轉變
的契機，從而產生新的人類文化，取代目前病痛百出的舊文化，正是當前人
類學術最重要的課題。本文嘗試從三方面，針對人類文化危機作一思考與省
察，以作爲考察錢穆文化學與當代世界文化趨勢的關係。首先將此危機的本
質作一根源性的追索。其次，進一步思考其展現結果乃在於太偏向經濟一單
方面，因而忽略人生其他方面，導致文化危機愈演愈烈。最後，則歸因於人
文精神的迷失。

## 一、危機的本質

　　當我們站在東方人文的立場考察西方歷史文化時，可以發現一個本質性
的特徵始終一以貫之，這就是，二元對立的思維模式，其中便隱含著緊張的
危機意識。這導源於西方的游牧商業文化，由內不足而產生了文化的外傾性，
注定了向外追求自由的本質，也決定了西洋文化二元對立的悲劇性格，產生
了文化心理上的危機感。此種危機感已化身千萬，進入西方文化生活大流之
中。其特點之一爲重視「天人之別」，以人與自然的劃分爲知識與智慧的起點。
其次，面對自身亦有靈魂與肉體的劃分，並導致把世界劃分爲塵世與彼岸的
分裂。第三個特點是個人與整體的分離。由於西方人認識自己既然是在不斷
劃分和分離的基礎上進行的，因此很早就形成了二元的格局和發展的道路。
也因這種分割裂解的文化性格，造成文化的進展總是在不安定中無限向前尋
求，導致歷史的道路老有變革產生。〔註5〕

　　如果從世界近代的歷史來觀察文化危機的問題，西方經過文藝復興運

〔註 5〕參閱楊適，《中西人論的衝突》（北京：中國人民大學出版社，1991 年），頁
　　　99～122。

動，以人文主義結成民族國家，隨後又以工業革命與資本主義，發展帝國主義，其對外殖民乃明顯繼承羅馬帝國主義，終能形成西方諸國掌握全世界的霸權，促使全世界的西化。這種強勢的文化大潮，使全世界非西方的弱小民族被迫西化，到了二十世紀便發生了連鎖式的全球文化危機〔註6〕。因此可說最近兩百年來的整個世界，幾乎都被近代西洋文化所控制、所領導，也使文化危機隨著西洋文化的播遷與擴大，經過兩次世界大戰，促使人類深刻反省文化危機問題，人類現在的努力則是將來產生新文化的契機。

而這種全球性的人類文化危機，直接刺激全人類的思想家進行深刻的思考，例如德國著名的歷史學家——史賓格勒，預言了《西方的沒落》；存在主義大師——薩特，道出了人的《存在與虛無》，提醒人們要不懈地追尋自我；心理學家——榮格，開出了《現代靈魂的自我拯救》的藥方，教給了人們尋求心理平衡與寧靜之術〔註7〕。尤其是愈到現代，各種思潮、各種流派、各種觀點，競相出現。如席捲整個歐美的現象學運動，以及其所帶動的「尋根」思潮、老莊熱、禪宗熱等等文化運動，全球的思潮似乎有回歸東方化的趨勢。〔註8〕

錢賓四先生在五○年代建立文化學理論體系時，就針對此一文化危機，作本質性的思考，他說：

> 近代西歐文化之正統的內在精神……是一個基督教文化，基督教文化的獨特精神，是把一個世界嚴格地劃分成兩個：一個是地面的，現實的人世界；一個天上的，理想的神世界。現實的人世界，是有限的，物質的；理想的神世界，是無限的，精神。經過文藝復興運動之後，把中古偏向神世界的無限精神轉到實際人生，這便是所謂由靈返肉。從此現代人遂始看重了現實的肉體人生，這是近代西歐文化較之中古時期的一個大轉變。然而中古時代的那種向無限界追求覓取的精神，則並未放棄，並未脫捨。換言之，近代西方只把中古時期向天國靈界的無限追求，轉一方向，而對著肉體的現實人生來尋索，來爭取。這是領導與支配近代世界文化的一個最獨特的面

〔註6〕參考胡秋原，《西方文化危機與二十世紀思潮·前記》，頁4。
〔註7〕參見埃利希·弗洛姆著，都本偉、趙桂琴譯，《人之心》（瀋陽：遼寧大學出版社，1988年），譯序頁1。
〔註8〕參見張再林，《弘道——中國古典哲學與現象學》（陝西：人民教育出版社，1991年），頁159。

貌,一種最主要精神。〔註9〕

　　但中古時期的上帝觀念,也有引領人類,走上要求脫捨現實人生,
　　而向另一個不可捉摸的世界而無限追尋的差失。不幸而近代的西歐
　　文化,雖經文藝復興宗教革命種種絕大波瀾,卻仍脫不了引導人生
　　脫離現實,而走向一條無限追尋的渺茫的路。〔註10〕

錢先生正是透徹了悟現代人類文化危機的本質,因此精心結構出獨特的文化
學思想,呼籲正視此一文化危機,以直接面對人生的態度,建立重視歷史文
化、回歸人心現世一元的人生觀,以解除當代日益惡化的文化危機。

## 二、唯物傾向

　　近代發展出資本主義及共產主義兩大思潮互相對抗,及其所產生的文化
病變,就錢先生文化三階層的觀點,乃是偏於第一階層,太過於偏重經濟層
面及唯物傾向所致,這是目前世界文化表層所爆發的危機。但是想要真正解
決人類文化危機絕不可能只針對此冰山一角,必須面對文化整體,作整體的
反省與規畫,尤其是文化本質性的改動,才是解除文化危機的正途,否則單
從經濟、政治、外交、軍事等任何一方面,都解決不了人類文化整體的問題,
甚且常因解決了某一方面的問題,卻無意中又激起了其他方面的問題,遂使
人類百年來的文化百病叢生,扶得東來西又倒。〔註11〕

　　錢先生認為:

　　目前的世界,似乎一切指導人生的力量仍偏重在經濟這一方面,馬
　　克思的歷史觀,正已看出此病,但他不知這是病,反而把此病象認
　　為是人類歷史的正確趨向,因而使病上加病,遂使自由世界誤認為
　　只有共產主義才是當前世界唯一的大病。〔註12〕

其實自由世界資本主義社會,更是醞釀此唯物傾向危機的主要原因。

　　唯物的傾向造成近代科技文明高度的發展,此乃是近代文化外傾化的具
體表現。但是文化偏重物質之逐步進展,終究有一定的限度,到達極限之後,
即由盛轉衰,文化亦免不了有生、老、病、死,這在史賓格勒《西方的沒落》
一書中也持這種看法〔註13〕。這也是近代文化的矛盾,把向無限界追求的精

〔註 9〕　參見錢穆,《文化學大義》,頁 87〜88。
〔註10〕　參見錢穆,《文化學大義》,頁 95。
〔註11〕　參見錢穆,《歷史與文化論叢》(台北:東大出版社,1979 年),頁 2〜3。
〔註12〕　參見錢穆,《歷史與文化論叢》,頁 2。
〔註13〕　參見錢穆,《錢賓四先生全集(二十九)中國歷史精神》,頁 182。

神，轉向有限界的物質發展，所造成人類生存環境逐漸的破壞，即所謂的生態危機，回過頭來，危及人類的生存。總究其原因，錢先生認為此種唯物傾向的人生觀實有極大的弊病，他說：

> 把人生意義放在無盡止的過程上，而一切努力又安排在外面。外面安排，逐漸形成為一個客體。那個客體，終至於回向安排它的人生宣佈獨立了。那客體的獨立化，便是向外人生之僵化。人生向外安排成了某個客體，那個客體便回身阻擋人生之再向前，而且不免要回過頭來吞噬人生，而使之消毀。〔註14〕

錢先生從這個角度，也看到了近代文化對人生所將造成的衝擊及其不可救藥的弊病。因此，欲解決目前人類文化唯物傾向所帶來的文化危機，必先針對此種唯物傾向的弊病，重新調整其文化路向，提出一個指導全人生前進的大原則與大綱領。如上所述，正可看出人類文化與學術也已產生轉變的契機。

到了二十世紀末，隨著東歐、蘇聯共產世界的相繼垮台，一股新的世界文化大潮，迫使中國大陸也不得不改革開放，喊出「建設具有中國特色的社會主義」的口號，其重心亦仍偏重在經濟面。仍不能脫出文化第一階層物質階層之具有鬥爭性本質，如此文化危機仍在。

此種唯物的傾向，正是注重文化外傾性的具體表現。物質主義再結合科學與進步的觀念，造成物質生活的突飛猛進，卻也引發社會的動盪不安及精神上的墮落等新的問題產生。較為可喜的現象是近二、三十年來，在觀念上出現了轉變的契機，如「進步」的觀念已不再被西方視為最高的價值之一，例如 1980 年，哥倫比亞大學史學教授倪思貝（Robert Nisbet）寫《進步觀念史》（History of the Idea of Progress）一部大書，結論時提出了「進步」的信念，在今天的西方已經不再是天經地義了，他並列舉了許多著名科學家對科技發展和經濟成長的深切懷疑，物質上的進步與精神上的墮落恰好是成比例的。〔註15〕

隨著東西方的文化交流與文化反省，已逐漸使人們醒覺到文化發展偏重經濟層面所產生的文化危機，錢先生的文化學正視針對此一危機，建立一套人類文化演進上達的趨向，即文化三階層的觀點，主張不忽視經濟物質層面

---

〔註14〕 參見錢穆，《人生十論》，頁 2。
〔註15〕 參見余英時，《中國思想傳統的現代詮釋》（江蘇：人民出版社，1991 年），頁 20。

對人生的重要性，並指出人類文化當以文化第三階層的融和性代替偏重第一階層的鬥爭性，以謀求人類文化危機的根本性解決。

## 三、人文精神的迷失

　　前面提到造成此人類文化危機，正在於此文化特長所開展之一切科學發明。而眞正領導此兩百年人類文化的主要精神，乃在於靈肉對立的西洋宗教與二元對立的西洋哲學，始終有一股無限向前的精神隱藏其中，引領人生脫離現實，走向一條無限追尋的渺茫之路。又增添上科學新利器，終使人生如「盲人騎瞎馬，夜半臨深池。」其危險將不言可喻。昔日莊周已有警告「吾生也有涯，而知也無涯，以有涯隨無涯，殆已。已而爲知者，殆而已矣。」莊子認爲人生有限，而知識範圍無限。若將有限人生來追求無限的知識，終是一件危險的事。若在把此追求所得，認爲已是無限眞理，回頭來，把此眞理來指導人生，則更將是一危險的事〔註16〕。正如脫了人文韁繩的野馬，急馳向大黑深夜的曠野，終將再造成一個大虛無。此種危機據馬斯洛在《心理學的論據和人的價值》一文中所指出，乃係一種缺乏價值之狀況，常被形容爲反常、無道德、無根、空虛與絕望〔註17〕。這在現代藝術中表現的更爲強烈，現代人的焦躁、不安、恐懼、空虛等，都盡情表現在現代藝術之中。

　　因此可謂造成當今人類文化危機的首要因素，在於人類文化認識的偏差，脫離了人文精神的引導，雖然由中古時期走向「由靈返肉」的文藝復興，卻越走越遠，導致新的「物神」產生，這是西洋文化路向走上向內與向外相反的兩極端，人生始終在一個無限向前的追求中，正如錢先生所說的：「人的生命自我之支撐點，並不在生命自身之內，而安放在生命自身之外，這就造成了這一種人生一項不可救藥的致命傷。」〔註18〕目前西洋人生正窮途思返，即所謂產生「轉變契機」的階段。此一轉變的契機，最重要的乃在於人生路向的轉變，才能挽救當今世界的文化危機。亦即產生迫切需要再參考東方人文思想，回歸人類歷史文化中去尋找永恆人性，以此種永恆人性作爲文化認識之根基，以作爲引領人類未來文化演進上達的主要憑藉。

　　以上針對人類近現代文化所產生的文化危機作一省察與思考。基本上，

〔註16〕參見錢穆，《人生十論》，頁53。
〔註17〕參見馬斯洛著，李文湉譯，〈心理學的論據和人的價值〉，收在馬斯洛等著，《人的潛能和價值》（北京：華夏出版社，1987年），頁69～86。
〔註18〕參見錢穆，《人生十論》，頁2。

近代中國作爲世界文化共同體的一員，亦不免遭受到西方文化的巨大衝擊，再與中國原有的危機合流，更顯出當代文化危機問題之嚴重，余英時先生在1995年出版的《歷史人物與文化危機·自序》一書中提到：「最近我讀到大陸和台灣新一代知識份子的文字，其中充滿了後現代、後殖民、後結構、東方主義、解構、文化多元種種最流行的時尚論說。世界的一切文化危機似乎都由中國知識界全面承受下來了。」〔註19〕由此一方可看出中國知識界關懷現實人生所表現出的特質，另一方面也見到了中國知識界對文化危機問題的關切。本文所研究的主題錢賓四先生的文化學正是針對現代人類處境及其面臨的文化危機，提出一套完整而有系統的針砭對策。由於錢先生胸懷古今，學術眼光超越時代，他所提出的這一套文化學思想尚未被世人普遍瞭解，相信隨著東西文化的交流，人類學術的進步，錢先生的文化學思想將成爲文化學研究的一個重要參考。

## 第二節　關於錢穆文化學的評價

錢穆文化學博大精深，其範圍涵攝物質人生、社會人生及精神人生三大階層，其內容廣包宇宙天地自然、政治社會人文與德性行爲修養等宇宙人生全體。大要言之，由東西地理的差異，發展出花樣不同的人文，而有「靈魂與心」的分判，由天人合一的「心」的文化路向，開拓出一套心性的道德系統，影響所及如政治、宗教、風俗習慣、經濟等人生各方面，皆與西方以「靈魂」爲主要思維傾向的文化發展迥異，實各具特色。如上節所述，西方文化時已走到弊極思返，錢先生所精心結構的「天人合一」文化學思想，實可作爲未來人類文化發展的最佳參考之一。因此，當舉國奉「西化」若宗教崇拜之際，錢先生特別提出一套分辨東西文化的方法以提醒國人，這些都是研究錢先生文化學必須注意的，才不致誤解錢先生的苦心，以爲他只是一味地說中國文化的優點。

另外，欲研究其文化學思想，實必須兼顧錢先生學問通古今、究天人、貫中西，並能匯通清末民國以來的史學、文化學思想，儼然集大成者的特色。本文限於學力不足，未能將之逐一還原於整個清末民國思想史的脈絡中，仔細析論其文化學的精義，僅能就時代的衝擊與其文化學發展脈絡，及相關的

---

〔註19〕參見余英時，《歷史人物與文化危機·自序》，頁1。

論題加以分析解說，並嘗試重新建構一套詮釋系統，增加對其龐大的學術體系之理解，希望透過這樣的詮釋分析之後，能對其文化學思想有一番初步的認識。並藉著錢先生文化學的觀點反省整個清末民國以來的思想，從中瞭解近代中國學術演變的概況。

　　本文以錢穆文化學思想爲題，研究所得可歸納爲以下四點特性：

## 一、傳統性

　　如前文所述可知，錢先生文化學基本上繼承了中國自古講求「修道之謂教」的傳統，錢先生主張「性道合一」，因此也融和了孔孟程朱等人的「心性」修養的傳統，鎔鑄成他貫通宇宙人生大道的文化學體系，以作爲他針砭當今人類文化危機的主要憑藉。因此可說錢先生文化學實具有中國文化的傳統性。

　　當錢先生於民國四十九年赴美國耶魯大學講學，耶魯大學以其對中國文化研究的卓越貢獻，特別頒贈名譽博士學位給錢先生，美國學人稱譽錢先生「將東方的智慧從牢籠裡帶出來，使它和新的世界接觸。」〔註 20〕這「東方的智慧」便是由中國文化學術傳統中孕育出來的。

## 二、前瞻性

　　錢先生的文化學創立於民國三十九年，確立以儒家思想爲主幹的文化學。當時面對國內打倒孔家店的新文化反傳統之狂瀾，錢先生可謂「挽狂瀾於既倒」、「發潛德之幽光」，並且在香港創辦了新亞書院，成爲亞洲研究中國文化之重鎭。錢先生的文化學思想研究，實頗具有前瞻性，也帶動起全世界儒學文化的復甦，刺激西方思想界作深刻的反省。

　　錢先生當年所預測世界局勢由合而分、文化走向多元化的文化學觀點，經過半個世紀以來，證實了錢先生看法的正確性，更可見其高瞻遠矚。

## 三、國際性

　　錢先生的文化學，不僅針對中國當時全盤西化以來的文化危機，更將關心的視野推擴到全世界全人類所面臨的文化危機。因此可說錢先生的文化學一開始關注的視野，就具有開闊的國際性的世界觀。

---

〔註20〕　參見吳湘湘，〈錢穆闡揚傳統文化〉（傳記文學雜誌，民國百人傳（四）），參見朱傳譽主編，《錢穆傳記資料（一）》（台北：天一出版社，1981 年），頁 8。

## 四、終極性

如前文所述，可知錢先生並不是一位狹隘的民族主義者，更不是中國文化本位中心論者，這使他的文化學不僅具有前瞻性、國際性，更因他對人類文化的終極關懷，錢先生提出「集異建同」的著名主張，作為規畫人類未來文化發展的藍圖，寄望人類未來文化之新生。

由以上四點特性，可知錢先生在現代中國學術史上，絕不是一位文化保守主義者，而是一位富有前瞻性、國際觀、天下觀的「中國現代的士」。綜觀錢先生一生為學作人，知行合一，兼涉四部，貫通古今，儼然成一家之言，其「文化三階層、兩類型、七要素」可謂錢先生得道之言。相信在未來世界文化交流過程中，錢先生的文化學思想將對中國人與全人類提供一份豐富的文化遺產。

最後，略述對本研究之反省，錢先生文化學以「道」為中心觀念，涵蓋宇宙、人生、政治、社會、精神等文化各層面，本文即以其文化學思想為題，試圖在錢先生眾多的著作中，循其思想脈絡瞭解其中心主旨，找出一條解讀的途徑。當初選擇錢先生文化學作為論文主題，有許多因素，追溯遠因，記得在國中時代，第一次讀到錢賓四先生的文章「陽明成學前的一番經歷」，就留下非常深刻的印象，彷彿也感染了那種「不可抑遏的自我拓展」的熱情。進了高中，錢先生的思想、學問、人格，透過辛意雲老師的口中，逐漸鮮活起來了，也沾染了許多中國情懷。大學念了中文系，面對社會的急遽轉型，中國傳統文化的意義與價值，也遭逢極大的挑戰。所謂「風林之下，難覓靜枝」，個人的心靈，也在中西文化的相互衝擊下迷惘、成長。服完兵役、工作兩年之後，進入研究所。於修課過程中，思想興趣又逐漸凝聚到近現代思潮，錢先生關於中西文化比較觀自然蜂擁而來。又因前年（1994）回政治大學修習「教育學分」課程，發現目前教育學理論已經「全盤西化」，中國傳統教育理念已蕩然無存，所剩無幾。後來重讀錢先生的著作，才發現了一線光明，原先只想研究其關於教育思想，以作為將來從事教育工作之預備，後來發現錢先生的教育思想實即一套文化教育學，乃是從整個歷史文化的廣闊視野，探討人的存在意義與價值，因此勢必先對其文化學有一番瞭解，才能真正進入其教育思想的核心。在閱讀的過程中，發現錢先生的文化學立基於整個清末民國思想史，必須確實掌握整個清末民國思想演變的過程，才能真正掌握錢先生文化學的思想與時代的背景，這是一大難題。而且目前尚沒有研究錢

先生文化學之專著，短篇論文亦稀少，更增加了研究的困難度。以「文化學」為題，實在遠超出筆者所能負擔的研究範圍，使本文寫作過程中頗感吃力。因此自知目前的成果不盡令人滿意，所幸在閱讀過程中，整理出一些脈絡，帶來了非常多讀書的樂趣與收穫，並造成人生觀徹底的改變，這是撰寫此論文最大的收穫。本文作為初步性的探索，只是一個開始，希望日後能針對錢先生文化學作深入而專門的研究。

# 參考文獻

## 一、主要參考書目

1. 錢穆,《錢賓四先生全集·甲乙編》三十六冊,台北:聯經圖書公司,1995年版。

   丙編尚未出版,甲乙編包括:(1)《國學概論》;(2)《四書釋義》;(3)《論語新解》;(4)《孔子與論語·孔子傳》;(5)《先秦諸子繫年》;(6)《墨子·惠施公孫龍·莊子纂箋》;(7)《莊老通辨》;(8)《兩漢經學今古文平議》;(9)《宋明理學概述》;(10)《宋代理學三書隨箚》;(11)至(15)《朱子新學案》;(16)《中國近三百年學術史(一)》;(17)《中國近三百年學術史(二)》;(18)《中國學術思想史論叢(一)》;(19)《中國學術思想史論叢(二)》;(20)《中國學術思想史論叢(三)》;(21)《中國學術思想史論叢(四)》;(22)《中國學術思想史論叢(五)》;(23)《中國學術思想史論叢(六)》;(24)《中國思想史·中國思想通俗講話·學籥》;(25)《中國學術通義·現代中國學術論衡》;(26)《周公·秦漢史》;(27)《國史大綱(上)》;(28)《國史大綱(下)》;(29)《中國文化史導論·中國歷史精神》;(30)《國史新論》;(31)《中國歷代政治得失·中國歷史研究法》;(32)《中國史學發微·讀史隨箚》;(33)《中國史學名著》;(34)《史記地名考(上)》;(35)《史記地名考(下)》;(36)《古史地理論叢》。

2. 錢穆,《文化與教育》,台北:三民書局,1976年版。

3. 錢穆,《文化學大義》,台北:正中書局,1983年版。

4. 錢穆,《湖上閒思錄》,台北:東大圖書公司,1984年版。

5. 錢穆,《民族與文化》,台北:東大圖書公司,1989年增訂版。

6. 錢穆,《中國文學論叢》,台北:東大圖書公司,1987年版。

7. 錢穆,《中國文化十二講》,台北:東大圖書公司,1987年版。

8. 錢穆，《中國文化精神》，自印本，台北：三民書局總經售，1973 年版。

9. 錢穆，《歷史與時代》，台北：仙人掌出版社，1970 年版。

10. 錢穆，《中國文化叢談》，台北：三民書局，1979 年版。

11. 錢穆，《靈魂與心》，台北：聯經圖書公司，1981 年版。

12. 錢穆，《世界局勢與中國文化》，台北：東大圖書公司，1979 年版。

13. 錢穆，《從中國歷史來看中國民族性及中國文化》，台北：聯經圖書公司，1987 年版。

14. 錢穆，《歷史與文化論叢》，台北：東大圖書公司，1979 年版。

15. 錢穆，《中國通史參考材料》，台北：東大圖書公司，1980 年版。

16. 錢穆，《雙溪獨語》，台北：學生書局，1983 年版。

17. 錢穆，《中國文學論叢》，台北：東大圖書公司，1983 年版。

18. 錢穆，《八十憶雙親·師友雜憶合刊》，台北：東大圖書公司，1983 年版。

19. 錢穆，《晚學盲言》，台北：東大圖書公司，1987 年版。

20. 錢穆，《新亞遺鐸》，台北：東大圖書公司，1989 年版。

21. 胡美琦，《樓廊閒話》，台北：中華日報社，1979 年版。

22. 朱傳譽主編，《錢穆傳記資料》，台北：天一出版社，1981 年版。

23. 霍韜晦主編，《法言》「錢穆悼念專輯」，香港：法言出版社，1990 年版。

## 二、相關參考書目（依姓氏筆畫順序排列）

### （一）華人著作

1. 丁文江、張君勱等著，《科學與人生觀》，台北：問學出版社，1977 年版。

2. 方東美，《科學哲學與人生》，台北：黎明文化事業公司，1982 年版。

3. 余英時，《文明論衡》，台北：九思出版公司，1979 年版。

4. 余英時，《史學與傳統》，台北：時報出版公司，1982 年版。

5. 余英時，《猶記風吹水上鱗——錢穆與現代中國學術》，台北：三民書局，1991 年版。

6. 余英時，《中國文化與現代變遷》，台北：三民書局，1992 年版。

7. 余英時，《歷史人物與文化危機》，台北：三民書局，1995 年版。

8. 余英時，《中國思想傳統的現代詮釋》，江蘇：人民出版社，1991 年版。

9. 余英時，《士與中國文化》，上海：人民出版社，1987 年版。

10. 李宗桂，《文化批判與文化重構——中國文化出路探討》，陝西：人民出

版社，1992 年版。

11. 阮昌銳，《現代民族學研究的新方向》，台北：正中書局，1984 年版。

12. 金耀基，《從傳統到現代》，台北：時報文化出版事業公司，1985 年版。

13. 金耀基，《中國現代化與知識份子》，台北：時報文化出版事業公司，1984 年版。

14. 胡安權主編，《中國文化史年表》，上海：辭書出版社，1991 年版。

15. 胡昌智，《歷史知識與社會變遷》，台北：聯經出版社，1988 年版。

16. 胡秋原，《西方文化危機與二十世紀思潮》，台北：學術出版社，1981 年版。

17. 馬先醒主編，《民間史學——錢賓四先生逝世百日紀念》，台北：民間史學季刊社，1990 年 12 月版。

18. 高新民編著，《人自身的宇宙之謎——西方心身學說發展概論》，武昌：華中師範大學出版社，1989 年版。

19. 馮契，《中國近代哲學的革命進程》，上海：人民出版社，1989 年版。

20. 陳文瑛主編，《錢穆先生紀念館館刊》創刊號，台北：市立圖書館，1993 年 6 月。

21. 陳文瑛主編，《錢穆先生紀念館館刊》第二期，台北：市立圖書館，1994 年 7 月。

22. 陳文瑛主編，《錢穆先生紀念館館刊》第三期，台北：市立圖書館，1995 年 8 月。

23. 張再林，《弘道——中國古典哲學與現象學》，陝西：人民教育出版社，1991 年版。

24. 張廣智、張廣勇，《史學，文化中的文化——文化視野中的西方史學》，浙江：人民出版社，1994 年版。

25. 章清，《胡適評傳》，江西：百花洲文藝出版社，1993 年版。

26. 梁啓超，《飲冰室合集》，文集第十四冊，台灣：中華書局，1976 年版。

27. 郭齊勇、汪學群，《錢穆評傳》，湖南：百花洲文藝出版社，1995 年版。

28. 莊錫昌等編，《多維視野中的文化理論》，浙江：人民出版社，1987 年版。

29. 梁漱溟，《東西文化及其哲學》，台北：里仁書局，1983 年版。

30. 梁漱溟，《中國文化要義》，上海：路明書店，1949 年版。

31. 梁漱溟，《人心與人生》，台北：谷風出版社，1987 年版。

32. 許蘇民，《比較文化研究史》，雲南：人民出版社，1992 年版。

33. 曾約農，《中西文化之關係》，台北：新中國出版社，1968 年版。

34. 賀麟,《文化與人生》,北京:商務印書館,1947 年版。

35. 勞思光,《中國文化路向問題的新檢討》,台北:東大圖書公司,1993 年版。

36. 覃光廣、馮立、陳樸主編,《文化學辭典》,北京:中央民族學院,1988 年版。

37. 費孝通,《鄉土中國》,香港:三聯書店,1991 年版。

38. 湯一介編,《論傳統與反傳統》,台北:聯經出版事業公司,1989 年版。

39. 彭樹智,《東方民族主義思潮》,西北:大學出版社,1992 年版。

40. 傅鏗,《文化:人類的鏡子》,上海:人民出版社,1990 年版。

41. 楊適,《中西人論的衝突──文化比較的一種新探求》,北京:中國人民大學出版社,1991 年版。

42. 楊適、易志剛、王曉興,《中西人論及其比較》,北京:東方出版社,1992 年版。

43. 楊樹達,《積微翁回憶錄》,上海:古籍出版社,1986 年版。

44. 趙世瑜、周尚意,《中國文化地理概說》,山西:教育出版社,1991 年版。

45. 劉俐娜,《中國民國思想史》,北京:人民出版社,1994 年版。

46. 羅家倫,《科學與玄學》,台北:進學出版社,1971 年版。

47. 蘇曉康、王魯湘著,《河殤》,台北:風雲時代出版社,1992 年版。

48. 嚴耕望,《錢穆賓四先生與我》,台北:商務印書館,1992 年版。

49. 顧翊群,《危機時代的中西文化》,台北:三民書局,1986 年版。

## (二)外國著作

1. 皮爾森著,劉利圭等譯,《文化戰略》,北京:中國社會科學出版社,1992 年版。

2. 史懷哲著,鄭泰安譯,《文明的哲學》,台北:志文出版社,1974 年版。

3. 考夫曼編著,陳鼓應、孟祥森、劉崎譯,《存在主義》,北京:商務印書館,1987 年版。

4. 艾本斯坦著,文矩譯,《當代各種主義》,台北:龍田出版社,1981 年版。

5. 狄百瑞著,李弘祺譯,《中國的自由傳統》,台北:聯經出版公司,1983 年版。

6. 李安德著,若水譯,《超個人心理學》,台北:桂冠圖書公司,1992 年版。

7. 李凱爾特等,張文傑等編,《現代西方歷史哲學譯文集》,台北:谷風出

版社，1987 年版。

8. 李凱爾特，涂紀亮譯，《文化科學和自然科學》，北京：商務印書館，1991 年版。

9. 科文（Paul A. Cohen），林同奇譯，《在中國發現歷史——中國中心觀在美國的興起》，台北：稻鄉出版社，1991 年版。

10. 馬凌諾斯基著，費孝通譯，《文化論》，台灣：商務印書館，1987 年版。

11. 馬斯洛等，林方主編，《人的潛能和價值》，北京：華夏出版社，1987 年版。

12. 埃利希‧弗洛姆著，都本偉、趙月琴譯，《人之心——愛欲的破壞性傾向》，瀋陽：遼寧大學出版社，1988 年版。

13. 埃利希‧弗洛姆著，歐陽謙譯，《健全的社會》，北京：中國文聯出版社，1988 年版。

14. 埃利希‧弗洛姆著，張燕譯，《在幻想鎖鍊的彼岸》，台北翻印本。

15. 恩斯特‧卡西勒著，甘陽譯，《人論》，台北：桂冠出版社，1991 年版。

16. 基辛著，于嘉雲、張恭啓譯，《當代文化人類學》，台北：巨流圖書公司，1986 年版。

17. 斯賓格勒，《西方的沒落》，北京：商務印書館，1991 年版。

18. B. M. 費根，雲南民族學院歷史系民族學教研室譯，《地球上的人們——世界史前史導論》，北京：文物出版社，1991 年版。

19. 湯恩比、池田大作著，苟春生、朱繼征、陳國樑譯，《展望二十一世紀》，台北：駱駝出版社，1987 年版。

20. 愛德華‧泰勒著，連樹聲譯，《人類學——人及其文化研究》，上海：文藝出版社，1993 年版。

21. 維克多‧埃爾著，康新文、曉文譯，《文化概念》，上海：人民出版社，1988 年版。

22. 赫屈著，黃應貴、鄭美能譯，《人與文化的理論》，台北：桂冠出版社，1981 年版。

23. 摩爾根，楊東純、馬雍、馬巨譯，《古代社會》，北京：商務印書館，1987 年版。

24. 潘乃德（Ruth Benedict），黃道琳譯，《文化模式》，台北：巨流圖書公司，1987 年版。

25. 懷特著，曹錦清等譯，《文化科學——人和文明的研究》，台北：源流出版公司，1990 年版。

26. 托馬斯‧哈定等著，韓建軍、商戈令譯，《文化與進化》，浙江：人民出版社，1987 年版。

## 三、參考論文

1. 王曉毅,〈史學的困境與出路——錢穆先生文化史學生命史觀的意義〉,出版年月不詳,見錢穆紀念館錢穆資料彙編一之十六。

2. 申儒,〈對歷史的「溫情與敬意」之意義略說〉,見霍韜晦主編,《法言》「錢穆悼念專輯」。

3. 余英時,〈猶記風吹水上鱗——敬悼錢賓四師〉,見於余英時《猶記風吹水上鱗》。

4. 余英時,〈一生為故國招魂——敬悼錢賓四師〉,見於余英時《猶記風吹水上鱗》。

5. 余英時,〈錢穆與新儒家〉,見於余英時《猶記風吹水上鱗》。

6. 何茲全,〈錢穆先生的史學思想——讀《國史大綱》、《中國文化史導論》札記〉,出版年月不詳,見錢穆紀念館錢穆資料彙編三之八。

7. 杜正勝,〈錢賓四與二十世紀中國古代史學〉,《當代雜誌》十一期,1995年7月。

8. 辛意雲,〈真正的中國讀書人——錢穆先生〉,《明道文藝》,1991年1月。

9. 辛意雲,〈君子無入而不自得〉,《錢穆先生紀念館館刊》第一期,1993年。

10. 吳展良,〈從整體性與個體性的融和論中國文化的現代化〉,《錢穆先生紀念館館刊》第三期,1995年8月。

11. 吳湘湘,〈錢穆闡揚傳統文化〉,傳記文學雜誌,民國百人傳(四),參見朱傳譽主編,《錢穆傳記資料(一)》,頁8。

12. 杜維明,〈儒學傳統的重建——錢穆《朱子新學案》評介〉,見於杜維明,《儒家傳統的現代轉化——杜維明新儒學論著輯要》,北京:中國廣播電視出版社,1992年。

13. 金中樞,〈「天人合一」的儒家思想精神——讀何炳棣「中國人文傳統對未來世界可能做出的貢獻」一文有感〉,《歷史月刊》,1995年三月號。

14. 邵世光,〈文化的傳薪者〉,《文訊雜誌》第二十五期,1986年8月。

15. 胡美琦,〈我所瞭解的學人生活〉,《大成雜誌》第三十八期,參見朱傳譽主編,《錢穆傳記資料(一)》,頁14~15。

16. 俞啓定,〈錢賓四先生人文主義教育思想述要〉,年月不詳,見於錢穆紀念館錢穆資料彙編二之十三。

17. 唐端正,〈中華民族不死,先生精神不死〉,見於霍韜晦主編,《法言》,「錢穆悼念專輯」。

18. 黃克劍,〈現代文化的儒學觀照——評錢穆《文化學大義》〉,香港中文大

學《中國文化》創刊號，1986 年 12 月。

19. 陳啓雲，〈錢穆師與「思想文化史學」〉，《錢穆先生紀念館館刊》第三期。

20. 逯耀東，〈素書樓主人的著述環境〉，引自參見朱傳譽主編，《錢穆傳記資料（一）》。

21. 鄧爾麟著，藍樺譯，〈水鄉七房橋——錢穆的成長世界〉，《聯合報》，1990 年 8 月 31 日第二十八版。

22. 錢婉約，〈錢穆及其文化學研究〉，《武漢大學學報・哲學社會科學版》第五期，湖北：武漢大學出版社，1989 年。

23. 鄭家駿，〈融匯東西文化——錢穆勸讀「六祖壇經」〉，《中外雜誌》第五十六卷第四期，1994 年十月號。

24. 霍韜晦，〈時代的迷惘——略談錢先生的史學兼悼錢先生〉，見於霍韜晦主編，《法言》「錢穆悼念專輯」。

25. 戴景賢，〈從學賓四師二十年之回憶〉，《錢穆先生紀念館館刊》第一期。

26. 戴景賢，〈無錫錢穆賓四先生學述〉，錢穆先生紀念館錢穆資料彙編二之二。

27. 嚴耕望，〈錢穆賓四先生行誼述略〉，見於《錢穆賓四先生與我》，台北：商務印書館，1992 年。

28. 龔鵬程，〈存在感與歷史意識——論錢賓四先生的史學〉，見於《民間史學季刊》。